Oberst Hermann Graf

200 Luftsiege in 13 Monaten

Berthold K. Jochim

Oberst Hermann Graf

200 Luftsiege in 13 Monaten

Ein Jagdfliegerleben

MOEWIG

Printed in Germany 1998
ISBN 3-8118-1455-9

Inhaltsverzeichnis

VORWORT

Im Herbst 1969 stand ich Hermann Graf, meinem ehemaligen Kommodore vom Jagdgeschwader 11, nach fünfundzwanzig Jahren zum erstenmal wieder gegenüber. Er hatte sich nur äußerlich verändert, ansonsten war er der gleiche geblieben: sympathisch, von mitreißendem Temperament, sprühend vor Humor und Mutterwitz – ein Mensch, den auch nach dem Krieg die härtesten Schicksalsschläge so wenig zu erschüttern vermochten, wie das in seinen Einsatzjahren der Fall gewesen war. Als ich mich im Frühling 1944, zur 1. Staffel des JG 11 versetzt, in Rotenburg bei Bremen auf seinem Gefechtsstand meldete, hätte seine herzliche, mit dem alemannischen Charme seiner süddeutschen Heimat gefärbte Begrüßungsrede auch einem alten Bekannten gelten können. Nichts in seiner Haltung deutete darauf hin, daß er zu den größten Assen seiner Waffengattung gehörte – obwohl uns nicht nur viele Dekorationen, sondern auch einige Dienstgrade voneinander trennten. Während der folgenden Wochen und Monate, im Verlauf der schwersten Luftschlacht des Zweiten Weltkrieges, sollte ich noch des öfteren Gelegenheit haben, die gewinnenden Ausdrucksformen seiner Persönlichkeit zu bewundern. Er lebte und kämpfte mit seinen Flugzeugführern wie einer von ihnen, und auch ich begann bald zu begreifen, daß dieser großartige Offizier immer das bleiben würde, was er während der Zeit seiner imposanten Erfolge in Rußland gewesen war: ein Frontsoldat in den Pelzstiefeln der Jagdflieger.

Aber nicht nur das. In einer Zeit, wo selbst die größte lufttaktische Erfahrung die enorme gegnerische Überlegenheit nicht mehr aufwiegen konnte, zog er den täglichen Kampf immer noch der Schonkost in einem hohen Stab vor. So war er im Frühjahr 1944 auch der einzige Brillantenträger der Luftwaffe, der in der »Reichsverteidigung« als Verbandsführer flog und – trotz grundsätzlichen Startverbotes — noch eine Reihe weiterer Erfolge erzielte. Am Ende des Krieges waren es insgesamt 252 Luftsiege, die von ihm auf rund 830 Feindflügen errungen worden waren; für 212 bestätigte Abschüsse erhielt er die entsprechenden Dokumente.

Die vorliegende Würdigung seines Jagdfliegerlebens wurde in jener Sprache geschrieben, die den Realitäten des damaligen Frontalltages entspricht: Als Chronik einer überragenden kämpferischen Leistung mag sie gleichzeitig das Spiegelbild einer Epoche darstellen, in welcher der Begriff »Deutschland« mit dem des Vaterlandes für Hermann Graf ebenso eng verbunden war wie für Millionen anderer Soldaten. Im selben Maße wie sie durfte auch er daher des Glaubens sein, im Dienst einer gerechten Sache seine Pflicht erfüllt zu haben.

Bertold K. Jochim

Der Teufel mochte wissen, was in den Burschen da oben gefahren war!

Die Warte auf dem Flugplatz ließen die Werkzeuge sinken. Auf der Straße nach Gumrak hielten Laster. Vor den Funkstellen »Habicht«, »Adler« und den zahlreichen anderen starrten die dienstfreien Nachrichtenleute in den Himmel über Pitomnik.

Einer in einer Me 109 schien den Verstand verloren zu haben. Das dachten sich wahrscheinlich sogar die Infanteristen bei Woropanowka und alle anderen in der näheren Umgebung, obwohl sie von der Jagdfliegerei vermutlich überhaupt nichts verstanden. Wenn aber einer in einen ganzen Haufen russischer MIG-Jäger hineinstieg, dann mußte irgend etwas faul sein an der Geschichte.

Die Rauchwolken über Stalingrad, das Wummern der Artillerie, das Jaulen der Raketengeschütze – für die Zeugen dieses erregenden Schauspiels war das alles bedeutungslos geworden. Denn schließlich hatten die meisten von ihnen einen Luftkampf nur selten oder überhaupt nicht aus einer solchen Nähe miterlebt.

Vorhin war noch eine andere Maschine mit von der Partie gewesen, ziemlich lahmgeschossen. Sie hatte sich mittlerweile in Richtung Erde abgesetzt, während der andere oben blieb und wie ein Selbstmörder in der Gegend herumfuhrwerkte. Kurz darauf war von den Russen der erste Akt eingeläutet worden, in diesem Fall mit einer Menge MG-Munition. Ob es noch zu einer zweiten Runde kommen würde, war sehr fraglich. Denn es konnte nicht mehr lange dauern, bis sie den Verrückten unten haben würden.

Die Landser auf der Straße Dimitrijewka–Gumrak und die vielen anderen Feldgrauen rings um den Steppenflugplatz konnten natürlich nicht wissen, wer da über ihnen zwischen den russischen Jägern auf sein eigenes Ende hinarbeitete. Eigentlich gab es nur zwei Erklärungen: Entweder war der in der »Me« von allen guten Geistern verlassen, oder aber er litt an jener Halskrankheit, die nur durch die Verleihung des Ritterkreuzes geheilt werden konnte.

Das mit dem Ritterkreuz schied allerdings aus, weil der anscheinend völlig Durchgedrehte so etwas bereits besaß. Aber nicht nur dieses. Sie hatten ihm sogar schon das Eichenlaub verliehen, die Schwerter und die Brillanten. Letztere nach seinem 172. Luftsieg, am 16. September 1942 übrigens; vor genau zehn Tagen also. Mittlerweile waren noch 27 Abschüsse dazugekommen, am 23. September gleich zehn auf einmal, so daß es mittlerweile 199 geworden waren. Trotzdem sah es nicht danach aus, als ob die »109« oder ihr Lenker noch jemals heil auf dem Boden ankommen würden. Der Gedanke an eine verstümmelte Leiche lag viel näher, von der Hitze des Aufschlagbrandes zur Mumie zusammengeschmolzen — man kannte das.

Zu den einzigen, die genau wußten, wer in dem einsamen Vogel herumkurvte, gehörten auch die Männer auf dem Liegeplatz des Gefechtsverbandes, den Major Wilcke führte.

Der Staffelführer des Detachements von der 9./JG 52 saß nämlich in der Me-109-G-4 (»Gustav«): Hauptmann Hermann Graf.

Unten trugen sie alle recht sorgenvolle Gesichter zur Schau, auch der Unteroffizier Wolf, der seine Mühle vorhin mit Ach und Krach an den Boden herangebracht hatte. Er war es gewesen, der vor einiger Zeit zusammen mit dem Kapitän zum Feindflug nach Stalingrad gestartet war. Der Luftkampf, den ihnen einige sowjetische Piloten geliefert hatten, war wahrhaftig keine Kleinigkeit gewesen, und mit ihrem Munitionsvorrat war es auf dem Rückflug ziemlich schlecht bestellt gewesen.

Etwa tausend Meter höher stand jetzt anscheinend das Finale bevor. Der Mann in der »109« mit dem Decknamen »Karaya eins« besaß offenbar nicht einmal die Spur einer Chance mehr, so gewaltig hatten ihn die Russen in der Mangel. Seine Maschine hing wie die berühmte »reife Pflaume« an der Luftschraube, mit dem letzten Rest von Fahrt, die Propellernabe fast vertikal nach oben gerichtet. Was jetzt kommen mußte, hätte wohl auch der jüngste Flugschüler auf Anhieb herunterleiern können: das Abkippen nach unten – und da passierte es auch schon!

Die Me 109 machte ein Männchen, torkelte, holte ein bißchen Fahrt auf und schob sich durch das Spalier der roten Sterne. Einer aus dem Haufen stellte seine MIG auf den Kopf, um die Sache so schnell wie möglich zu Ende zu bringen.

Die Warte auf dem Flugplatz Pitomnik zogen die Köpfe ein, als sie die Mündungsflammen erkannten und das Hämmern der Bordkanonen hörten. Der Russe schoß mit allem verfügbarem Material. Vor ihm hing die Me 109 wie eine Zielscheibe. Am Liegeplatz hielten sie den Atem an. Jeden Moment mußte es soweit sein. Aber die »Me« zeigte immer noch keine Wirkung. Oder hatte sie bereits genug und raste schon auf die Stelle zu, wo sie sich in einen brodelnden Feuerturm verwandeln würde?

Doch da geschah das Unfaßbare! Die deutsche Maschine bäumte sich auf, donnerte kurzfristig auf etwa 500 Meter Höhe in der Horizontalen dahin und dann wieder nach oben. Der in der MIG tat es einige Augenblicke später ebenfalls. Diesmal ging die Hatz in umgekehrter Richtung weiter. Die »Messerschmitt« wurde immer kleiner, die MIG auch. Doch irgendwie hatte sich die Distanz inzwischen vergrößert.

Der letzte Akt des Schauspiels vollzog sich innerhalb weniger Sekunden. Die »109« war soeben auf dem Scheitelpunkt ihres Steigfluges angelangt und drehte in einen Turnbogen. Der Russe befand sich zu dieser Zeit einige hundert Meter unterhalb.

Am Platzrand von Pitomnik sagten sie immer noch nichts. Sie staunten nur und sahen zu, wie die Me 109 jetzt auf das feindliche Jagdflugzeug herabstieß. Es knallte nicht so oft, aber die wenigen Garben hatten offensichtlich genügt. In Feuer gehüllt rauschte die MIG nach unten.

Hermann Graf jagte daran vorbei. Bevor die anderen Russen auf ihrem Logenplatz es begriffen, stürzte er bereits der Erde entgegen und verschwand irgendwo am Horizont.

Keiner hinderte ihn an der Landung. Er rollte auf den Liegeplatz zu, öffnete das Kabinendach, ein zerquetschtes Lächeln um die ausgeprägte Adlernase.

Zum erstenmal in der Geschichte des Krieges hatte ein Jäger 200 Gegner im Luftkampf besiegt!

Und so hatte es angefangen:

Der erste Abschuß

4. August 1941.

Am Himmel jenseits des Dnjepr rumpelte es. Das Grollen hörte sich an wie ein Gewitter, aber es waren Flugzeuge, die den Lärm verursachten.

Schwer mit Bomben beladen, dröhnte ein Stukaverband über den Strom, einem nicht alltäglichen Ziel entgegen. Über den Ju 87 zogen Messerschmitt-Jäger dahin. Sie gehörten zur 9. Staffel des Jagdgeschwaders 52.

Die Front lag bereits hinter der Mahalla*, und die Kanoniere an den russischen Fla-Geschützen hatten das übliche Empfangszeremoniell eingeleitet. Sie waren rings um einen großen Flugplatz postiert, dem seit einigen Tagen das besondere Interesse der deutschen Luftwaffenführung galt. Immerhin sollte sich der sowjetische Marschall Timoschenko auf dieser Luftbasis aufhalten. Die Möglichkeit, ihn nach Beendigung des Angriffs zu den Opfern des Bombardements zählen zu können, mochte den beachtlichen Aufwand wohl rechtfertigen.

Unzählige Sprengwolken hingen wie dunkle Wattebäusche in der hitzeflimmernden Luft. Pausenlos wummerte die Flak. Leuchtspurgarben züngelten in die Höhe und verloren sich irgendwo.

---

* Ansammlung von Flugzeugen — Jargonausdruck.

Unten auf dem russischen Flugfeld war allerlei geboten. Dünne Staubfahnen ließen erkennen, daß ein Alarmstart erfolgte. Dem regen Betrieb nach zu schließen, konnte es sich eigentlich nur um einen Jägerplatz handeln.

In die Formation der Stukas kam plötzlich Bewegung. Nacheinander kippten die Maschinen über die Tragflächen ab und setzten zum Sturz an. Das hohe Singen der Motorsirenen übertönte das Knallen der Flak und das Heulen der Triebwerke. Bomben rauschten erdwärts und trieben grelle Feuerpilze aus dem Boden.

Die vom JG 52 hatten ihre Flughöhe noch nicht aufgegeben. Zehn Piloten beobachteten das Inferno, das einige tausend Meter weiter unten auf dem sowjetischen Flugplatz seinen Verlauf nahm.

Natürlich vergaßen sie auch ihre nähere Umgebung nicht, da solch eine Vorsicht ein Jagdfliegerleben im allgemeinen verlängern kann. Sie wußten schließlich, daß die Russen gestartet waren und zu dieser Zeit wohl irgendwo auf Höhe gingen. Sie brauchten sich also nur noch bemerkbar zu machen.

Der Führer der 2. Rotte sah die beiden Ratas als einer der ersten, denn er hatte sehr gute Augen. Er hieß Hermann Graf, stammte aus Engen im Hegau, war Leutnant und vergaß beim Anblick der bulligen J-16-Motorschnauzen sogar seinen »Kimmengang« — wie man in Jägerkreisen das nervöse Unbehagen vor einem Luftkampf sinnvoll zu umschreiben pflegte. Dafür hatte er sich auf diesen Augenblick andererseits auch schon zu lange vorbereitet, und das nicht nur innerlich. Zum erstenmal in seinem verhältnismäßig langen Fliegerleben war jetzt nämlich das eingetreten, was er vor Monaten kaum mehr zu hoffen gewagt hatte: eine Begegnung mit feindlichen Maschinen.

In entsprechender Verfassung gab er seine Beobachtung durch; fast gleichzeitig mit seinem Katschmarek übrigens, der sich Leopold Steinbatz nannte, ein waschechter Wiener war und den Gefreitenwinkel auf der Fliegerbluse trug.

Doch der Kapitän der neunten Staffel schien nicht gesonnen zu sein, es auf eine Auseinandersetzung mit den beiden läppischen Ratas ankommen zu lassen. Vielleicht hatte er auch etwas anderes im Auge, oder der Zeitpunkt für den Angriff schien ihm noch nicht günstig genug. Auf jeden Fall zog er ungerührt nach der Seite weg, und der übrige Verein kurvte gehorsam hinter ihm her.

Wenige Sekunden später war die Formation allerdings nicht mehr vollständig, denn die zweite Rotte hatte sich inzwischen abgesetzt. Die beiden Me 109 und ihre Lenker waren schon ziemlich tief gesunken, als die ersten Flüche ihres Staffelkapitäns sie erreichten. Die Erklärung des Rottenführers für diese ungewöhnliche Auslegung lufttaktischer Gesetze hörte sich später so an:

»... die zwei Russen brausen an mir vorbei. Steinbatz und ich melden gemeinsam, doch der Staffelkapitän zieht erst einmal weg. Eine kurze Strecke komme ich noch mit, doch dann ist es passiert: Alle fliegerische Disziplin ist zum Teufel! Wir hatten schon vor dem Start darüber gesprochen, weil wir unseren ‹Alten‹ kannten. ›Wenn er nicht 'runtergeht‹, hatte ich zu Bazi (Steinbatz) gesagt, ›dann kann er uns... Ich wackle dann mit den Tragflächen, und wir machen unseren eigenen Flugbetrieb auf.‹ Und jetzt war es soweit. Ich hatte einfach die Gewalt über mich verloren. Entweder kriegte ich nun eine vor die Rübe, oder ich schoß einen ab. Jahrelang hatte ich diesen Augenblick herbeigesehnt, ich konnte einfach nicht mehr anders. Die Ratas zogen mich wie ein Magnet an.

In der Kurve sah ich, daß Steinbatz hinter mir ist, und dann sind wir weitergestürzt. Aus den beiden Russen wurden dann aber vier, sechs, zehn, bis sie überhaupt nicht mehr zu zählen waren. Zu dieser Zeit war der russische Flugplatz höchstens noch hundert Meter von uns entfernt. Unzählige Ratas kurbeln herum, ein paar MIG's dazwischen und noch einige andere. Von unten hat die Flak hochgeballert, die Stukas haben 'reingehauen, es war regelrecht der Teufel los.

Beinahe hänge ich hinter einer Rata. Aber sie macht auf der Stelle kehrt und rast Schnauze gegen Schnauze frontal auf mich zu. Schon sehe ich ihr Mündungsfeuer. Ein Stück Blech fliegt irgendwo von meiner Maschine. Ich drücke ebenfalls auf den Knopf, aber aus meinen Waffen kommt kein Schuß. Im letzten Moment donnert der andere über mich weg. Ich ziehe hoch und merke, daß meine Waffen noch gar nicht eingeschaltet sind.

Immer wieder greifen wir an, jeder jetzt für sich. Die Flak knallt unentwegt dazwischen, ohne Rücksicht auf Verluste. Wir sind wie die Tobsüchtigen da 'rumgesaust. Von oben höre ich unseren ›Alten‹ im FT (Funksprech). Er redet etwas von ›verrückten Hunden da unten‹.

Doch da greift der Bazi einen in der Gegenrichtung an. Die Rata fliegt vor ihm her. Zunächst scheint der Russe in der Kabine mich für einen eigenen zu halten, dann macht er aber kehrt und kommt mir wie ein Scheunentor vor die Flinte.

Ich glaube, ich habe die Augen zugemacht und nur auf sämtliche Brausen (Bordwaffen) gedrückt. Beinahe hätte ich ihn beim Überspringen noch gerammt. Er trudelt ab und zerschellt unten auf dem Flugplatz. In den FT-Muscheln höre ich Bazis Geschrei und dann seine Worte: ›Jetzt aber nichts wie weg!‹

Es war mein erster Abschuß. Die Borduhr zeigte 6.20 Uhr.

Plötzlich prasseln mir die Fla-Garben um die Ohren, daß es eine wahre Pracht ist. Alles scheint sich jetzt an mir rächen zu wollen. Durch das Hochziehen hatte ich eine Menge Fahrt verloren. Also abwärts, im schrägen Winkel aufs Rollfeld hinunter und im Tiefstflug darüber hinweg. Zentimeter unter mir huschen die Mündungen der Geschütze vorbei, dann weiter, über ein riesiges Kornfeld und nach Kompaß westwärts. Steinbatz holt mich ein. Dann sind wir am Dnjepr. In 2000 Meter geht's über die Front...«

Hermann Graf saß am Abend dieses Tages in der Nähe seiner Maschine und verfaßte Briefe — an seine Mutter und die beiden Brüder irgendwo an einer Front. Die Schreiberei ging nur langsam voran, denn einer wie er, der gerade den ersten Luftsieg seines Lebens hinter sich hatte, mußte mit manchen Gedanken fertig werden.

Nach der Landung war es ziemlich turbulent zugegangen. Poldi Steinbatz hatte sich als erster genähert und seiner Freude Ausdruck verliehen. Einige Zeit später war auch der Chef aufgetaucht. Er hatte Anschiß und Glückwunsch aneinandergereiht und dem »verrückten Hund« dann für die nächsten beiden Einsätze sogar die Führung der Staffel anvertraut. Es war dabei jedesmal zu Luftkämpfen gekommen, auch zu zahlreichen Treffern — allerdings nur in der eigenen Mühle.

Diese, die gute »Fritz« vom Muster Me 109 F-4, stand in der Nähe und beschattete mit ihren Tragflächen jenen Fleck ukrainischer Erde, der vor Tagen noch der »109« des »Ausbrecherkönigs von Kanada«, Franz von Werra, als Stammplatz gedient hatte. Der nunmehrige Major war mit seiner I. Gruppe des JG 53 abgezogen, nachdem das Jagdgeschwader 52 sich zur Ablösung in Biala Zerkow eingefunden hatte.

Auf der Außenhaut des seither dort abgestellten Vogels gab es einige Stellen, die einem schlecht gearbeiteten Sieb glichen. Der Obergefreite Grapentin, erster Wart der »gelben neun« mit dem armseligen einen Abschußstrich auf dem Leitwerk, zählte gerade die Einschußlöcher. Schließlich gab er es auf und schielte sorgenvoll zu seinem Leutnant hinüber.

Graf, schwarzhaarig, Pelzstiefel an den langen Beinen, die markante Adlernase über den Feldpostbrief gebeugt, schien sich bereits bedeutend unkomplizierteren Empfindungen hinzugeben. Nicht einmal das Grummeln der Front störte ihn offenbar, das rund vierzig Kilometer entfernt im Raum von Kiew pausenlos neu aufflackerte.

Auf dem Boden lag seine Uniformjacke. Das Reichssportabzeichen, bis vor wenigen Stunden noch seine einzige Dekoration und Anlaß zu langjährigem Gram, war nicht mehr allein. Ein schwarz-weiß-rotes Band hing daneben, an einem Ring das EK II. Wie weit war der Weg doch gewesen bis zu diesem bunten Schleifchen, und was hatte nicht alles geschehen müssen, um überhaupt zu einem Frontverband zu kommen! Wie viele Listen, Beschwörungen und Tricks waren dazu nötig, wieviel Geduld, Sturheit und Selbstvertrauen...

Schweifwedelnd trippelte ein Jagdhund über das verdorrte Gras und begab sich auf der rechten Stiefelspitze seines Herrn zur Ruhe. Den Blick auf das lange Rollfeld mit den nüchternen Fassaden der Flugplatzgebäude gerichtet, kraulte Graf das Fell des samtäugigen Gefährten. Seit ihrer Ankunft auf dem Feldflughafen teilte er mit ihm die karge Verpflegungsration und in den Nächten das Stroh des aus zahlreichen Planen gefertigten Flugzeugführerzeltes.

Die luftige Unterkunft war nicht weit entfernt, und das darin gerade wieder aufbrandende Geschrei überlagerte das drohende Grollen in der Ferne.

Sie saßen im Stroh, auf Fliegersäcken oder sonst etwas und feierten den Erfolg dieses ersten Einsatztages auf ihre Weise. Zwei weitere Pelzstiefel und vier Hundepfoten vervollständigten nun den Verein.

Draußen auf dem Flugplatz nistete sich bereits die Dämmerung ein. Grafs Auftauchen heizte die Stimmung noch um einiges an, obwohl der Inhalt der Feldbecher völlig alkoholfrei war. Daran sollte sich übrigens auch in naher Zukunft nichts ändern. Sie wußten schließlich, was eine gute körperliche Verfassung wert war, wenn es um die letzte Entscheidung ging.

Einige von ihnen hatten an diesem Tag für ihren ersten Abschuß ebenfalls das Eiserne Kreuz II. Klasse erhalten. Sie redeten zwar nicht davon, aber sie freuten sich über die Auszeichnung. Nur darüber – und wohl kaum deshalb, weil das Bändchen vom Führer stammte. An den dachten sie meistens nur dann, wenn er sich über den Großdeutschen Rundfunk in Erinnerung brachte. In dieser Beziehung ging es ihnen sicherlich nicht anders als ihren Gegnern, ob diese nun Smith, Klostermann, Bader oder Iwan Koshdub heißen mochten; denn die Gesetze ihres Kampfes hatten für alle die gleiche Gültigkeit. Außerdem waren die Apparate, deren sie sich dabei bedienten, zu anspruchsvoll und ihre jeweiligen Partner von der »anderen Feldpostnummer« ebenso von der gleichen Absicht durchdrungen wie sie selbst, als daß noch Raum gewesen wäre für hehre Gefühle, patriotisches Feldgeschrei oder ähnlich gearteten ideologischen Ballast. Man kann nämlich schlecht an den Führer, Ihre Majestät oder den Genossen Stalin denken, wenn Himmel und Erde ins Kreisen gekommen sind, Leuchtspuren vorbeizüngeln, die Flak ihr möglichstes tut, der Schweiß einem das Hemd an den Leib klebt, das Blut im Hirn hämmert, Einschüsse in die Maschine prasseln und der Tod sich immer wieder mal was Neues einfallen läßt. Das galt für alle, die im Karussell eines Luftkampfes wie in einer mächtigen Zentrifuge herumgeschleudert wurden, gleichgültig, ob draußen an den Rümpfen Kokarden, rote Sterne oder Balkenkreuze das eigene Anliegen symbolisierten. Jeder wußte das, und deshalb waren Begriffe wie »Feindschaft« oder gar »Haß« auch schlecht in ihnen unterzubringen. In gewissem Sinne gehörten sie alle zu einer Couleur, zu einer elitären Kaste. Achtung vor dem sogenannten Feind war für sie daher eine Selbstverständlichkeit und sein Schicksal nach einem Luftkampf ihnen so wenig gleichgültig wie etwa das ihrige. Sie waren junge Männer, die ihr Vaterland liebten und an die Gerechtigkeit ihrer Sache glaubten. Vielleicht war das ihr einziges weltanschauliches Engagement. Der Krieg und die politischen Verstrickungen, die dazu geführt hatten, blieben nur Randerscheinungen innerhalb ihres persönlichen Kalküls. Die Flugplätze, auf denen sie gerade stationiert waren und der Kreis ihrer Kameraden markierten die Grenzen ihrer eigenen Welt, zu der propagandistische Tiraden sowenig Zugang fanden wie die verheerenden Auswirkungen der Tyrannei, die auch ihre Ideale einmal ad absurdum führen sollten. Ihr ganzes Trachten galt nur noch der kämpferischen

Aufgabe, ihr Streben dem Erfolg und ihr ungeteilter Respekt dem Tod. Das war es.

Graf saß in ihrer Mitte, lachte und scherzte mit ihnen. Der berühmte Galgenhumor feierte erste Triumphe. Sie sollten in den folgenden Monaten noch sehr oft darauf zurückgreifen müssen; auch dann noch, als sich mit den Namen Graf, Steinbatz, Grislawski, Klein, Emberger, Köppen, Zwernemann, Süß, Füllgrabe und all der anderen einmal die Erinnerung an die erfolgreichste Jagdfliegerstaffel der Welt verband — an die »Karaya«-Staffel, die 9./JG 52.

Die Kutscher der russischen U-2, die in einiger Entfernung ihre klapprigen Doppeldecker durch die Nacht steuerten, scherte das alles nicht. Sie hatten wahrscheinlich den Auftrag, den Deutschen in Biala Zerkow ihre Attacke vom Vormittag heimzuzahlen, und sie begannen zunächst mit der Illumination des Himmels. Das grelle Licht einiger Leuchtbomben bereitete der Abschußfeier ein jähes Ende. Von einem Splittergraben aus horchten die Männer der »Neunten« auf das Brummen der »Rollbahnkrähen«, wie die nächtlichen Plagegeister im Landserjargon genannt wurden. Ihre kundigen Ohren verrieten ihnen, daß die oben arbeitende Konkurrenz in den »Nähmaschinen« inzwischen das Gas herausgenommen hatte und wohl bald die ersten Stiche ausführen würde. Es war auch so. Mit im Leerlauf schnurrenden Motoren rauschten die Russen einige Male auf den Flugplatz zu und luden zwei Bomben ab. Es blieb beim Doppelknall. Der Nachthimmel nahm seine normale Farbe an, das Rumoren der Front schallte wieder über das weite Land, und die Abschüsse der Artillerie zuckten wie pausenloses Wetterleuchten am Horizont hinauf.

Sie gingen ins Zelt zurück und falteten sich nebeneinander ins Stroh. Der Donner der Schlacht von Kiew wiegte sie allmählich in einen unruhigen Schlaf.

Hermann Graf lag neben seinem Hund am Eingang, zwei Feldtelefone hinter dem Kopf. Gedanken kamen und gingen. Der Anfang seines Weges war erreicht. Wo würde er enden?

Noch wußte es keiner, und sicherlich war das auch gut so. Was war er eigentlich für ein Mensch, dieser hochgewachsene Leutnant mit dem stets etwas gebeugten Gang und dem ewigen Grinsen auf dem Gesicht? Dieser nun bald 29jährige Offizier, der sich schon kurz nach seinem Auftauchen bei der Staffel als ein Kumpel besten Formats entpuppt hatte? Der jederzeit zu einem Unfug aufgelegt war, seine Maschine mit fast traumwandlerischer Sicherheit beherrschte und erst dann mit seinen Tiefflugkünsten zufrieden war, wenn die Luftschraubenblätter die Grasspitzen absäbelten?

Er sprach nicht so gern hochdeutsch, dafür aber perfekt »alemannisch«, weil er in der Nähe des Hohentwiel in dem süddeutschen Städtchen Engen das Licht dieser Welt erblickt hatte. Das geschah am 24. Oktober 1912, in einer Epoche also, wo des Kaisers Wort von »den herrlichen Zeiten«, denen er die Nation entgegenführen wollte, noch Gültigkeit besaß. Wie sich schon zwei Jahre später herausstellen sollte, hatte es mit diesem Versprechen eine recht eigenartige Bewandtnis.

Nun, den kleinen Hermann berührte das damals sowenig wie alle Wickelkinder seiner Zeit. Er verschlief sogar die Stunde, zu der sein respektabler, da immerhin über 200 Pfund schwerer Vater, den heimatlichen Hof verließ und im Rock der Roten Dragoner in den Krieg zog.

Die erste Tragödie unseres Jahrhunderts ging zu Ende, der Vater kehrte wieder zurück und – den üblen Zeitläuften zum Trotz – entwickelte sich der junge Graf zu einem ausgesprochen munteren Knaben. In der Schule lauschte er lediglich auf die Erläuterungen des Geographielehrers mit großer Aufmerksamkeit, während er den Unterrichtsversuchen seines Gesangspädagogen mangels Stimme mit großer Beharrlichkeit widerstand. Daneben vermehrte er durch ungehörigen Zeitvertreib wie Kartenspielen und andere Possen die weißen Haare seines alten Religionslehrers. Raschelten unter der Bank in den Händen des unartigen Bürschchens einmal keine Spielkarten, dann blickte er meistens durch das Fenster des Klassenzimmers zum Himmel hinauf. Nicht jedoch, um den lieben Gott zu suchen, von dem sein Pfarrer vergebens zu ihm sprach, sondern um irgendwo einen Ankerplatz für seine Träume zu finden.

Dieser Blick zum Himmel sollte auch später eine bevorzugte Gewohnheit bleiben. Doch erst im Jahre 1925 wurde diese Ausdauer erstmalig belohnt. Am Weißen Sonntag jenes Jahres lockte ein seltsames Knattern über den Dächern der Hegau-Stadt die zur Feier der Erstkommunion versammelte Festgemeinde aus dem Haus.

Was da oben durch die Luft klapperte, war ein Doppeldecker, das erste Flugzeug, das der nunmehr zwölfeinhalbjährige Hermann je zu Gesicht bekommen hatte. Versunken stand er da, angetan mit dem dunklen »Kommunionanzügle«, und konnte sich nicht sattsehen an dem geruhsam dahinschnurrenden Aeroplan.

Es war für ihn ein Erlebnis, das, zum steten Grimm von Vater Graf, eine Reihe spontaner Reaktionen heraufbeschwören sollte.

Die Schule hatte den permanenten Widerpart von Gesangs- und Religionslehrer mittlerweile ins Leben entlassen. Gab es anfangs bei der Arbeit auf den Feldern des elterlichen Anwesens noch genügend Möglichkeiten zu träumerischen Blicken in Himmelshöhen, so war das später in der Fabrik bedeutend schwieriger und danach in der Amtsstube des Engener Rathauses auch nicht gerade leicht. In dieser Kanzlei hatte sich der nunmehr halbwüchsige Hermann mit der öffentlichen Fürsorge zu beschäftigen, aber seine eigentliche Sorge galt nur der besten und schnellsten Möglichkeit, vom Schreibtisch weg in ein Flugzeug zu kommen.

Die ersten Anstrengungen auf diesem Weg begannen in einem Kellerraum mit emsigem Werken an einem Eigenbausegler. Sie wurden durch zahlreiche väterliche Ohrfeigen und zeitweilige Nachhilfe mit einer Axt empfindlich gestört, brachten das Opfer solcher Willkür aber im Jahre 1932 doch noch zur ersten Segelfliegergruppe seiner Heimatstadt.

Jene Flügel, die eines Tages auch den Mitbegründer dieser Gemeinschaft flugbegeisterter Jungen dem geliebten Himmel einige Meter näherbringen sollten, waren zehn Meter lang und saßen auf dem hölzernen Kastenrumpf eines sogenannten »Schädelspalters«. Großzügige Spender hatten den Aviatikaspiranten von Engen mit diesem »Zögling« zu den ersten Luftsprüngen verholfen.

An jedem Wochenende rutschte der Gleiter fortan über den Hang am Ballenberg, bis es eines Sonntags Klubmitbegründer Hermann war, der das so teuer errungene Luftfahrzeug nach einer liederlichen Bruchlandung in einen Trümmerhaufen verwandelte. Kein Stück des kostbaren Seglers war noch länger als einen halben Meter, aber dem glückhaften Piloten war nichts Ernstliches passiert.

Das Schicksal hatte gnädig weggesehen. Vom Sommer 1941 an trug es dann wahrscheinlich eine Augenbinde!

Die Pechserie beginnt

An diesem 5. August 1941 war das sicherlich auch der Fall gewesen. Auf den Liegeplätzen herrschte eine fieberhafte Aktivität, obwohl die Dämmerung wohl nicht mehr lange auf sich warten lassen würde. Schweißtriefend schufteten die Warte an den Maschinen. Manche der schnittigen Vögel hatten die Geschoßgarben der russischen Jäger gleich pfundweise geschluckt.

Die »gelbe neun« sah nicht viel besser aus. Der Obergefreite Grapentin hatte für die Einschußlöcher getan, was er konnte. Trotz der zahlreichen Beweise russischer Schießkunst war der zähe Vogel nicht zur Ruhe gekommen. Schon dreimal hatte ihn sein DB-Triebwerk an diesem Tage von der Startbahn weggezogen und zur Front gebracht.

Graf saß schon wieder in der Kabine, bereit für den vierten Einsatz. Neben ihm die »109« von Poldi Steinbatz und noch eine weitere Rotte. Sie hatten den Auftrag, im Raum von Kiew freie Jagd zu fliegen.

Am Platzrand schmorten Stukas im flirrenden Sonnenlicht. Dreimal waren sie schon zum Feindflug gestartet, und jedesmal war es gelungen, sie trotz des nachhaltigen Interesses russischer Jäger wieder heil zurückzubringen. Grafs Blick wanderte noch einmal über die lange Formation der Sturzbomber. Drei Einsätze und kein Erfolg! Dreimal eine mächtige Kurbelei mit Dutzenden von Ratas, aber kein Abschuß. Der Schutz der Stukas hatte diesbezügliche Bemühungen von vornherein überflüssig gemacht.

In der Maschine herrschte eine Hitze wie in einem Backofen. Wieder ein Blick auf die Uhr. Es war soweit! Auf der Tragfläche schwang der 2. Wart die Andrehkurbel. Der Motor kam mit tuckernden Stößen. Ein letztes Winken zu Grapentin, dann ein Zeichen zu Steinbatz und den anderen. Sie hoben die Hände. Fertig, hieß das. Der Gashebel wanderte auf Vollast, die Maschine schnellte nach vorn. In einiger Entfernung huschten die Platzgebäude vorbei. Ein Zug am Knüppel, und die »Me« röhrte wieder einmal dem Himmel entgegen.

Sie stiegen in Gefechtsformation, paarweise nebeneinander, den glutroten Sonnenball hinter den Leitwerkflossen. Es dauerte nicht lange, bis sich der »Flivo« (Fliegerverbindungsoffizier) der Gruppe meldete und eine Kurzreportage über die Luftlage lieferte.

Er saß mit einigen Nachrichtenleuten in den vordersten Stellungen, sah der gegnerischen Jagd sozusagen in die Karten und sorgte für entsprechende Informationen. Diesmal berichtete er von einem Luftkampf über dem Stadtgebiet von Kiew. Kampfhöhe etwa 3000 Meter!

Der Schwarm der Neunten behielt das Gas drinnen und kletterte noch 1000 Meter höher. Kurze Zeit später rollte die Vorstellung direkt unter ihnen ab. Günther Ralls 8. Staffel balgte sich mit rund zwanzig Feindjägern herum. Grell leuchteten die weiß eingefaßten roten Fünfzacksterne der Russen auf Rümpfen und Tragflächen. Überall wimmelten Messerschmittrotten herum. Die stattliche Mahalla drehte sich wie ein monströser Quirl. Eine I-16 hatte zuviel geschluckt und entfernte sich in Richtung Erde, einen funkensprühenden Rauchschweif hinter sich. Vom Kiewer Stadion aus mischte die russische Flak emsig mit.

Graf war jetzt auch dazu entschlossen. Die Maschine kippte nach unten, die anderen kamen sofort hinterher. Geschlossen rauschten sie in den Hexenkessel hinein. Balkenkreuze und rote Sterne flitzten vorbei. Der Tanz auf der linken Flügelspitze hatte bereits begonnen. Leuchtspurgarben fächelten durch die Luft. Von unten her drosch die Flak unverdrossen dazwischen. In den Kopfhörern kreischte es in allen Tonarten.

Einige hundert Meter voraus hatte ein Russe anscheinend die Übersicht verloren. Graf schwenkte auf ihn ein. Hinter ihm trug sich jedoch ein anderer mit der gleichen heimlichen Absicht. Der Unterschied bestand allerdings darin, daß der in einer russischen Rata saß und bereits Maß genommen hatte. Von der »gelben neun« lösten sich die ersten Blechstücke. Entsetzt riß Graf den Kopf herum. Die zuckenden Abschußflämmchen vor den Maschinengewehren des feindlichen Jägers waren nicht zu übersehen.

Feierabend!

Zu diesem Gedanken reichte es gerade noch.

Für den Unglücksraben in der »gelben neun« hatte es diesmal glücklicherweise noch nicht zum endgültigen Feierabend gereicht, denn Tote pflegen im allgemeinen keine Hunde mehr zu kraulen. Der Leutnant Hermann Graf tat das aber noch, wenn auch nicht mehr mit der gleichen Hingabe wie vor einiger Zeit. Mit dem notorischen Grinsen klappte es auch nicht mehr so richtig, was angesichts seiner anhaltenden Pechsträhne eigentlich kein Wunder war.

Daran änderte auch der zweite Abschuß nichts, den er während jenes fatalen Einsatzes über Kiew am 5. August erstaunlicherweise doch noch hatte erringen können. Der Russe, den er vor lauter Begeisterung über den bevorstehenden nächsten Luftsieg gar nicht bemerkt hatte, war von Poldi Steinbatz durch einige Garben an der Exekution gehindert worden.

Ein zweiter hatte die Pleite aber anscheinend beobachtet und wollte es besser machen. Er tauchte ebenso schnell und unvermutet von hinten auf, stanzte mit seinem MG neue Löcher in die Flickarbeit des Obergefreiten Grapentin und jagte dem Ahnungslosen in der Me-109-Kabine den nächsten Schrecken ein.

Ihm sollte seine Attacke allerdings teuer zu stehen kommen. Er fing im Hochziehen einige Geschoßserien ein, verlor dabei zahlreiche Bleche sowie den Halt und knallte rund drei Kilometer südlich von Kiew auf eine Wiese. Graf, der ihm dazu verholfen hatte, konnte sich dieses Erfolges jedoch nicht lange erfreuen. In den nachfolgenden Augenblicken festigte sich in ihm unter anderem auch die Erkenntnis, daß die zu ausgiebige Beobachtung eines abgeschossenen Gegners ein gleiches Geschick sehr schnell im Gefolge haben kann. Die demolierte Rata war nämlich noch nicht ganz unten, da klingelte es bei ihm erneut. Ein dritter Russe hackte so zielstrebig auf der geplagten »Messerschmitt« herum, daß nur noch ein riskantes Sturzmanöver das schon lange fällige Ende verhinderte. Mit kochendem Motor, einer Kühlstofftemperatur von 120 Grad und einem zerschossenen Reifen holperte die »gelbe neun« nach einem rasanten Tiefflug doch noch über die Landebahn von Biala Zerkow – und schaffte es wieder einmal.

Die Geschichte, die sich am nächsten Tag ereignete, konnte Grafs miserable Laune auch nicht beseitigen.

Zwei russische P-2-Bomber waren plötzlich aus den Regenwolken herausgeschossen und hatten einige hochbrisante Mitbringsel abgeladen. Die größte Wirkung übten die Detonationen auf Steinbatz und Fred Emberger aus. Diese hatten sich zu jenem Zeitpunkt gerade auf dem sogenannten »Donnerbalken« niedergelassen, der — über einem Erdauswurf angebracht — auf russischen Feldflugplätzen nach Landserart die Toilette zu ersetzen pflegte. Der unvermutete sowjetische Besuch ließ den beiden keine andere Wahl, als sich durch einen Salto nach hinten in eine recht weiche, übelriechende Deckung zu begeben. Diese ungewöhnliche Umgebung färbte so sehr auf sie ab, daß sie nach ihrem Auszug aus der Grube kaum mehr zu identifizieren waren.

Am folgenden Tag, es war der 7. August, stanken sie schon nicht mehr eine Meile gegen den Wind; sie waren auch wieder zu erkennen. Dafür stank ihnen der Einsatz, der gegen Mittag befohlen wurde, um so mehr: Stuka-Begleitschutz zu einem Ziel, das gut 100 Kilometer hinter der Front lag. Sie kannten das und wußten, was ihnen blühte, wenn der Motor etwa seinen Geist aufgeben oder es einem Russen gelingen sollte, sie zu einer Landung im Hinterland zu zwingen. Außerdem war bei solchen Sicherungsaufträgen höchstens an Luftkampf, kaum aber an Abschüsse zu denken.

Es kam genauso, wie sie sich die Sache vorgestellt hatten, sogar noch schlimmer. Zunächst einmal krebsten sie durch dicke Wolken und quälten sich mit Blindflug herum. Ihre Sehnsucht galt dabei dem freien Himmel, ihre Blicke hingen an Pinsel und Wendezeiger (Blindfluginstrument), und ihre Herzen saßen bei diesem ungewohnten Geschäft ziemlich tief in den Hosen.

Als sich die Kabinen endlich wieder mit Licht füllten, prasselte ein gewaltiger Regenschauer auf sie herab und beschränkte die Sicht auf plus minus Null. Anschließend verloren sie die Stukas aus den Augen und fanden sie erst wieder, als sie jede diesbezügliche Hoffnung aufgegeben hatten. Vorsichtshalber blieben sie in ihrer Nähe, warfen argwöhnische Blicke in die Gegend und entdeckten schließlich die russischen Kolonnen, die weit jenseits des Dnjepr ostwärts marschierten.

Die Stukas stürzten, sie ebenfalls. Bomben lösten sich aus den Halterungen, und unten brach die Hölle los. Doch die Russen hatten auch noch einige Trümpfe in der Hand. In Sekundenschnelle verwandelten die Geschoßgarben leichter Flak eine Ju 87 in eine lodernde Flammenwand. Etwa 300 Meter über dem Boden stieg einer aus und pendelte mit dem Fallschirm erdwärts. Der Bordfunker kam nicht mehr aus der Maschine.

Was danach geschah, ließ den Leutnant Graf ziemlich rasch vergessen, daß er eigentlich nicht nur als fliegende Zielscheibe für Rata-Piloten nach Rußland gekommen war.

Aus dem Stukaverband hatte sich nämlich eine Maschine gelöst. Die Ju 87 flog schon ziemlich tief, und die Absicht ihrer Besatzung war unverkennbar. Aber auch die Russen waren an dem Deutschen interessiert, der an dem verheerenden Bombardement teilgenommen hatte. Einige ihrer Leute waren bereits mit Wagen unterwegs, um den Mann am Fallschirm zu vereinnahmen.

Sie ließen es dann aber, weil die Neunte mittlerweile in Aktion getreten war. Graf hatte seine Staffel sofort nach unten geschickt. Im Tiefflug preschten sie über die Stätte der Vernichtung, die »gelbe neun« an der Spitze. Bordwaffen hämmerten, und der erste sowjetische PKW ging in Flammen auf. Hintereinander zischten sie über den soeben gelandeten Sturzbomber hinweg. Noch einige Male drückten sie feuernd auf die bisher verschont gebliebenen russischen Fahrzeuge herab, während hinter ihnen die Ju 87 mit dem Geretteten an Bord bereits über den langen Acker holperte.

Am Abend kam ein Feldwebel zu ihnen ins Zelt und drückte allen die Hand. Er war es gewesen, den sie durch ihre Attacke gegen das sowjetische Jagdkommando vor einem gewiß nicht leichten Schicksal bewahrt hatten. Keiner wußte so recht, was man mit den Dankesworten des Kameraden von der Stukagruppe anfangen sollte. Auch Graf nicht. Trotzdem hatte er das Gefühl, daß dieser Erfolg eigentlich noch mehr wert gewesen war als ein neuer Luftsieg.

Mit einem weiteren Abschuß wurde es auch in den beiden nächsten Tagen nichts. Die Enttäuschung darüber stand dem stellvertretenden Staffelführer Graf an diesem 11. August so deutlich im Gesicht geschrieben, daß der an der »gelben neun« herumhantierende Obergefreite Grapentin kurzfristig seinen Groll vergaß und einen mitfühlenden Blick losließ.

Mittlerweile hatten sie sich angewöhnt, ihren Kummer schweigend zu ertragen. Der Obergefreite den seinen über einen Flugzeugführer, der Tag für Tag nur »den Laden vollbekam«, frische Schußlöcher in der Maschine nach Hause brachte, dafür aber keinen Erfolg. Der andere, den Blick auf das dürre Gras rings um seine Pelzstiefel gerichtet, schleppte noch wesentlich mehr mit sich herum. Bei einem der russischen »Volksflugtage« über Kiew – vor kaum 24 Stunden – wäre der Ofen beinahe endgültig aus gewesen, wenn Steinbatz einem in tadelloser Position hängenden Rata-Mann nicht wie üblich in letzter Sekunde das Konzept verdorben hätte. Ein Händedruck nach der Landung, ein hilfloses Schulterzucken, dann war auch diese Sache erledigt gewesen. Während der letzten Tage hatten sie sich schon des öfteren mit Gesten solcher Art beholfen. Bei zwei saftigen Gelegenheiten – für die »Konkurrenz« natürlich – war nämlich auch »Bazi« Steinbatz nur deswegen um die wahrscheinlich nicht sehr abwechslungsreiche russische Gefangenenkost herumgekommen, weil diesmal sein Rottenführer zwei zu allem entschlossene Sowjetjäger durch störende Garben von seinem Leitwerk verscheucht hatte. Nach diesen Hilfsaktionen waren die Russen jedesmal mit dem Schrecken, ansonsten aber ungeschoren davongekommen. Und das war es eben ...

Argus, der Jagdhund, kam angetrippelt und forderte schwanzwedelnd Zärtlichkeit. Seufzend beugte sich Graf über den Vierbeiner und tat ihm den Gefallen.

»Wenn es so weitergeht mit uns«, klang seine Stimme zu den Hängeohren hinab, »dann jagen sie uns noch zum Teufel!«

Das Tier blickte freundlich nach oben und danach lüstern auf ein Grasbüschel, unter dem wahrscheinlich eine Maus raschelte.

Obwohl er ein Fliegerhund war, gehörte seine ganze Liebe dennoch dem Erdkampf.

Grapentin schlängelte sich heran, Resignation auf dem gebräunten Gesicht.

»Alle Löcher sind zu!« meldete er.

Graf blieb eine Antwort erspart, weil drüben bei den Stukas ein gewaltiger Lärm entstand. Das Dröhnen von Motoren schallte über die Flugwiese. Vor dem Zelt stand Steinbatz und zeigte auf seine Uhr.

Zeit für den Einsatz!

Neben der Flügelspitze der »gelben neun« schillerten die Geleise der Bahnlinie Fastow–Kiew. Weiter vorn zog sich das breite Flußband des Dnjepr nach Nordosten. Vor weißen Wolken schwammen die Stukas dahin. Sie schleppten »Flambos«, satanische Dinger mit einer langen Stange an der Spitze. Diese führten die Detonationen der Bomben schon einige Meter über dem Boden herbei. Die Splitterwirkung mußte fürchterlich sein.

Im Norden züngelten die Elmsfeuer der Front, aber auch dort, wo der Gegner im Brückenkopf von Kanew noch verzweifelten Widerstand leistete. Seinetwegen hatte sich die Stukagruppe zusammen mit der Jägereskorte von der Neunten vor einiger Zeit in die Luft geschwungen.

Das faszinierende und doch so schaurige Schauspiel des Bombardements war bereits zu Ende. Über der Eisenbahnbrücke von Kanew hingen Rauchschwaden. Sie hatte einige Treffer abbekommen, stand aber noch wie eh und je. Im Brückenkopf brodelte dunkler Qualm über den Bombentrichtern. Feuerschein zuckte über die Erde.

Die Marschformation der Stukas war inzwischen wieder perfekt. Lediglich ihr Kommandeur und ein Rottenflieger hielten sich etwa tausend Meter tiefer auf. Bei seinem weiter oben westwärts dahinziehenden Verband flogen sechs von der 9. Staffel Begleitschutz.

Das reichlich seltsame Verhalten des Stuka-Chefs entlockte Graf eine Serie von Flüchen. Aber es half alles nichts: Er mußte diesen zwei langsamen Krähen eine Sonderbewachung angedeihen lassen und tuckerte daher zusammen mit Steinbatz in Schleichfahrt hinterher. Der Dnjepr blieb immer weiter zurück. Damit entschwand aber auch jede Möglichkeit, sich bei den Russen etwas umzusehen und vielleicht sogar einen zu finden, mit dem man es doch noch hätte probieren können. Wieder einmal wünschte Graf dem Kommandeur da vorn den Teufel wenigstens symbolisch an den Hals. Letzterer reagierte aber ganz anders und ritt denjenigen, der ihn herbeibeschworen hatte. Und dann ging es auch schon los:

»Sonne eins an Sonne zwei: Bringen Sie die beiden Stukas nach Hause!«

Steinbatz, der an diesem Tag über den Tarnnamen »Sonne zwei« zu erreichen war, quittierte den Befehl, schickte einen besorgten Blick herüber, sagte aber nichts mehr, weil der andere immerhin ein Leutnant war.

Die »gelbe neun« lag schon auf Gegenkurs. Jenseits des Flusses waren winzige Pünktchen am Himmel zu erkennen. Es mußten die Maschinen von Günther Rall sein, denn auch die achte Staffel war zu dieser Zeit unterwegs.

Im Steigflug rauschte die einzelne Me 109 über den Dnjepr. Die Flecke am Horizont wurden größer. Aus den FT-Muscheln (Kopfhörer an der Fliegerhaube) knarrte Stimmengewirr. Die Gesprächsfetzen waren Musik für Grafs Ohren. Was er geahnt hatte, war also tatsächlich Wirklichkeit geworden: Feindjäger kurbelten hier in der Gegend herum, und Ralls »Achte« stand im Luftkampf!

Der Gashebel wanderte auf Vollast. Jetzt mußte es sich zeigen, ob es nur noch Pech gab. Die »Fritz« schraubte sich weiter nach oben. »Hoch gewinnt«, pflegte Fred Emberger immer zu sagen. Und darauf kam es jetzt an!

Die Dnjeprbrücke wirkte wie ein winziger Strich auf der sonnenschimmernden Wasserfläche. Dafür waren die in der Nähe herumkreisenden Maschinen um so deutlicher zu erkennen. Einer schrie gerade eine Erfolgsmeldung ins Mikrophon. Es war Günther Rall. Fast gleichzeitig entfernte sich ein sowjetisches Jagdflugzeug aus dem Durcheinander und taumelte brennend in die Tiefe. Blakende Feuerwolken wehten über dem roten Stern am Rumpf.

Doch da tauchte plötzlich ein anderer mit den gleichen Kennzeichen auf. Er zischte wie eine Rakete vor der Motorschnauze der Me 109 vorbei.

Graf hatte bereits geschaltet. Mit beiden Händen riß er die Maschine hoch und ließ sie über die linke Fläche kippen. Der Russe saß in einer MIG 3. Vorläufig scherte er sich nicht im geringsten um die »Messerschmitt«, die soeben auf ihn eingekurvt war. Mit stockendem Atem hing Graf hinter ihm. Wie würde es diesmal weitergehen?

Der gegnerische Pilot stürzte immer noch. Vielleicht überschätzte er die eigene Schnelligkeit. Ein schwerwiegender Irrtum, wie sich bald herausstellen sollte.

Die »gelbe neun« war inzwischen auf etwa 100 Meter herangekommen, dann waren es höchstens noch fünfzig. Die Spannung steigerte sich ins Unerträgliche. In dieser Position konnte einfach nichts mehr schiefgehen. Trotzdem sah Graf noch einmal nach hinten. Es war keiner da, weder Steinbatz noch ein anderer. Das Leitwerk der MIG ragte bereits über die Frontscheibe hinaus. Randwirbel einer Luftschraube schüttelten die »Me«. Immer näher kam die Erdoberfläche. Die Höhenmessernadel ruckte gegen die 300-Meter-Marke.

In dieser Sekunde machten sich Hunderte von Geschossen auf den kurzen Weg.

Der Obergefreite Grapentin wischte sich über die Augen, blickte noch einmal hin und reckte den Hals. Was er sah, riß ihn von der Werkzeugkiste.

Eine einzelne Me 109 drückte den Platz an. Die Flügelspitzen bewegten sich. Mit wackelnden Tragflächen ging die Maschine zum Tiefflug über. Enttäuscht ließ Grapentin die Arme sinken, denn sein Leutnant konnte das nicht sein. Der da drüben hatte schließlich was abgeschossen.

Doch auf einmal erkannte er die große gelbe Nummer auf der Rumpfseite. Sein Freudenschrei ging im Lärmen des Motors unter. Hinter ihm rannten andere herbei, Flugzeugführer und Warte. Steinbatz war auch dabei.

»Er hat oanen derwischt!« stellte er andächtig fest. »Mensch, i werd narrisch!«

Den Leutnant Graf hatte die Erde mittlerweile wieder in Empfang genommen. In vollem Karacho rollte er auf den Liegeplatz zu, stoppte, stieß die Kabinenhaube auf und strampelte sich aus den Gurten. Schweißkringel klebten neben der Nase. Sein Gesicht drückte deutlich aus, was in ihm los war. Sie zogen ihn unter lautem Geschrei aus der Kabine, ließen ihn zu Atem kommen und danach erzählen. Es war nicht viel, was er zu sagen hatte. Dieses nämlich:

»Über Kanew sauste eine MIG an mir vorbei und nach unten; ich hinterher. Wahrscheinlich hat er meine Geschwindigkeit falsch kalkuliert. Dann hat er langsam abgefangen. Wir waren dreihundert Meter über dem anderen Dnjeprufer, ich jetzt höchstens fünfzig Meter hinter ihm. Da habe ich geschossen. Eine Stichflamme, noch ein Aufbäumen der Maschine. Beinahe hätte ich ihn noch gerammt. Dann stürzte er unten in den Wald. Um 14.35 Uhr war es, glaube ich ...«

Der Jagdhund war vor Grafs Füßen zur Ruhe gekommen. Auch sein freudiges Jaulen hatte er jetzt eingestellt. Daher störte nichts die inzwischen wieder eingetretene Stille und somit auch den nächsten Auftritt des Obergefreiten Grapentin nicht. Offenbar konnte er es selbst nicht fassen, was er zu berichten hatte:

»Kein Treffer in der Maschine, Herr Leutnant!«

Zum erstenmal breitete sich wieder das vertraute Grinsen auf Grafs schmalem Gesicht aus.

»Was sagst du jetzt, Bazi? Ich glaube, ich lerne es doch noch!«

*Hermann Graf
und der berühmte
Flugzeugkonstrukteur
Prof. Willy Messerschmitt*

*Drei Männer, deren
Namen in die Geschichte
eingingen:
Prof. Messerschmitt
(von rechts nach links),
Flugkapitän Fritz Wendel,
auch heute noch Inhaber
des Weltgeschwindig-
keitsrekords für
Kolbenmotorflugzeuge
(755,138 km/h), und
Hermann Graf während
eines Gesprächs*

Die 9./JG 52 auf Feindflug über dem Asowschen Meer. In der Maschine Nr. 7 saß Leopold Steinbatz

Me 109 der »Karaya-Staffel« über dem Bergland der Halbinsel Krim

Das mit dem »Lernen« war wieder einer jener Beweise bescheidener Zuversicht, die zu Grafs einfacher, unkomplizierter Art so gut paßten. Vorläufig nützte aber auch diese Hoffnung nichts, da kein Mensch einen Luftkampf erfolgreich hinter sich bringen kann, wenn klar umrissene Kampfaufträge, anderes Ungemach in Form höherer Gewalt oder gegnerische Raffinessen solchem Vorhaben im Wege stehen. In der nächsten Zeit tat sich zwar allerhand, aber die drei Abschußstriche auf dem Leitwerk der »gelben neun« blieben dennoch ohne gleichgeartete Nachbarschaft.

Vor einigen Tagen hatte sich die Staffel auf eine kleine Wiese am äußeren Rand des Uman-Kessels begeben. Dieses strategische Wortgebilde umriß eine Kampflage, bei der es manchmal anscheinend unklar war, wer eigentlich wen eingeschlossen hatte. Daher auch der Ruf an die Luftwaffe, nach Kräften mitzuwirken.

Auf der einstigen Weidefläche hatte sich eine Stukagruppe plaziert, die feindliche Ausbruchsversuche unterbinden sollte. Es reichte für Graf und die anderen acht Maschinen gerade zu zwei Feindflügen, ehe der große Regen kam. Die heftigen Wassergüsse platschten freilich schon während des letzten Einsatzes auf der »gelben neun« herum; gleichzeitig aber auch auf einer sowjetischen IL 2, die gerade in der Nähe war. Dem Piloten des »Schlächters« schwante beim Auftauchen der »Messerschmitt« offenbar nichts Gutes, denn er verschwand ziemlich schnell in einer geräumigen Wolke.

Graf dagegen fand die frühere Kuhweide nur mit Mühe und Not, und erst die Stukaleute lotsten ihn mit zahlreichen Leuchtkugeln herein. Nach geglückter Wasserung stieg er, Turnschuhe an den Füßen und eine kurze Hose weiter oben herum, aus der Kabine.

Wenige Stunden später bewies der russische Schlamm zum erstenmal, was in ihm steckte. Und zum erstenmal durfte auch der Leutnant der Reserve Graf die Erkenntnis in sich verarbeiten, daß sie in diesem Land wohl auch weiterhin nichts anderes sein würden als Frontschweine mit Fliegerpelzstiefeln an den Füßen. Wie recht er behalten sollte! Allerdings konnte er damals noch nicht wissen, daß sich an diesem Zustand tatsächlich so lange nichts ändern sollte, bis sie ihm rund dreizehn Monate später in einem Erdloch des Stalingrader Flugplatzes Pitomnik zur Verleihung der höchsten deutschen Tapferkeitsauszeichnung – den Brillanten zum Ritterkreuz – gratulieren würden.

Auch in den folgenden Tagen tat der Regen, was in seiner Macht stand. Fast neunzig Stunden lang weichte er den Boden auf, ließ die Räder der Flugzeuge immer tiefer und die Stimmung des hier festgenagelten fliegenden Personals unter den Nullpunkt absacken. Grafs klatschnasser vierbeiniger Gefährte, der auch diesen Verlegungsflug mitgemacht hatte, drückte durch stetiges Gewinsel das aus, was sie alle am meisten peinigte: der Hunger.

Selbstverständlich hatte man sie nicht völlig vergessen und einen Doppeldecker mit Fourage zu ihnen geschickt. Das Fliegerchen wurde aber anscheinend von einer der größten »Flaschen« der Luftwaffe pilotiert. Wie sich später herausstellte, war dieser Aviatiker nämlich anstatt auf der überschwemmten Flugplatzwiese bei den Russen im Kessel gelandet. Dort stand er nun mit seinem Vogel und verbrachte die Nacht in der Maschine. Am Morgen erschienen einige Rotarmisten, klopften am Rumpf herum und drehten an der Luftschraube, ohne jedoch den in der Kanzel bibbernden Kutscher zu entdecken. Dessen Schutzengel, der über bemerkenswerte Beziehungen verfügen mußte, brachte den »Uhrmacher« einige Zeit später sogar ungeschoren vom Boden weg und schließlich doch noch zu den Hungernden am Kesselrand.

Nach vier Tagen kamen sie von einem Kommando zurück, das eigentlich nur vier Stunden hätte dauern sollen. Die Uman-Schlacht war inzwischen zu Ende gegangen, und über 100 000 Rotarmisten zogen in die Gefangenschaft. Auch an der Flugplatzwiese war eine dieser Heersäulen des Elends vorbeigekommen — ein schier endloser Strom demoralisierter Menschen, vom Hunger gequält, erschöpft von den Strapazen des Kampfes, in zerfetzten, dreckbeschmierten Uniformen, hoffnungslos.

Doch nicht nur in der Landschaft des Uman strömten Hunderttausende russischer Soldaten nach Westen, irgendeinem Lager entgegen. Überall in den Schwerpunktbereichen des Vormarsches boten sich ähnliche Bilder.

Jene Flut der 3,2 Millionen Feldgrauen, die am 22. Juni 1941 unter dem Oberbefehl des späteren Generalfeldmarschalls von Brauchitsch zum Angriff auf die Sowjetunion angetreten war, schien alles hinwegzuschwemmen, was sich ihr in den Weg stellte.

Die Heeresgruppe Süd des Feldmarschalls von Rundstedt war, im Juli gefolgt von der Armeegruppe des rumänischen Marschalls Antonescu, zwischen Karpaten und Pripjet-Sümpfen in Richtung Kiew—Winniza vorgestoßen. Weiter oben hatte Feldmarschall von Bocks Heeresgruppe Mitte mit den Panzergruppen Guderian und Hoth die Offensive in Richtung Minsk und Smolensk vorgetragen. Und schließlich war Generalfeldmarschall Ritter von Leebs Heeresgruppe Nord mit der Panzergruppe Hoepner von Ostpreußen aus nach Nordosten zum Vormarsch in Richtung Leningrad angetreten. Im hohen Norden stand General Dietls Gebirgskorps zusammen mit Marschall Mannerheims finnischer Armee im Kampf, und Ende Juni hatten sich auch slowakische und ungarische Verbände in die Angriffsbewegungen eingegliedert.

Auch bei der neunten Staffel wußten sie das alles nur in großen Zügen, oder sie hatten es bereits wieder vergessen. Der Flugplatz, ihre Maschine, ihre Erfolge oder Pleiten, das war ihr strategischer Sektor, dessen Grenzen sie meistens nicht einmal in Gedanken überschritten.

Der Bann ist gebrochen

30. August 1941.

Der neue Flugplatz war einmal ein Getreideacker gewesen. Er lag in der Nähe von Kriwoirog und trug den hochtrabenden Namen »Alexandria«.

Graf schob sich aus seinem Zelt, Bartstoppeln im Gesicht, etwas schmaler um die lange Nase. Die FT-Haube schaukelte in seiner Hand, während er den Mief aus den Lungen scheuchte. Die anderen schliefen noch. Sie hatten vorläufig nichts zu tun. Außerdem waren die letzten Tage zwar feucht, aber in mancher Hinsicht dennoch recht heiß gewesen.

Es war noch kühl. Dunstschwaden hingen über der Landschaft, die sich als endlose Ebene dem Horizont entgegenzog. Kaum irgendwo gab es wohl einen besseren Beweis für den Spruch, daß ganz Rußland einen einzigen Flugplatz darstelle, als hier. Irgendeiner hatte diese Weisheit neulich einmal losgelassen.

An den Maschinen arbeiteten einige Warte. Graf sah zu ihnen hinüber und zog die Schultern hoch. Er verspürte jenes Frösteln, das vielleicht mehr von innen herauskam. Es gab manche Ursachen dafür, Erinnerungen beispielsweise. So etwa die an den Oberfeldwebel Fernsebner, der vor einiger Zeit gefallen war. Oder jene an den Unteroffizier Schiffler, der seine »109« hinter den russischen Linien auf den Bauch gesetzt hatte. Seine letzten Worte im Funksprech würden wohl immer gegenwärtig bleiben: »Lebt wohl, Kameraden, und haltet die Ohren steif!« Sie waren noch einmal im Tiefflug über ihn weggezischt, und er hatte zu ihnen hinaufgewinkt. Es war ein Abschied für immer gewesen.

Hinter einer »Me« strich der Waffen-Oberfeldwebel herum. Er verdrückte sich gleich wieder, denn er hatte allen Grund dazu. Vor einiger Zeit war er sein Feixen nicht mehr losgeworden, wenn der lange Schwarze aus der »gelben sieben« nach der Landung fluchend vor seinem Vogel gestanden hatte. Dies deshalb, weil die Motorkanone trotz nachdrücklicher Betätigung des elektrischen Durchladeknopfes keinen Ton von sich gegeben hatte. Und das jeweils in Situationen, wo ein neuer Luftsieg eine sichere Sache gewesen wäre. Die Maschinengewehre schossen zwar, aber ihre Garben erzielten bei den dickhäutigen sowjetischen Jagdmaschinen durch Klingeln an der Panzerung höchstens Achtungserfolge. Ohne Kanone war da einfach nichts zu machen. Natürlich hatten sich die attackierten Russen jedesmal spontan revanchiert und dabei Situationen heraufbeschworen, bei denen das eigene Ableben auf der Tagesordnung hätte stehen können.

Am Boden hatte die verdammte Kanone dann wieder prompt gefeuert, und den Waffenmixern war anzusehen, was sie dachten: ›Wie kann das Ding schießen, wenn er vergißt, es einzuschalten?‹ So war Graf der Zorn und den Warten das mitleidige Grinsen geblieben. Bis ihnen von einem Waffeningenieur klargemacht worden war, daß für nachsichtiges Lächeln nicht der geringste Grund vorhanden sei. Er hatte ihnen dann auch erläutert, daß sich während des Fluges die Munitionsschächte verschieben würden und eine Ladehemmung dadurch die natürliche Folge sein müsse.

Der oberste Waffenbulle der Staffel war nicht mehr zu sehen, aber Graf hatte auch gar kein Verlangen nach ihm. Das mit den Ladehemmungen hatte er schon längst geschluckt wie so manches andere.

Er blieb stehen und betrachtete einen Ölfleck vor seinen Füßen. Wie viele Träume und falsche Vorstellungen hatten sie während der Zeit ihres Einsatzes nicht schon begraben müssen! Er zum Beispiel jenen von den serienweisen Luftsiegen, von dem ganz großen Erfolg. Die Russen – hatten sie einmal gedacht –, was ist das schon? Aber sie waren was, und gar nicht wenig! Darüber gab es jetzt schon keinen Zweifel mehr. Was bedeuteten denn seine pieseligen drei Abschüsse? Und auf welche Weise waren sie gelungen? Am besten, man vergaß es so schnell wie möglich.

Der Obergefreite Grapentin unterstützte ihn dabei. Gemächlich schlurfte er heran, tippte verdrossen an sein Käppchen und druckste einen Gruß heraus. Er war wirklich nicht zu beneiden. Bald würde er wohl die Gesellenprüfung als Blechflicker ablegen können.

»Na, was macht unsere Mühle?«

Der Mechaniker holte Luft.

»Steht noch im Werftzelt zur ... Ersten Hilfe, Herr Leutnant. Das arme Luder hat bald keinen heilen Fetzen Blech mehr am Leib – vor lauter Einschußlöchern.«

»Verdammt!« sagte Graf knurrig. »Ich hab' sie nicht hineingebolzt. Wirst es schon wieder hinkriegen.« Eine Schachtel Zigaretten wechselte ihren Besitzer und vermittelte neue Kraft. »Heute nehme ich dem Hauptmann seinen Schlitten wieder.«

»O Gott!« seufzte Grapentin. »Wenn der mal draufkommt, dann knallt es vielleicht, Herr Leutnant.«

Ein schnelles Schulterzucken, dann kamen die dreckbeschmierten Pelzstiefel wieder in Bewegung. Weiter drüben stand Unteroffizier Kirschenloh, ein Flugzeugführer vom Gruppenstab. Er wollte mit nach Dnjepropetrowsk als Rottenflieger.

Graf gab ihm die Hand, sah auf seine Uhr und dann zum Himmel hinauf. Die Morgenvisite im Brückenkopf stand kurz bevor. Diese Früheinsätze waren fast schon eine Gewohnheit geworden. Denn die Russen ließen sich immer etwas einfallen und kamen des öfteren mit Bombern. Offenbar war ihnen die deutsche Pontonbrücke ein Dorn im Auge.

Der Unteroffizier schniefte, und Graf erinnerte sich wieder an ihn.

»Alles klar?«

Es war alles klar, und sie tappten nebeneinander über den nassen Boden. An der Maschine des Staffelkapitäns, direkt vor der Rumpfnummer mit der dahinter angemalten gelben Schlange (Zeichen der III. Gruppe) stand der 1. Wart. Er zappelte bei Grafs Anblick förmlich vor Nervosität.

»Herr Leutnant wollen wieder die Maschine vom Chef nehmen?«

»Na, ohne Zweifel, Junge. Wer den kranken Kommandeur vertritt, braucht so was nicht ...«

»... Herr Leutnant, wir kriegen noch den größten Ärger. Einige Löcher sind schon drin ...«

»Mach dir nichts daraus! Mein Kummer könnte noch stärker werden. Verlier also dein Gedächtnis für die nächste Stunde und sag der Schlafmütze da drüben, daß sie den Kahn ankurbeln soll ...«

Es vergingen nur noch Minuten, bis sie den Unteroffizier zusammen mit seinem schlechten Gewissen hinter sich ließen. Sie starteten, fegten durch die Dunstschwaden und zogen hoch. Vor den Kabinen stand das Sonnenlicht wie eine gleißende Mauer. In Flugrichtung schob sich der Flußlauf des Dnjepr aus dem Bodendunst. Der Unteroffizier vom Stab klebte auf rechter Position.

Auf einmal war irgend etwas los. Die »109« schaukelte wie verrückt. Ringsum entstanden dunkle Wolken, von einem Augenblick zum anderen, mit Feuer gefüllt. Es gab keinen Zweifel mehr: Die eigene Flak schoß herauf, daß es eine wahre Pracht war! Die Erdoberfläche verschwand hinter den Rauchfetzen, nur vor der Frontscheibe blieb es strahlend hell. Doch plötzlich war auch da ein Schatten, der in Sekundenschnelle heranwuchs.

Graf riß den Knüppel nach hinten und wartete auf den letzten Knall. Doch er erfolgte nicht. Der russische DB-3a-Bomber, der soeben noch auf Gegenkurs aus der grellen Lichterwand herausgerast war, hatte noch einige Meter Platz zum Passieren gefunden. Neben ihm waren noch andere am Wirken, vier an der Zahl.

Ströme von Schweiß folgten dem Schrecken, denn der nachträgliche Gedanke an einen Frontalzusammenstoß pflegte meistens eine gewisse innere Wärme hochzutreiben.

Der Verstand funktionierte wieder, alles andere auch. Die ausgeliehene Kapitänsmaschine schwang herum. Vom Sonnenlicht umflossen, dröhnten die fünf Sowjetbomber westwärts über den Dnjepr. Kirschenloh, der Mann vom Gruppenstab, war ebenfalls wieder da. Etwa zweitausend Meter tiefer hatte die Flak die Lage inzwischen auch begriffen und auf Zusehen umgeschaltet.

Voraus hingen die russischen Bomber wie mächtige Zielscheiben. Doch sie waren nicht allein zum Brückenkopf geflogen. Über ihnen kreiste ein Pulk Ratas. Üble Erfahrungen hatten Graf vorhin dazu veranlaßt, dem Luftraum über dem Kabinendach einige Aufmerksamkeit zu widmen. Es hatte sich rentiert.

Im Visier wackelte bereits eine der DB 3 herum. Die zweimotorigen Vögel hatten inzwischen ihre Flughöhe verlassen und sich der Erde genähert. Wieder ein Blick nach hinten und dann einige Flüche. Die Hummeln mit dem roten Stern waren nämlich im Anflug. Wütend stieß Graf den Knüppel nach links und scherte aus ihrer Schußrichtung.

Aus der Kurve heraus sah er, daß die Bomber auf Gegenkurs drehten und den eigenen Linien entgegenflogen. Seine »109« setzte sich wieder auf ihre Fährte. Kirschenloh hielt immer noch mit, nunmehr auf linker Position. Von oben her schraubten sich die Herren vom russischen Jagdschutz herunter, zu allem entschlossen. Noch einmal lösten sich die beiden Messerschmitt-Jäger von den Kampfflugzeugen. In geringen Abständen pfiffen die I-16 vorbei.

Unten befand sich nunmehr eine Landschaft, die noch keine deutschen Knobelbecher befleckt hatten. Darüber preschten die russischen Kampfmaschinen auf etwa 500 Meter Höhe heimwärts. Die Sonne leuchtete, und in Graf formte sich eine recht angenehme Idee. Die sowjetischen Piloten in den Ratas lauerten erneut hinter dem eigenen Leitwerk. Sie schossen und taten alles, um ein Unheil im eigenen Verband zu verhindern.

Vor ihnen setzte der eine Deutsche jetzt eine List in die Tat um, der in Zukunft noch viele andere ähnlicher Art folgen sollten. Er kippte seitlich ab und ließ seine »Me« der Erde entgegenrauschen. Getroffene Maschinen wählten manchmal einen ähnlichen Abgang.

Dicht über einem breitflächigen russischen Kornfeld äugte er wieder nach oben. Die Rata-Leute waren allem Anschein nach auf seinen Trick hereingefallen. Jedenfalls kam keiner von ihnen nach. Einige hundert Meter voraus und in geringer Überhöhung zogen die Kampfflugzeuge dahin. Graf war Sekunden später unter ihnen. Ein Zug am Knüppel. Die »Me« schnellte ruckartig nach oben. Einer der Bomber war nun nur noch einige Dutzend Meter entfernt. Der Bordschütze jagte seinen letzten Feuerstoß in dieser DB 3 hinaus. Bei Graf in der »ausgepumpten« Me 109 schepperte es wieder einmal. Es half dem anderen aber nichts mehr. Das sowjetische Flugzeug war ohne jede Chance. Von Flammen umlodert, heulte es nach unten und bohrte sich um 8.40 Uhr in die Erde.

Über dem östlichen Horizont schwirrten die Ratas um die Absturzstelle herum wie ein aufgeregter Mückenschwarm. Kirschenloh hatte sich wieder eingefunden, Erleichterung im verschwitzten Gesicht.

Der Dnjepr lag bereits hinter ihnen. Graf hatte inzwischen begriffen, daß sein vierter Luftsieg eine Tatsache geworden war. Freude stieg in ihm hoch, und es juckte ihn schon wieder in allen Variationen. Natürlich suchte er sofort ein Ventil für den inneren Überdruck. Ein Blick auf die Vormarschstraße unter den Tragflächen genügte dazu. Dort wälzte sich unter Wolken von Staub eine lange Schlange Feldgrauer dem Fluß entgegen.

Die Me 109, von Graf durch einen spontanen Steuerdruck dazu veranlaßt, schoß auf sie hinab. In Bodennähe führte er anschließend einen Teil seines Kunstflugrepertoires vor. Der Stabsangehörige Kirschenloh blieb etwas weiter oben und staunte.

Sein ellenlanger Rottenführer in der anderen »Me« jagte indessen auf eine Straßenbiegung zu, und die Spitzen der Luftschraubenblätter wirkten dabei als Staubquirl. Auf der Fahrbahn hielt ein Personenwagen. Die Insassen schienen nicht im Bilde zu sein und hüpften Hals über Kopf in einen Graben, wo sie sich still verhielten.

Die wilde Jagd ging weiter, und der Feldflugplatz kam in Sicht. Graf drückte seine Maschine so tief auf die Zelte hinab, daß drinnen kein Wecker mehr benötigt wurde. Mit wackelnden Tragflächen kündigte er den neuen Luftsieg an. Am Liegeplatz der Neunten rissen sie die Arme in die Höhe und warfen ihre Mützen in die Luft.

Der Wart der Kapitäns-Maschine vertauschte beim Anblick der heranrollenden Me 109 seine Begeisterung sofort mit barem Entsetzen. Noch ehe Graf aus der Kabine war, hatte er über dreißig Löcher in der Zelle gezählt. Die meisten saßen im Leitwerk – und ihm das Herz wahrscheinlich tief in der Hose.

Von düsteren Ahnungen heimgesucht, blickte er auf das lachende Gesicht mit der gebogenen Nase.

»Herr Leutnant, wenn der Chef das sieht, bin ich geliefert!«

»Hm«, sagte Graf, während er die sorgfältige Arbeit des russischen Bordschützen interessiert begutachtete, »mußt es halt schnell ausflicken . . .«

»Aus . . . ?«

Der Unteroffizier brachte nicht einmal das ganze Wort heraus. Er stand noch völlig erledigt vor der Maschine, als ein ausgelassener Haufen Graf bereits im Geleitzug zu den Zelten schleppte.

Die Zeit verging, und das Palaver wollte immer noch kein Ende nehmen. Vom Hauptmann, der mit dem Wagen zur Front gefahren sein sollte, redete niemand mehr.

Plötzlich war er da, zornbebend und wütend wie ein Zahlmeister im Nahkampf. Graf baute sich vor ihm auf, Fatalismus im Blick. In den nächsten Minuten prasselte eine Fülle wenig standesgemäßer Worte wie ein Hagelschlag auf ihn herab. Unter anderem diese:

»Ich sperre Sie ein, Sie verrückter Kerl! Rasen im Tiefflug über die Straße und feuern mich bis zum Bauch in den Schlamm. Und das mit meiner eigenen Maschine!« Er röchelte und rang die Hände. »Das riecht ja schon nach Verbrechen, Sie . . . Sie . . . ! Und wie die Mühle aussieht! Zweiunddreißig Treffer sind drin, von den Flicken ganz abgesehen. Sie hatten also schon früher die Stirn . . . Nein, ich finde keine Worte mehr . . .«

Trotzdem ging es weiter: mit Kriegsgericht, als Vorspeise Arrest und so, und alles mit einem Gebrüll, das der Unteroffizier an der zersiebten »Me« auch ohne Verstärker geliefert bekam.

Graf stand in exakter Grundstellung auf seinen langen Beinen und wartete. Die Stimmbänder des Hauptmanns machten jetzt nicht mehr mit, sein Gesicht entzerrte sich. Er lächelte sogar und brachte eine Hand in die Höhe.

»Im übrigen gratuliere ich zum Abschuß. Das nächste Mal will ich vorher aber gefragt werden, wenn Sie meine Krähe nehmen wollen, verstanden?« Ein kurzes Schnaufen noch, dann ging es zu Ende: »Einfach nicht kaputtzukriegen, dieser Kerl!«

Sie sahen ihm nach. Er stülpte sich in seinen Wagen und rollte davon.

Steinbatz schien es erst jetzt zu begreifen.

»Er ist wegen dir in den Dreck eini?«

»Wenn er es selber sagt, muß es schon so gewesen sein«, nickte Graf.

Es regnete wieder. Der Boden wurde immer weicher, und der Himmel glich einem Wolkenmuseum. Wasserschnüre prasselten auf die Zeltdächer. Auch bei der Neunten war die Stimmung schon auf Minusgraden angekommen. Vor einigen Tagen hatten sie die letzten Einsätze geflogen; Begleitschutzaufträge, bei denen nicht viel herausgekommen war. Vor allem für Graf nicht. Die Raufereien mit russischen Jägern hatten jedesmal mit einem Remis geendet.

Auf dem Zeltdach trommelte es schon stundenlang. Vor dem Eingang hing eine sprühende Wasserwand. Ede Dühn stiefelte draußen durch den Dreck, mit eingezogenem Genick, bei jedem Schritt die im Morast versackten Pelzstiefel wieder herauszerrend. Zur Zeit war er mit fünf Abschüssen der Erfolgreichste unter ihnen.

Argus, der Jagdhund, rekelte sich im Stroh. Er hatte wohl als einziger nichts gegen das Sauwetter einzuwenden. Durch das Rauschen des Regens grollte manchmal der Donner der Front.

»Mann«, sagte einer, »wie es jetzt wohl den Kumpels von der Infanterie gehen wird?«

Sie wußten es nicht, aber sie ahnten es, wenn sie an die dreißig Sanitätswagen mit Schwerverwundeten dachten. Schon seit drei Tagen standen die Sankas, angefüllt mit einer wahren Elendsfracht, am Platzrand. Keiner von ihnen würde den Anblick der Unglücklichen, die Gesichter der Todgeweihten und das Wimmern der Gepeinigten je wieder vergessen können. Tagelang warteten sie nun schon auf Flugzeuge, die sie in ein Lazarett bringen sollten, aber es war noch nicht ein einziges gekommen. Manche von ihnen lagen bereits unter der Erde des Feldflugplatzes. Der Tod war schneller gewesen als ihre verzweifelte, armselige Hoffnung.

Graf streckte den Kopf aus dem Zelt. Erschüttert betrachtete er das Stück blauen Himmels zwischen den grauen Wolkenfetzen.

»Es ist einfach nicht zu fassen!«

»Was?« knurrte Füllgrabe aus seiner Ecke heraus. »Kommt vielleicht der Stalin mit 'nem Sack voll Liebesgaben?«

»Der nicht«, erwiderte Graf, »aber es klart auf!«

Eine Me 109 quälte sich durch den Matsch über dem Flugfeld. Oberfeldwebel Süß saß darin. Mit beachtlichem Optimismus hatte er sich zu einem Werkstattflug entschlossen. Am Rand der zähen Rutschbahn stand eine Menge Volks und wartete auf ein Fiasko.

Der Vogel mit den dreckverklebten Laufrädern kam aber tatsächlich frei und schmuggelte sich in die Höhe. Einige hundert Meter über ihm machten die Wolken Platz und zogen sich weiter auseinander.

»Ein Irrer!« bemerkte Steinbatz und blinzelte zu Graf hinüber. Auf einmal neigte er den Kopf und horchte. »Da brummt doch noch was durch die Gegend?«

Er hatte sich nicht getäuscht. Unter den Wolken zogen Ju-52-Transporter dahin, ein ganzer Haufen. Drüben bei den Sankas hüpften die Sanitäter vor Freude um ihre Wagen herum. Von irgendwoher zischten grüne Leuchtkugeln in die Luft. Aber die Flugzeugführer der »Ju's« dachten nicht daran, das Signal zum Landen zu befolgen. In exaktem Verbandsflug wälzte sich der Verein am Platz vorbei und dröhnte in westlicher Richtung weiter.

»Das können sie doch nicht machen!« stammelte Steinbatz. »Wo doch die Schwerverwundeten . . .«

Weiter kam er nicht, denn droben am Himmel geschah jetzt etwas Einmaliges. Wie ein Habicht stieß Süß mit seiner »109« auf den Ju-52-Schwarm herab. Er kurvte vor den ersten Maschinen ein, wackelte mit den Tragflächen und tat alles, um die Transporter zur Umkehr zu bewegen. Der Erfolg seiner Bemühungen schien bei ihm die letzte Sicherung durchbrennen zu lassen: Die Mahalla behielt nämlich unverdrossen ihren Kurs bei — allerdings nicht mehr lange.

Kurze Kanonen- und MG-Garben, die der Oberfeldwebel den Besatzungen nunmehr in den Flugweg pfefferte, erreichten in kürzester Zeit das, was die Leuchtkugeln nicht fertiggebracht hatten: Der Pulk der Dreimotorigen beschrieb eine gemeinsame Kurve und hielt auf den Flugplatz zu.

Graf rieb sich über die Augen, aber von einer Fata Morgana konnte keine Rede sein. Die ersten Ju 52 zogen bereits tiefe Furchen in den aufgeweichten Boden, und über ihnen reihte Süß eine Messerkurve an die andere.

»Lieber Himmel«, stöhnte Steinbatz, »wenn da jetzt schon Verwundete drin sind, dann reißen sie dem Ernst den Hintern bis zum Stehkragen auf!«

Es waren keine drin, dafür in einer der Maschinen ein Major. Er rutschte tobend und mit feuerrotem Kopf aus der Ausstiegsluke und wollte offenbar den Burschen sehen, der ihm den üblen Streich gespielt hatte. Dieser hatte gerade eine halsbrecherische Landung hinter sich, aber auch den Rest des Zorns, der ihn vorhin zu seiner immerhin etwas ungewöhnlichen Aufforderung veranlaßt hatte.

Der wütende Major blieb ihm jedoch erspart, da sich mittlerweile ein Oberstleutnant eingefunden hatte. Er fungierte auf dem Platz als Gefechtsverbandsführer und hatte im Gegensatz zu dem anderen einen Stern mehr auf den Raupen (Schulterstücken).

Nach Beendigung eines sehr sachlich geführten Zwiegesprächs rollten die Sanitätswagen an die Transportflugzeuge. Jeder der Schwerverwundeten fand einen Platz.

Süß kam erst angeschlichen, als die dicken Brummer wieder in der Luft waren.

»Ernst«, sagte Füllgrabe, »woran hast du bei der Geschichte eigentlich gedacht?«

Der Oberfeldwebel hielt anscheinend nach Leuten Ausschau, die ihm Kummer bereiten konnten. Sein Lächeln war keinen Pfifferling wert.

»An dich bestimmt nicht!« erwiderte er und streckte sich, weil der Oberstleutnant soeben auf ihn eingeschwenkt war.

»Nachtjagd« über Krementschug

Bei Krementschug hatten deutsche Verbände den Dnjepr bezwungen und auch den Feind am jenseitigen Ufer. Ein neuer Brückenkopf war entstanden, zusammen mit einer Behelfsbrücke. Sie war so schön, daß die russischen Bomberbesatzungen sich daran einfach nicht satt sehen konnten.

Graf und die Seinen sollten dieses Bauwerk ebenfalls noch des öfteren aus der Luft bewundern dürfen, so auch an diesem 6. September 1941. Dreimal waren sie seit dem Morgengrauen schon über den Strom geflogen und hatten in ihrem Revier für Ordnung gesorgt, allerdings ohne besonderen Aufwand. Und nun wollten sie noch einmal nachsehen, ob ihre östlichen Flugplatznachbarn sich vielleicht eine Abendüberraschung ausgedacht hatten.

Inzwischen war es 17 Uhr geworden. Der Obergefreite Grapentin hatte das gröbste Flickwerk wieder einmal hinter sich. Von düsteren Vermutungen beseelt, blickte er seiner Maschine nach, die zusammen mit weiteren sieben »109« gerade zum Start schaukelte. Argus, Grafs anhänglicher Schlafgenosse, heulte sein Abschiedslied hinterher. In einiger Entfernung brüllten die Motoren auf, und der letzte Feindflug dieses Tages hatte begonnen.

Der Dnjepr war bald erreicht, aber die sowjetischen Aviatiker schienen bereits Feierabend gemacht zu haben. Die Zeit verging. Graf suchte immer ungeduldiger den Luftraum ab. Nichts! Es war zum Verzweifeln, denn acht Maschinen waren für ihre Verhältnisse eine beachtliche Streitmacht. Der Gedanke daran, den Landsern im Brückenkopf wenigstens eigene Maschinen vorgeführt zu haben, war jedoch ein reichlich miserabler Trost. Von all dem abgesehen, fuhrwerkten die beiden Schwärme jetzt schon so lange in der Gegend herum, daß man allmählich schon wieder an den Treibstoff in den Tanks denken mußte. Einige hatten über das FT (Funk) schon daran erinnert. Das Licht des Tages lag ebenfalls in den letzten Zügen.

Tief unten huschte die östliche Spitze des Brückenkopfes vorbei. Wieder meckerte einer und quatschte vom Heimflug. Graf schaltete auf Durchzug. Irgend etwas hing noch in der Luft, er spürte es. Und dann sah er sie.

Es waren gute, alte Bekannte: etwa ein Dutzend DB-3-Bomber.

Vorbildlich aneinandergereiht, mogelten sie sich nach Norden, über sich eine Schar Ratas, um sich die schnell herabsinkende Dämmerung. Sie hielten auf Krementschug zu, als ob der deutsche Brückenkopf sie nicht im geringsten interessierte. Graf glaubte es ihnen schon jetzt nicht mehr, denn ohne jeden Zweifel hatten sie die Dnjepr-Brücke im Auge. Trafen sie diese aber, dann gab es eine Katastrophe. Eine ähnliche konnte sich allerdings auch dann anbahnen, wenn er mit der Staffel in die Dunkelheit geriet und nach der Landung einige Maschinen als Schrotthaufen liegenblieben. Was sollte er also tun? Und was war wichtiger: die Brücke mit den Fahrzeugkolonnen darauf oder das zweite Risiko?

Den anderen schien es die Sprache verschlagen zu haben, als sie seinen Befehl hörten:

»Wir bleiben da und greifen an!«

Die Russen hingen jetzt über dem Nordrand von Krementschug, die acht von der 9./JG 52 ein Stück über ihnen. Sie befanden sich bereits im Anflug. Weitere Anordnungen waren überflüssig. Jeder wußte, worauf es ankam – und mit welcher Schnelligkeit alles zu geschehen hatte.

Die russischen Begleitjäger spritzten auseinander und blieben zurück. Kanonen knallten, Maschinengewehre hämmerten. Bald würde der Nachtflug perfekt sein. Es war allerdings bereits sinnlos geworden, noch daran zu denken.

Unter den DB-3-Rümpfen rieselte etwas nach unten, auf die Stadt herab: Bomben, im Notwurf gelöst. Da sie im Gegensatz zu den deutschen nicht elektrisch gezündet werden konnten, mußten sie nach dem Aufprall explodieren. Das taten sie auch.

Graf zu Besuch bei Reichsmarschall Hermann Göring

Ruhepause zwischen den Feindflügen. Hermann Graf (von links nach rechts), Alfred Grislawski (114 Luftsiege) und Heinrich Füllgrabe (65 Luftsiege)

Leutnant Leopold Steinbatz, der Kampfgefährte Hermann Grafs, gefallen nach 99 Luftsiegen

Die Asse der »Karaya-Staffel« auf der Tragfläche einer Me 109 vereint (von links nach rechts): Alfred Grislawski, Hermann Graf, Heinrich Füllgrabe und Oberleutnant Ernst Süß (70 Luftsiege)

Von hinten her kamen nun die Ratas angeprescht, und Graf zog ihnen entgegen. In den Kopfhörern herrschte eine ungewöhnliche Stille. Die I-16 fegten vorbei, schwenkten ein, kamen zurück. Einige hundert Meter tiefer schwangen sich die Bomber in eine Ostkurve. Eine Me-109-Rotte löste sich aus dem wirbelnden Reigen der Flugzeugleiber und stieß auf sie hinab. Schon nach den ersten Garben loderten Feuerschweife durch den immer dunkler werdenden Himmel. Jenseits des Stromes zerschellten zwei der russischen Kampfmaschinen unter grellen Flammenpilzen.

In geringer Höhe fanden Graf und Steinbatz wieder zusammen. Sie flogen nach Osten, hinter einigen Ratas her. Einer der Feindjäger wackelte mit den Tragflächen. Vielleicht hielt er die beiden Schatten für eigene Flugzeuge. Es war eine folgenschwere Verwechslung.

Kaum fünfzig Meter hinter ihm drückte Graf auf den Kanonenknopf. Von sprühenden Flammen umflattert, torkelte die I-16 nach unten.

Die beiden Me 109 lagen schon wieder auf Gegenkurs. Sie stiegen. Auf 6000 Meter gab es wenigstens noch eine Andeutung von Licht. Über dem Nordrand von Krementschug züngelten Brände. Die im Notwurf gelösten DB-3-Bomben hatten sie verursacht.

Schemenhafte Gebilde huschten heran und scharten sich zur Formation. Graf zählte sie. Es waren sechs Me 109. In diesen Augenblicken dachte er nur noch eines:

Wo ist die siebente?

Der Gedanke daran bohrte immer noch in ihm, als er wieder auf dem Flugplatz stand, mit schweißnassem Körper, den Blick auf die Lastwagenscheinwerfer gerichtet, mit denen die Warte einen Landestreifen markiert hatten. Der Motor lief noch. Woher er den Sprit dazu nahm, war ein Rätsel für sich.

In den FT-Membranen hörte Graf die Flüche und Verwünschungen der anderen, denen die halsbrecherische Landung noch bevorstand. Seine Gebrauchsanweisungen schienen sie nicht sehr zu beeindrucken. Jedesmal, wenn wieder einer den Boden berührte, unterbrach er seine Gewissenserforschung. Die Verantwortung, mit der er sich vor einiger Zeit über Krementschug beladen hatte, zahlte sich jetzt erst so richtig aus. Wenn nur einer seine Maschine in ihre Einzelteile auflöste, spielten die erzielten vier Abschüsse wahrscheinlich keine Rolle mehr. Doch vorläufig krachte es immer noch nicht!

Wieder brummte einer auf die Leuchtstraße zu. Es war der sechste. Der siebente war aber immer noch nicht in Sicht. Oder kam er da hinten? Wahrhaftig, er war es!

Graf vergaß beim Anblick der geradezu kriminell* hoch anschwebenden Maschine sogar ein Stoßgebet. Außerdem benötigte er seine Stimme für innige Beschwörungen, um dem anderen über Funk zum Weiterleben zu verhelfen.

Der in der letzten »109« reagierte jedoch überhaupt nicht darauf. Vielleicht war auch sein Funkgerät ausgefallen.

Diesmal schloß Graf etwas länger die Augen. Als er sie wieder öffnete, setzte der Unglücksvogel gerade weit über der Platzmitte auf. Eine Ju 87 stand ihm im Weg. Jeden Moment mußte die Luftwaffe zwei Maschinen und mit großer Wahrscheinlichkeit auch einen Flugzeugführer weniger haben. Es passierte aber etwas ganz anderes. Plötzlich hob sich das Leitwerk. Der Bursche in der Kabine war offenbar mit beiden Beinen auf den Bremsen gestanden, um den fälligen Zusammenstoß zu verhindern.

Hermann Grafs Hals war – zumindest am Boden – noch nie so trocken gewesen. Sekunden später revanchierte sich die mißhandelte »Me« durch einen Überschlag. Die Leitwerkflosse knallte gegen den Boden, doch die Explosion ließ auf sich warten.

---

* Jägerausdruck für »gefährlich«, »riskant«.

Grapentin kam angehüpft, Jubel im Blick. Seine Zunge verhedderte sich, während er massive Glückwünsche für die errungenen Abschüsse anbrachte.

»Du bist wohl bescheuert!« schnappte Graf. »Und der demolierte Kahn da drüben? Schließlich gehörte der auch zu mir. Sie werden mir den Kopf abreißen . . .«

»Aber warum denn?« wunderte sich der Obergefreite. »Von uns sind doch alle prima gelandet. Einer schon vor Ihnen. Der da drüben kommt von einem anderen Verein. Soll ein Überführungsflieger mit einer Krähe fürs JG 3 sein.«

»Sag das noch einmal . . .«

»Freilich, Herr Leutnant, es ist schon so. Und jetzt kommen Sie endlich mal 'raus, ja?«

Die anderen tanzten an und unterstützten Graf bei seinem Versuch, die Sache zu begreifen. Steinbatz schien ein besonderes Anliegen zu haben, nachdem er seinen stellvertretenden Staffelführer zur Seite gelotst hatte.

»Also, ehrlich«, erklärte er, »von unseren vier Abschüssen wollen wir mal gar nicht reden, dafür gleich zur Sache, Herr Leutnant: Daß du ein verrückter Hund bist, habe ich ja gewußt. Aber daß es so schlimm steht mit dir . . .«

»Du hast recht!« nickte Graf. »Bis heute war mir das selbst nicht so richtig klar . . .«

Der Regen hatte sein Erscheinen inzwischen völlig eingestellt, ganz im Gegensatz zu den Suchkommandos vom lieben Nachbarn, dem Jagdgeschwader 3. Die neue Me 109, nach dem Nachtflug der Neunten von ihrem Piloteur auf den Platz gefeuert, war am nächsten Morgen nur noch ein Skelett gewesen. Günther Lützow, Kommodore des JG 3, hatte seine Hoffnung, die fehlenden Flugzeugteile je noch einmal aufzuspüren, zusammen mit entsprechenden Zornausbrüchen bereits aufgegeben. Grapentin dagegen und seine Kollegen von der »schwarzen Front«* waren

---

* Techn. Personal, der schwarzen Overalls wegen zuweilen so genannt.

dafür um so besser in Stimmung. Nur ein Kreis enger Vertrauter wußte, daß sie den nur leicht lädierten Jagdeindecker völlig ausgeschlachtet hatten, um sich auf solche Weise fehlende Ersatzteile zu beschaffen. Nach dieser Nacht der langen Finger hatten sie freudestrahlend eine Maschine nach der anderen wieder klar melden können.

Das technische Husarenstück war in diesen Tagen so ziemlich das einzig erfreuliche. Graf peilte bei seinen Zwiegesprächen mit dem Obergefreiten Grapentin des öfteren die fünf Abschußstriche auf dem Leitwerk seiner »109« an, um dann jedesmal wieder verdrossen davonzustiefeln. Der Jubel im Wehrmachtsbericht ging ihm zeitweilig auf die Nerven, besonders dann, wenn von glanzvollen Erfolgen der anderen Geschwader die Rede war.

Weiter nördlich, beim JG 51, hatte Oberst Werner Mölders schon Ende Juni seinen 82. Luftsieg errungen. Aber nicht nur er sammelte die Erfolge sozusagen gleich serienweise. Auch andere hielten da redlich mit. Hauptmann Joppien beispielsweise, Leutnant Bär, Hannes Trautloft im JG 54 und nicht zuletzt Major Günther Lützow – von den zahlreichen Assen bei weiteren Verbänden ganz zu schweigen.

Sie aber flogen Begleitschutz ohne das geringste Trara, ärgerten sich mit Mäusen herum und kamen sich im allgemeinen recht überflüssig vor. Um wenigstens etwas Gescheites zu tun, bauten sie sich nach Fred Embergers Plänen einen Bunker, und die Plagegeister folgten ihnen prompt als Untermieter. Ihre listigen Einfälle brachten wenigstens etwas Stimmung in das Bunkergeviert. So auch an jenem Tag, als die munteren Mäuschen einen an Stricken hängenden Koffer dennoch besetzten und darin eine Entbindungsstation für ihre Damen eröffneten.

Am 10. September ließen sie die Biester in Frieden und machten sich auf den Weg zu einem anderen Feldflugplatz. Ihr strategisches Rüstzeug bestand in der Mitteilung, daß sie bei Berislaw einen Dnjepr-Übergang sichern sollten.

So schraubten sie sich hinter Graf in die Höhe und gingen auf den ungefähren Kurs. Ihr Anführer versprach sich von einem winzigen Kartenblättchen Orientierungshilfe, ganz sicher war aber auch er sich nicht. Seltsamerweise klappte es trotzdem.

Ein endlos erscheinendes Ackerfeld mit mächtigen Heustapeln nahm sie auf. Die Sonne strahlte. Major Handrick auch, als er Grafs lange Figur in die Optik bekam. Auf der weiten Flur lagen mehrere Einheiten, wie sich jetzt herausstellte. Jede hatte sich zwischen den Heuburgen ihren privaten Flugplatz eingerichtet.

Die anderen schlurften heran, Mißbilligung im Blick. Handricks Hund, Assan genannt, übte an Grafs Beinen Hochsprung und verschluckte sich bald vor Freude. Sie kannten sich von früher her.

»Hier stinkts ja grad so nach Gemütlichkeit!« stellte Poldi Steinbatz fest. »Da hätten wir auch bei den sakrischen Mäusen bleiben können.«

Der Jagdhund hatte genug gewedelt, und sie liefen ein bißchen. Irgendwo spie ein Radio ein Stück Wehrmachtsbericht aus. Der Sprecher belehrte sie darüber, daß im Osten stetige Angriffserfolge zu verzeichnen seien.

»Der reinste Friedhof!« maulte Ede Dühn. »Ihre Maschinen haben die Brüder hier scheinbar im Koffer.«

Sie hatten sie nicht dort drin, sondern in den hohen Heutürmen. Es waren ideale Hangars.

Bei Einbruch der Dunkelheit standen die »Me's« der Neunten auch unter einem Grasdach. Die ersten russischen »Rollbahnkrähen« rumorten in der Gegend herum, ohne aber tätlich zu werden. Schließlich hatten ihre Besatzungen dazu auch nicht den geringsten Grund, da Heuhaufen im allgemeinen keine Bombe wert waren und sie überdies nicht wissen konnten, wie es darunter aussah. Die Flak schoß auch nicht, weil man ihr das verboten hatte.

Alles war so friedlich, daß Graf recht bald vom Schlafen redete. So krabbelten sie in ihre Zelte und legten sich hin.

Es waren schon einige Tage vergangen, seit sie ihre Maschinen morgens zum erstenmal aus den Grashallen gezerrt hatten. Bis jetzt allerdings völlig vergeblich. In der Luft kurvten zwar Vögel herum, aber keine Feindmaschinen. Die Russen machten anscheinend Pause. Manchmal kreisten zwar welche in weiter Ferne herum, in greifbarer Nähe ließen sie sich jedoch so wenig sehen wie der Reichsmarschall. Dafür war an der Front um so mehr passiert. Bei Kiew näherte sich die Kesselschlacht allmählich ihrem Ende, und jenseits des Dnjepr loderte Feuerschein über den Horizont. Gewaltige Kornfelder standen dort in Flammen, von den zurückgehenden Sowjets in Brand gesetzt.

Der 13. September war ein Samstag. Graf und Stabsfeldwebel Emberger hatten sich neben eine Rotte geklemmt, die vom Gruppenadjutanten, Leutnant Schade, geführt wurde. Sie waren am späten Morgen gestartet, um sich den Luftraum über der Krim etwas anzusehen. In ziemlicher Höhe rauschten sie an Nikolajew und Odessa vorbei und aufs Schwarze Meer hinaus. Die Küstenlandschaft bot ihnen unvergeßliche Bilder, der Himmel dagegen überhaupt nichts. Nirgendwo auch nur eine Spur von einem gegnerischen Fluggerät...

Schließlich sichteten sie doch noch eines, aber es war ein deutscher Aufklärer. Die Besatzung zeigte beim Anblick der vier Balkenkreuze Erleichterung.

Inzwischen hatten sie gedreht und wieder Nordwestkurs auf den Kompassen. Perekop kam in Sicht, zusammen mit drei Flugzeugsilhouetten. Emberger redete etwas von Russen. Es waren auch welche. Sie flogen in exakter Formation und wahrscheinlich nach dem Motto: Was kann uns hier über dem eigenen Hinterland schon passieren?

Ihre Zuversicht sollte schlimme Folgen haben. Zwei von ihnen trudelten schon nach kurzer Zeit brennend in die Tiefe, der dritte Mann brauchte auch nicht mehr lange warten. Sein Schock nach den ersten Garben aus Grafs Bordwaffen äußerte sich in erstaunlichen Reaktionen: Er zog hoch, drehte dabei elegante

Rollen und unterhielt seine Verfolger durch gekonnte Kunstflugfiguren.

Die Me-109-Kanone beendete die Vorstellung auf eine recht schnöde Weise. Trotzdem schien der sowjetische Jägerpilot seine gute Stimmung nicht verloren zu haben. Etwa fünfzehn Kilometer nordwestlich von Perekop hatte ihn sein gutfunktionierender Fallschirm inzwischen der Erde anvertraut. Er winkte eifrig herauf, während der Deutsche in niedriger Höhe an ihm vorbeipreschte. Seine I-26 war um 10.46 Uhr am Boden zerschellt.

Etwas Ähnliches in milderer Form, eine Bauchlandung auf sowjetischem Gebiet nämlich, hätte für Graf wenige Tage später möglicherweise ein schnelles Wiedersehen mit dem abgeschossenen Kunstflieger im Gefolge haben können. Dem Motor seiner »109« war noch jenseits der eigenen Linien »die Spucke weggeblieben«. Mit viel Angstschweiß und noch mehr Glück tuckerte der Staffelführer-Stellvertreter der Neunten doch noch über die Front und zum eigenen Platz zurück. Ein zuverlässiger Schutzengel hatte wieder einmal wacker am Leitwerk mitgeschoben.

Es blieb vorläufig beim 6. Luftsieg. Einigen Tiefangriffen folgte nach zehn Tagen der Abschied Major Handricks.

Krementschug war inzwischen gefallen und östlich davon eine Flugwiese frei geworden. Sie lag in der Nähe des Dnjepr und gehörte zu einer Ortschaft namens Graditsch. Auch die 9. Staffel machte dort Station.

In der nächsten Zeit wurden sie Zeugen einer gewaltigen militärischen Katastrophe. Der Kessel um die Streitkräfte des sowjetischen Marschalls Budjenny war geschlossen worden. Kampfflieger, Stukas und Zerstörer richteten schwere Verwüstungen an. Zwei große feindliche Heersäulen konnten innerhalb des Einschließungsringes beobachtet werden. Unter einer hohen Rauchwolke brannten Tausende von Lastwagen.

Kurz vor der Einnahme Kiews stürzten sich dreißig Ju 87 noch einmal auf Bunker am Südrand der Stadt, von der 9./JG 52 eskortiert. Infanterie stieß nach und kam zu ersten Erfolgen.

Am Abend des 20. September 1941 jagte Graf im Tiefflug über die Dächer der südlichen Wohnviertel. Kiew war in deutscher Hand. Auf der Zitadelle wehte die Reichskriegsflagge. Zerstörungen waren kaum zu beobachten.

Noch konnte niemand wissen, daß wenige Tage später ganze Straßenzüge in die Luft fliegen sollten, von den abrückenden Verteidigern unterminiert und durch Fernzündung hochgejagt. Bedeutend schrecklicher waren die Auswirkungen, als die Staumauer des Dnjepr-Kraftwerkes vor Saporosje vom Feind auf ähnliche Weise zerstört wurde. Das gewaltige Bauwerk – eines der größten der Welt –, dessen Krone als Straße diente, war zum Zeitpunkt der Sprengung mit Kolonnen überfüllt. Tage nach diesem schwerwiegenden Ereignis wurden noch unzählige Leichen am Oberlauf des Stromes angeschwemmt.

Trotz dieser Verzweiflungstaten hatte sich das Unheil nicht mehr abwenden lassen. Rund 665 000 russischen Soldaten stand das bittere Los der Gefangenschaft bevor.

»Am Boden zerstört!«

Der 21. September hätte sehr leicht der letzte Sonntag im Leben des Leutnants Graf werden können. Die Absicht, einen frontnahen Feldflugplatz auszukundschaften, hatte ihn zusammen mit Steinbatz auf ein Flugfeld hinter Poltawa geführt. Schon während der Landung stellten sie fest, daß der Platz noch lange nicht »luftwaffenreif« war. Dafür hielten sich dort zuviel Feldgraue auf. Diese sahen beim Anblick der Jagdmaschinen recht verwundert drein und erzählten, daß das benachbarte

Kornfeld eigentlich noch vom Feind gesäubert werden müsse. Sie hingegen gehörten zu einer Beobachtungsstelle der Artillerie.

Ein Blick genügte Graf, um zu erkennen, daß tatsächlich ein Stoßtrupp im Getreide vorging. Der nächste Blick galt Steinbatz. Sie waren sich sofort einig.

»Nichts wie weg!« sagte der Wiener, und Graf war auch dieser Meinung. In großer Eile unterwies er die Artilleristen im Betätigen der Andrehkurbel, da sie die Motoren ihrer Maschinen abgestellt hatten.

Vier russische Pe-2-Bomber ersparten den Kanonieren diese ungewohnte Arbeit. Sie fegten im Tiefstflug über die Wiese und feuerten zunächst einmal aus ihren Maschinengewehren. Der Geschoßhagel trieb Graf in einem Hechtsprung aus der Kabine.

Unter den Tragflächen war es allerdings auch nicht viel gemütlicher. Die russischen Sturzkämpfer hatten schon wieder umgedreht. Diesmal warfen sie Bomben. Es waren kleine Dinger, die »wie Hasen im Gras herumhüpften«. Eine kam dicht vor Grafs Nase zum Stillstand. Er dachte nur noch an Zeitzünder und hastete davon. Nach einigen Dutzend Metern verzweifelten Spurts ging der Sprengkörper in die Luft.

Die schneidig dahinfegenden sowjetischen Flieger leiteten jetzt bereits den dritten Versuch ein. Entsetzt sah Graf kaum zehn Meter vor sich eine andere Bombe heranrollen. Der Luftdruck der Detonation packte ihn. Ein Schlag in den Rücken, dann verdunkelte sich der Himmel für einige Zeit.

Nachher hatte er das Gefühl, als ob der Morgen graue. Trotzdem flimmerten Sterne vor seinen Augen. Er kam zu der Erkenntnis, daß er verhältnismäßig unbeschädigt geblieben war; ganz im Gegensatz zu seiner Maschine, einem frischen Werkprodukt, die restlos abgebucht werden konnte.

Die andere Me 109 sah noch übler aus und lag wie eine tote Riesenente am Boden. Einige Landser fummelten an der Kabine herum. Schließlich zogen sie Poldi Steinbatz heraus, mit blutüberströmtem, von Glassplittern heimgesuchtem Gesicht, ansonsten aber noch sehr lebhaft. Wütend stiefelte er um den Trümmerhaufen herum und verteilte dabei das Blut auf den Bartstoppeln. Seine Flüche imponierten anscheinend sogar den Artilleristen. Einer ihrer Funker informierte den Flugplatz der Gruppe über die niederschmetternden Erfolge der gegnerischen Sturzbomber.

Einige Zeit später erschien eine Ju 52. Der Jagdschutz hinter ihrem Leitwerk hätte auch für einen General genügt.

Mit viel Lärm schwang sich der Transporter wieder in die Höhe, Graf und Steinbatz in seinem geräumigen Leib. Ihre Erleichterung sollte allerdings nicht von langer Dauer sein. Sie freuten sich gerade wieder ein bißchen ihres neugewonnenen Lebens, als es schon wieder losging. Diesmal kamen die Kugeln nicht aus der Luft, sondern vom Boden her. Dort standen versprengte Rotarmisten und schossen eifrig auf den gemächlich dahinbrummenden Wellblechbomber. Einer der Treffer pfiff an Grafs Augen vorbei, der zweite nicht weit davon entfernt. Weiter passierte nichts, nur die Blässe war wieder auf ihre Gesichter zurückgekehrt.

Nach der Landung präsentierten sie sich dem Gruppendoktor in einer ziemlich üblen Gemütsverfassung. Das genügte für den Medizinmann, ihnen eine 24stündige Bettruhe zu verordnen.

Ihre Nerven waren schon früher »wieder da« als neue Maschinen. Diese trafen erst am 23. September ein. Sie wurden beäugt, mit der »Bügelzange« (zum Nachstellen der kleinen Trimmruder) bearbeitet und anschließend eingeflogen. Das geschah ohne gegnerische Präsenz, und auch am 24. September verpaßten die Russen ihren Auftritt. An jenem Tag schwebte Graf nämlich zum zweitenmal mit einer fabrikneuen Me 109 auf jenem Feldflugplatz bei Poltawa ein, den die Pe-2-Besatzungen gern zu seiner letzten Station gemacht hätten.

Der Obergefreite Grapentin hatte inzwischen wenigstens die Genugtuung erhalten, für einen richtigen Staffelführer Einschußlöcher zuzupappen.

Hermann Graf war das geworden, nachdem sein Kommandeur – ein alter Pionier der Luftfahrt – in die Heimat abberufen worden war. Eine Wirbelsäulenverletzung, die er sich bei einer Bruchlandung in einer Me 109 zugezogen hatte, war die Ursache dafür gewesen. Der Kapitän der Neunten führte nun die Gruppe und Graf dessen frühere Staffel, die es inzwischen auf dreißig Luftsiege gebracht hatte.

Diese Zahl stimmte indessen schon während des Überführungsfluges zu dem neuen Platz nicht mehr. Graf und Füllgrabe hatten sich gemeinsam auf den Weg gemacht. Vor ihnen sprang eine einzelne DB-3a von einem Wolkenturm zum anderen. Um 12.10 Uhr stürzte das russische Kampfflugzeug, von Grafs Kanonengarben getroffen, brennend in die Tiefe und zerschellte in der Nähe von Balaklia an der Erde.

Der Landung folgte das übliche Hallo, Grapentins notorisch-mißtrauischer Blick auf die Maschine und danach der Wehrmachtsbericht aus einem Kofferradio. Der Sprecher redete auch von Afrika und verkündete, daß deutsche Jäger ostwärts von Sollum sieben britische Jagdflugzeuge und einen Bomber abgeschossen hätten.

»Mann«, sagte Füllgrabe, der Unteroffizier mit dem dunklen Lockenkopf, »wir verteilen uns aber ganz schön in der Weltgeschichte, nicht?«

Graf ließ Nase sowie Schultern zucken und rückte an seiner silbernen Frontflugspange herum. Diese und das EK I trug er schon geraume Zeit. Es war sicherlich besser, bei solch einer hintergründigen Feststellung auf den eigenen Senf zu verzichten.

Am nächsten Morgen gab es bei der Einsatzbesprechung auch nicht viel zu erörtern. Eine Schar He 111 wollte im Raum von Charkow feindliche Nachschublinien angreifen. Begleitschutz also; ein Auftrag, zu dessen Ausführung man lediglich zu starten brauchte.

Das geschah. Sie fanden die Kampfmaschinen und sortierten sich rottenweise über ihnen. Einige Ratas erschienen, kurbelten mit einer anderen Staffel herum und empfahlen sich wieder.

Doch auf dem Rückflug geschah etwas Seltsames. Graf stellte plötzlich fest, daß die Heinkel-Maschinen immer zahlreicher wurden. Bei näherem Hinsehen erkannte er, daß sich da doch tatsächlich einige russische Bomber in den weit auseinandergezogenen eigenen Verband gemogelt hatten und unter dieser idealen Tarnkappe offenbar den Weg zur Front zurückzulegen gedachten. Sogar einige Jäger turnten scheinheilig und völlig zahm in der Gegend herum.

Sie tauchten nach unten, als die »Messerschmitt's« herabstießen. Die russischen Bomber aber blieben, wo sie waren.

Hermann Graf nahm bereits Maß, aber das tat auch einer der sowjetischen Bordschützen. Er hatte anscheinend einen ausgezeichneten Tag und traf schon mit der ersten Garbe ins Volle. Der Motor der Me 109 reagierte zuerst und spie eine Menge Öl aus, Graf dagegen saftige Verwünschungen. Aber das half bereits nichts mehr. Das Triebwerk lag in den letzten Zügen, darüber gab es keinen Zweifel. Trotzdem reichte es wieder einmal über die Front, allerdings nicht mehr bis zum eigenen Platz. Dafür kam das große Flugfeld von Poltawa noch rechtzeitig in die Nähe. Mit abgeworfenem Kabinendach und zahlreichen Bremsmanövern ließ Graf die zerfledderte »Me« am Platzrand ausrollen. Schweißgebadet verließ er seinen Sitz und näherte sich einem recht seltsam dreinblickenden Pionierhauptmann. Dieser schien irgend etwas nicht begreifen zu können. Er sagte:

»Meinen Glückwunsch zu dieser prächtigen Landung. Und wie großartig Sie mit der Platzumrandung ausgekommen sind.«

Die eigenartige Rede ging nun dem Staffelführer der Neunten wieder nicht ein, und er erkundigte sich, was der Herr Hauptmann denn mit dem Platzrand meine.

»Naja«, erwiderte der Pionieroffizier, »das ist nämlich die einzige Stelle, von der aus Sie nicht gleich wieder in die Luft geschmissen werden konnten. Der gesamte Flugplatz ist schließlich ein einziges Minenfeld!«

Für seinen Gesprächspartner war das eine Auskunft, die einen neuerlichen Schweißausbruch im Gefolge hatte.

An nassen Hemden herrschte auch während der folgenden Tage kein Mangel. Der Schweiß, den sie am 14. Oktober vor ihrem Zelt vergossen, hatte allerdings einen natürlichen Ursprung. Die Herbstsonne trieb ihn heraus, während sie manchmal zu den Waffenmixern hinübersahen. Ein fremder Oberstingenieur stand bei ihnen. Er war vor kurzem bei der Staffel aufgekreuzt und hatte etwas Neues mitgebracht: 2-cm-Läufe für die Kanonen 151, die bisher mit 15-mm-Munition gegurtet gewesen waren. Noch wußte freilich niemand, wie die Dinger sich beim Einsatz benehmen würden. Legte man jedoch die Zuversicht des hohen Waffenexperten zugrunde, vor allem seine verheißungsvollen Prophezeiungen über die ebenfalls von ihm herangekarrten Minengranaten mit Hexogenfüllung, dann mußte die letzte Stunde der russischen Gegnerschaft vermutlich bald geschlagen haben.

Alles war zu dieser Stunde so friedlich, daß man es schon fast nicht mehr glauben konnte. Keine Knallerei, keine Bomben und keine Ratas, die ihre Bordwaffen und ihre Tiefflugkünste vorführten. Jeder deutsche Besuch auf ihren Luftbasen wurde von ihnen nämlich meistens prompt beantwortet. Der Herr Oberstingenieur hatte das auch schon zu spüren bekommen und massive Bunker schätzengelernt.

Argus, Grafs zweckentfremdeter Jagdhund, gähnte in zufriedener Langeweile und sah einem Fliegenschwarm nach. Sein Herr dagegen lächelte dem Obergefreiten Grapentin zu, der wieder einmal um eine neue Maschine herumstolzierte. Diese trug eine »gelbe eins« am Rumpf und hinten am Leitwerk immerhin schon zwölf Abschußstriche.

Das war so gekommen: Am 27. September hatten Oberfeldwebel Süß und sein Staffelführer bei Charkow einen zweimotorigen Bomber getroffen. Um 14.22 Uhr war die DB 3a als der achte Abschuß des Leutnants Graf in die Tiefe gestürzt.

Am 3. Oktober hatte sich dann zum erstenmal ein Ereignis abgespielt, das weder der Obergefreite Grapentin noch so manche andere jemals für möglich gehalten hatten: Grafs erste »Doublette« im Luftkampf.

Zusammen mit Ratzlaff, einem Kameraden von der Siebten, Grislawski und Steinbatz war er zu einer langen Reise gestartet, um sich für den schmählichen P-2-Überfall von Poltawa zum zweitenmal zu bedanken. Nach einem listigen Anflugweg von Osten her waren sie über einem der drei Charkower Flugplätze in einen startenden Jägerschwarm hineingeraten, fast 600 Stundenkilometer am Stau (Staudruckmesser = Geschwindigkeitsanzeige), dank eines vorangegangenen Sturzes aus rund 1500 Meter Höhe.

Um 17 Uhr war eine der I-26 brennend aufgeschlagen. Unter Ausnutzung des Fahrtüberschusses hatten sie gleich den nächsten Platz angegriffen, waren feuernd darübergeprescht und hatten auf dem dritten Flugfeld der Stadt wieder einige startende Feindmaschinen vor sich gehabt. Dabei war kaum fünf Minuten nach dem ersten Erfolg um 17.05 Uhr der Sieg über eine Rata Grafs 10. Abschuß geworden.

Bis zum 10. Oktober hatte die »gelbe eins« wieder einige Treffer, indessen aber nichts Positives eingefangen. Am darauffolgenden Tag jedoch konnte Poldi Steinbatz erneut zwei Luftsiege seines Staffelführers bezeugen. In der Nähe des Bahnknotenpunktes Losowaja war um 7.10 Uhr zunächst ein SB-2-Kampfflugzeug gefallen und — auch diesmal genau fünf Minuten später — eine I-153. Letztere war ein Doppeldecker, dessen Pilot unentwegt auf eine deutsche Landserkolonne gefeuert und dabei beträchtliche Verwirrung heraufbeschworen hatte. Um 7.15 Uhr war das zu Ende gewesen. Steinbatz hatte während dieses Feindfluges ebenfalls eine SB 2 abgeschossen, so daß ihre Staffel nun mit 59 Luftsiegen an die Spitze der III. Gruppe gerückt war.

Der Wiener, seit einiger Zeit im Besitz der Unteroffizierslitzen, beobachtete gerade die Halmbesteigung eines dicken Käfers und brachte dabei Ergötzliches zur Sprache:

»Erinnerst du dich noch an den Heini von der Propagandakompanie? Hoffentlich hat deine Nase auf die Platte gepaßt.«

Graf war zu faul für eine passende Antwort, dachte über die Sache aber trotzdem nach. Der kleine, pausbäckige Sonderführer hatte eine ganze Wagenladung voll Optimismus mitgebracht, ein regelrechter Generalvertreter in Sachen Endsieg sozusagen. Bei einer Bandaufnahme war ihm auch einmal das Wort »Helden« über die Lippen gerutscht. Manchen war es dabei fast schlecht geworden.

Natürlich hatte der PK-Onkel auch beim »Alten« eine Visite gemacht, ihn über die Staffel ausgefragt und sich dabei vor allem für den Leutnant interessiert, der nach zwei Einsätzen jeweils mit zwei Abschüssen zurückgekommen war. Der Gefechtsschreiber hatte nachher über die Unterhaltung einiges verlauten lassen. Darunter auch das: »Was, fast schon dreißig Jahre ist dieser Offizier alt? Und sogar Reservist?« Sein diesbezügliches Erstaunen konnte dem Propagandamann abgenommen werden.

Ede Dühn räkelte sich einige Meter entfernt im Gras, wo er sich sonnte. Er hätte das auch in seinen Erfolgen tun können, denn schließlich lag er im Hinblick auf seine Luftsiege immer noch vor allen anderen.

Der Waffenoberfeldwebel trippelte schwitzend heran und meldete, daß die Montage der Kanonen beendet sei.

»Fein!« sagte Graf. »Dann wollen wir sie mal ausprobieren.« Er blickte über die hingestreckten Leiber. »Heinrich, kommst du mit?«

Füllgrabe, immer noch Unteroffizier, war sofort auf den Beinen. Anscheinend interessierte ihn die Angelegenheit ebenfalls.

Allmählich ging es auf Mittag zu. Die Motoren liefen an, dann startete die Rotte.

Es war dunstig. In drei- bis viertausend Meter Höhe hing ein leichter Wolkenschleier. Die Sicht mochte etwa dreißig Kilometer betragen.

Auf 2500 Meter gingen die beiden Messerschmitt-Maschinen zum Horizontalflug über und klapperten die gegnerischen Flugplätze im Hinterland ab. Die Russen taten ihnen den Gefallen und starteten.

Gegen 16.05 Uhr war die »109«-Rotte nicht mehr allein. Vier I-26 kamen an, aus einer rasanten Kurve heraus. Der Verein schien mächtig auf Draht zu sein. Gekonnt angesetzte Flugbewegungen verrieten das, und in Graf klingelte es Alarm. Wahrhaftig nicht zu Unrecht, wie sich bald herausstellen sollte.

Sein erster Angriff verpuffte vor einem Stück Himmel. Auf diese Tour war offenbar nichts auszurichten. Dann also auf die andere nach dem Motto: »Augen zu und mitten hinein!«

Bis zur Ausführung dieses Entschlusses vergingen nur wenige Sekunden. Füllgrabe hing hinter dem Leitwerk der »gelben eins« wie eine Klette. Er kannte diese Verrücktheiten, die einer Variante von Selbstmord gleichkommen konnten. Genausogut wußte er aber auch, daß der Lange aus Engen nicht mehr zu bremsen war, wenn er sich einmal etwas in den Schädel gesetzt hatte.

Beim nächsten Luftholen sah er, daß es geklappt hatte. Die Russen waren auf den Köder hereingefallen und spritzten auseinander. Einer zog seine Maschine in die Sonne, die »Messerschmitt« hinterher.

Grafs Katschmarek (Rottenflieger) war für die nächste Phase bereits präpariert. Daß die anderen den Deutschen vor ihnen nicht ungeschoren lassen würden, war schließlich so klar wie dicke Tinte. Wie sich jetzt zeigte, hatten sie ihre Maßnahmen bereits eingeleitet.

Füllgrabes Daumen näherte sich dem Kanonenknopf, während er sich hinter den letzten Feindjäger manövrierte. Er war das dritte Glied in der russischen Flugzeugkette, die zu diesem Zeitpunkt hinter Graf in die Höhe turnte. Da war es auch schon soweit, und die ersten Geschosse peitschten hinaus. Die anvisierte I-26 wirbelte herum und anschließend nach unten. Ein Feuerschweif zog erdwärts.

Um 16.10 Uhr flogen nur noch zwei von ihnen gefechtsbereit durch die Gegend. Grafs neue Kanone war soeben erstmalig in Funktion getreten. Ihre Garben hatten die russische Jagdmaschine furchtbar zugerichtet. Wrackstücke rieselten in die Tiefe. Aus dem Regen von Metallteilen löste sich die »gelbe eins«, in halber Rückenlage, am Beginn eines gesteuerten Abschwungs. Ihre Luftschraubennabe neigte sich den restlichen Ratas entgegen. Zweitausend Meter weiter unten lag die Landschaft von Walki.

Während der nächsten zehn Minuten sollte Füllgrabe aus dem Staunen nicht mehr herauskommen. In seiner Nähe vollzog sich ein Duell, wie er es bisher noch nicht erlebt hatte. Auch Graf übrigens nicht.

Das ritterliche Duell

Der schwerste Luftkampf seines Jagdfliegerlebens hatte begonnen. Was dabei geschehen war, schilderte er später mit folgenden Worten:

»Füllgrabe ist in Not. Der Staffelführer des Feindschwarmes fliegt wie eine Eins und bringt ihn in Schwierigkeiten. Dann greife ich an. Wir beißen uns fest. Der zweite Russe wird schwach und setzt sich einige Kilometer ab. Ich gebe Heinrich (Füllgrabe) den Befehl, mir aus dem Weg zu gehen.

Danach beginnt einer meiner schönsten und riskantesten Luftkämpfe im Osten. Es war das Letzte, was Mensch und Maschine hergeben konnten: ausgeflogene Loopings mit gut tausend Meter Radius, Kehrtkurven, und das immer wieder. Das Wasser läuft mir buchstäblich am Körper herunter. Er ist mindestens so gut wie ich, mein Gegner. Fabelhaft, wie er mich immer wieder zu überlisten versucht. Kehrtkurve auf Kehrtkurve folgt. Immer wieder begegnen wir uns Schnauze auf Schnauze. Jeder feuert. Erst im letzten Augenblick springt er über mich hinweg, dann bin ich wieder an der Reihe. Einmal hätten wir uns um ein Haar gerammt.

Da kam der andere russische Jäger wieder an. Ich hatte gerade etwas Luft. Der zweite Mann des sowjetischen Schwarms zieht nach unten weg. Mein Gegner von vorhin hängt schon wieder hinter mir, aber noch mindestens vierhundert Meter entfernt. Trotzdem feuere ich auf den zweiten. Ruckartig reißt dieser die Maschine hoch, dann trudelt er flach, bis zum Aufschlag. Wahrscheinlich hatte er einen Kopfschuß.

Füllgrabe meldete mir das alles im Funksprech. Ich hatte keine Zeit für Beobachtungen. Die Rache des Könners sitzt mir nämlich immer noch im Genick. Auf etwa zweihundert Meter ist der russische Verbandsführer inzwischen wieder herangekommen.

Ich drücke fast bis zum Boden. Ein kurzer Blick auf den Staudruckmesser: 600 Stundenkilometer! Das reicht. Dann noch ein ›Hoch auf Daimler-Benz‹, und 1200 Meter sind mir sicher. Über 1000 kommt der Russe nicht, wenigstens vorläufig. Wir klettern jetzt um die Wette. Dann sind wir wieder auf 3000. Mein Gegner greift an, denn er sucht die Revanche. Ein neues Ringen beginnt.

Wieder sind zehn Minuten vergangen. Bei jeder Attacke ziehe ich im Geist den Hut vor meinem Gegner. Das muß ihre größte Kanone sein, denke ich. Gut, daß ich jahrelang Zeit hatte, diese Art von Fliegerei zu üben, sonst wäre ich sicher schon eine Leiche.

Heinrich Füllgrabe meldet sich ab. Er hat keinen Sprit mehr.

Noch fünf Minuten, dann flackert auch meine Warnlampe. Also nur noch für etwa zwanzig Minuten Treibstoff in den Tanks. Dabei befinde ich mich gut 50 Kilometer hinter der Front. Eigentlich müßte ich den Kampf jetzt abbrechen. Aber der Gedanke daran tut weh bei solch einem Partner. Er wäre zumindest symbolisch der Sieger geblieben, wenn ich abhauen würde. Außerdem sitzt er mir dauernd im Genick und jagt mich buchstäblich auf die eigenen Linien zu.

Wieder fliegen wir eine Kurve nach der anderen oder fliegen uns frontal an. Einmal drehe ich nicht auf ihn ein, sondern versuche seitlich an ihm vorbeizufliegen. Seltsamerweise tut auch er das, und so jagen wir nur wenige Meter auf Gegenkurs aneinander vorüber. Was wird er jetzt tun? Mich vielleicht vorbeilassen, dann herumziehen und mir die entscheidende Garbe verpassen? Ich lasse ihn keine Sekunde aus den Augen.

Doch das Unfaßbare geschieht: Er fliegt weiter nach Osten – und ich nach Westen. Ich komme buchstäblich mit dem letzten Tropfen Sprit an. Beim Landen bleibt meine Luftschraube stehen ...

Meine Knie zittern beim Aussteigen. Das war ein Gegner! Die Glückwünsche zu meinen zwei Luftsiegen dringen gar nicht so richtig in mein Bewußtsein. Meine Gedanken sind bei dem russischen Jäger, gegen den ich gekämpft hatte. Mit ihm möchte ich einmal zusammensitzen und plaudern. Sicher ist er ein prächtiger Kerl. Welche Meinung wird er von mir bekommen haben? Diese Fragen beschäftigen mich mehr als die Tatsache, daß mir an diesem Tag um 16.10 und um 16.18 mein 13. und 14. Abschuß gelungen waren ...«

Der Schreibstubenbulle (Staffelschreiber) der Neunten ging zur Latrine, ein großformatiges Kalenderblatt in der Hand. Es trug das Datum des 23. Oktober und war von ihm soeben erst abgerissen worden. Er hatte es noch nicht so eilig und blickte über den langen Flugacker von Tschaplinka in der Nähe von Perekop, auf dem Stukas, Zerstörer und einige Jagdgruppen Station gemacht hatten. Das Feld war mindestens fünf Kilometer lang, der Liegeplatz der 9. Staffel höchstens hundert Meter entfernt und der oft besuchte Balken noch weniger. Dorthin begab sich der Gefreite jetzt. Ehe er sein Ziel erreichte, dachte er noch einmal daran, daß der »Alte« heute mit seinem Geburtstag dran war.

Dieser hatte allerdings noch nicht viel Zeit gehabt, darüber nachzudenken. Es war schon nach dem Morgengrauen losgegangen, und bis jetzt lagen bereits drei Einsätze hinter ihm – allerdings ohne Resultat.

Der Oberwerkmeister kam in Sicht, ein verlegenes Grinsen auf dem Gesicht und eine kleine Aufmerksamkeit in der Hand.

»Wie fühlt man sich denn so, Herr Leutnant?«

Steinbatz, Füllgrabe und noch einige andere stellten ihre Erdarbeiten ein. Sie wollten einen Bunker bauen, um wenigstens ein bißchen was zwischen sich und die russischen Bomben zu bringen.

»Naja«, meinte Graf, »eigentlich war an meinem Geburtstag immer was los, schon an meinem ersten. Damals brannte gleich unser ganzer Hof zu Hause ab. Ein andermal war es eine alte Scheuer, und schließlich habe ich mich an einem 24. Oktober auch verlobt.«

»Prima!« sagte der Oberfeldwebel. Viel mehr fiel ihm anscheinend nicht mehr ein, und er entfernte sich wieder.

Poldi Steinbatz seufzte über seiner Schaufel und blickte grimmig nach Westen.

»Wenn ich an die Hirschen auf dem Flugplatz in Deutschland denk', könnt' ich jetzt noch einen Anfall kriegen.«

Graf wußte gleich, was er meinte. Von Poltawa aus hatten sie sich vor kurzem zu zwölft auf den Weg nach der Heimat gemacht, um neue Maschinen zu holen. Auf die Überführungsflieger war nämlich so viel Verlaß, daß sie von zwanzig Flugzeugen höchstens zehn heil zu den Frontverbänden brachten. Der Rest konnte schon unterwegs meist als Totalverlust abgeschrieben werden.

Von einer Ju 52 waren sie zunächst nach Winniza und anschließend nach Deutschland geschaukelt worden. Sie hatten einen ziemlich hitzigen Luftkampf hinter sich, als sie in den Transporter kletterten. Ihre Aufmachung war dementsprechend: Pelzstiefel, ausgebeulte Hosen, Fliegerblusen, einstmals gelbe Schals und so weiter.

Daheim störten sie zunächst einmal den friedensmäßigen Samstagbetrieb auf dem Fliegerhorst. Man hatte schon Feierabend gemacht. Schließlich erschien doch noch einer, der ihnen die neuen Maschinen übergab. Piekfein herausgeputztes Fliegervolk kam des Weges, bestaunte die verkommenen Gestalten und wünschte sich offenbar einen Offizier herbei, der diesen fliegenden Landstreicherhaufen mal richtig auf Vordermann bringen würde. Ein solcher tauchte auch auf, entrüstete Mißbilligung im Blick und anscheinend nichts als die herrschenden Vorschriften im Sinn. Den Anführer des stoppelbärtigen Klubs, der wenige Tage zuvor einen unvergeßlichen Luftkampf hinter sich gebracht hatte, informierte er sofort über das Wichtigste. Zunächst sei es einmal völlig ausgeschlossen, daß sie sich in dieser seltsamen Bekleidung etwa gar ins Kasino wagten. Und außerdem ...

Es kam so viel zusammen, daß sie geladen wie neue Batterien in die Maschinen stiegen, um das Einflugszeremoniell hinter sich zu bringen. Dieses vollzog sich fast ausschließlich im Tiefstflug und über der schönen Straße, auf der feiertagsfrohe Horstbewohner stadteinwärts wandelten. Da sich wohl jeder Mensch freiwillig der Erde anvertraut, bevor er sich von Luftschraubenblättern die Haare schneiden läßt, gab es an jenem Samstag sehr viele verdreckte Ausgehuniformen.

Die Herzlichkeit, mit der sie auf dem Heimatflugplatz empfangen worden waren, trieb sie schon am nächsten Tag wieder zur Front zurück. Nach einigen Zwischenlandungen überstanden sie die letzte Etappe in einer Regenwand, die den Leutnant Graf an ihrer Spitze die jeweils nächsten hundert Meter nur erahnen ließ. Trotzdem schafften sie die Landung und auch die russischen Panzer, die nach einem überraschenden Flankenstoß Tage später anscheinend ihren Platz auszuräumen gedachten.

Obwohl ihnen das nicht gelungen war, hatte sich die III./JG 52 nach einem entsprechenden Befehl dennoch aus dem Staub gemacht und auf einem ausgedörrten Getreidefeld an der Landenge von Perekop neuen aufgewirbelt.

Die Halbinsel Krim lag jetzt praktisch vor ihrer Haustür. Es schien wirklich kein Halten mehr zu geben, und selbst wenn man den Wehrmachtsbericht nur im Vorübergehen anhörte, kam immer noch genug zusammen.

Im Mittelabschnitt waren Kaluga und Kalinin genommen worden, rund 160 Kilometer von Moskau entfernt. Am 17. Oktober war von der Einnahme Odessas die Rede gewesen und am 19. von der Beendigung der Schlacht bei Wjasma und Brjansk. Am 21. war es weitergegangen mit der Inbesitznahme Dagös und der anderen baltischen Inseln. Im Süden hatte Kleists Panzergruppe entlang des Asowschen Meeres ihren Vormarsch fortgesetzt und Rostow erobert. Auch Taganrog und Stalino waren bereits gefallen, und in Charkow stand das Ende bevor.

Was ihnen selbst noch bevorstand, daran dachten sie nicht so gern. Höchstens an das, was schon hinter ihnen lag.

Steinbatz schien sich gerade einer solchen Erinnerung hinzugeben, hob seinen Wuschelkopf und rümpfte feixend die Nase. Ede Dühn, der neben ihm ziemlich erfolglos im Boden herumstocherte, schien ebenfalls Lust auf eine Pause zu haben und wartete, was jetzt wohl kommen würde.

Hermann Graf war inzwischen wieder auf die alte Frequenz gegangen.

»Was gibt es eigentlich zu grinsen?«

Poldi Steinbatz kicherte und deutete über zwei startende Me-110-Zerstörer hinweg nach Norden.

»Ich habe gerade an den Tag gedacht, an dem wir in Frack und Zylinder deine Haut versaufen wollten ...«

»... seinen Heldentod würdig begehen wollten«, rügte Ede Dühn.

»Der Teufel soll euch holen!« sagte Graf liebenswürdig, während ihm einfiel, daß er an jenem Tag von demselben um ein Haar tatsächlich geholt worden wäre.

Die Geschichte hatte sich in der Zeit ereignet, als sie noch ganztägig damit beschäftigt gewesen waren, die durchgebrochenen sowjetischen Panzer von ihrem Flugplatz bei Poltawa fernzuhalten. Einen der vielen Versuche hatten sie mal wieder hinter und Graf die Front noch vor sich. Einige Meter über dem Boden widmeten ihm einige Rotarmisten eine MG-Garbe. Sie lagen neben einem respektablen Heuhaufen, den Graf nun seinerseits aufs Korn nahm.

Dühn, Steinbatz und das übrige Gefolge sahen die Leuchtspurgarbe und dann nur noch eine mächtige Stichflamme. Da sie solche Erscheinungen nur zu gut kannten, hatten sie nach der Landung auch allen Grund für eine sehr traurige Meldung. Die Kunde, daß ihr Staffelführer beim Anflug auf eine feindliche MG-Stellung in seiner explodierenden Maschine zerfetzt worden sei, veranlaßte den Kommandeur zu den bewegten Worten: »Einer unserer Besten ist nicht mehr!«

Der angeblich für Führer, Volk und Vaterland in die ewigen Jagdgründe Eingegangene war aber noch.

Durch seine Schießerei auf den Heuhaufen hatte er lediglich ein darunter verborgenes Munitionslager mit entsprechender Flammenentfaltung in die Luft gejagt. Anschließend brachte er seine »109« gerade noch über die Feuersäule und wieder an den Boden heran. Für die anderen aber durfte er angesichts der schlechten Lichtverhältnisse in der Detonationswolke sehr wohl für immer verschwunden sein.

Wahrscheinlich wäre er nun sofort zum Flugplatz zurückgekehrt, hätte sich ihm nicht noch ein Einzelgänger in einer sowjetischen Jagdmaschine genähert. Diesen wollte er aber nicht unbehelligt lassen und reihte sich daher hinter ihn. Doch mitten in der schönsten Schußposition löste sich von dem russischen Apparat eine rätselhafte, übel schmierende Flüssigkeit. Das Zeug verteilte sich über die Kabine und sorgte für eine fast völlige Verdunkelung. Um wenigstens ein bißchen was zu sehen, warf Graf wieder einmal das Kabinendach ab und suchte verzweifelt nach einer Orientierungsmöglichkeit. Er fand jedoch keine, nur die Dunkelheit stellte sich ein. So setzte er auf einem Acker zu einer waghalsigen Landung an und verbrachte die Stunden bis zum Anbruch des neuen Tages in einem Tannenforst. Niemand interessierte sich für ihn. Der Motor kam am Morgen tatsächlich wieder und er mit dem letzten Tropfen Sprit auf dem eigenen Flugfeld an. Das Landemanöver war so miserabel, daß die Zeugen des Schauspiels ihn zunächst für einen Überführungsflieger des üblichen Formats hielten. Die bekannte gelbe Zahl auf dem Rumpf der kabinenlosen Maschine und Grafs unverwechselbares Profil belehrten sie dann aber doch darüber, daß sie am Vorabend umsonst einen herben Verlust beklagt hatten.

Im Rumoren der Me-110-Motoren über dem Platz war jetzt auch das Blubbern eines heranrollenden Fieseler Storches zu hören. Der langflügelige Hochdecker hielt, und Steinbatz verlor sein Grinsen.

»Mölders!« sagte Feldwebel Roßmann, und es stimmte.

Sie hatten ihn auf diesem Flugfeld schon des öfteren gesehen, ihren »Vati« Mölders, und auch diesmal überkam sie eine gewisse Ehrfurcht. Jeder kannte seine Geschichte so gut wie die eigene. Er war ihnen Idol und Vorbild zugleich. Als erster Jagdflieger hatte er 100 Luftsiege errungen, und als erstem war ihm am 17. Juli 1941 die höchste Tapferkeitsauszeichnung verliehen worden — die Brillanten zum Ritterkreuz. Seit einiger Zeit war er auch ihr erster Inspekteur und General der Jagdflieger, nachdem er auf höchsten Befehl die Führung seines JG 51 hatte abgeben müssen. Nun stieg er in einen Wagen und fuhr davon.

Ein Leutnant von einer anderen Gruppe kam angeschlendert. Das Ritterkreuz baumelte an seinem Hals. Er war schon manchmal zu einem kurzen Palaver vorbeigekommen.

»Gratuliere, Herr Graf«, sagte er, »habe gehört, daß Sie heute Geburtstag haben. Wünsche Ihnen noch recht viele von dieser Sorte.« Er deutete zum Himmel hinauf, wo einer der Zerstörerpiloten gerade Einmotor-Anflug übte. »Was los gewesen heute morgen?«

»Etwas weniger als nichts«, erwiderte Graf wahrheitsgemäß.

»Immer noch besser als ein kalter Hintern«, stellte der andere fest und zündete sich eine Zigarette an. »Die Burschen von drüben sind in dieser Gegend verdammt auf Draht. Manchmal kommen sie auch in neuen Maschinen. Schätze, hier ist es vorbei mit Ihren bekannten Zicken . . . Von wegen in der Rolle angreifen und so, und dann abschießen, einfach schwuppdiwupp. Gestern haben sie mir zum Beispiel ganz anständig den Laden vollgehauen.«

Graf wackelte mit den Schultern und wechselte das Thema. Kurze Zeit später empfahl sich der Leutnant und verschwand hinter einigen Ju 87.

»Ziemlich schöne Töne, was?« meinte Steinbatz. Er ließ die Schaufel sinken, weil er den grüblerischen Gesichtsausdruck, den Graf jetzt zur Schau trug, nur zu gut kannte. Meistens wurde anschließend von einem neuen Einsatz geredet. Es war auch diesmal so.

»Um 12 Uhr starten wir!«

Füllgrabe rief herüber: »Von wegen Geburtstagsüberraschung, wie?«

Die Antwort auf diese Frage stand auch um 12.45 Uhr noch aus. Zu dieser Zeit zogen sie über der Gegend von Boisovka in 3000 Meter Höhe mit vier Maschinen gerade wieder eine neue Schleife.

Unter ihnen flitzten zwei russische I-61 herum, mit schneidigen Leuten darin, die von ihrem Können offenbar überzeugt waren.

Allem Anschein nach hatte Graf die Warnungen des Kameraden doch nicht auf die leichte Schulter genommen. Seine ersten Anflugversuche waren recht zögernd erfolgt und von den sowjetischen Jägern prompt durch forsches Zurückschlagen quittiert worden. Vermutlich hatte ihn das gewarnt, denn er tat jetzt manches, um die Scharte auszuwetzen. Die drei anderen hielten sich über ihm auf. Sie durften nur zusehen, weil er das so befohlen hatte.

Das Katz-und-Mausspiel ging jetzt in ein neues Stadium über. Allmählich schienen die Russen nervös zu werden, weil der

Deutsche immer wieder hinter ihnen auftauchte und sich aus der Kurve heraus nach oben schob. Einer riß jetzt eine Rolle und rauschte erdwärts davon, sein Rottenflieger hinterher. Die »Messerschmitt« blieb auf dem gleichen Kurs. Um 12.50 Uhr zerschellte die eine Feindmaschine an der Erde, und kaum zwei Minuten später flackerte einige Kilometer weiter eine zweite Feuersäule auf.

Über dem Riesenacker von Tschaplinka ließen sie Graf zuerst einmal seine beiden neuen Abschüsse anwackeln. Das anschließende Theater auf dem Liegeplatz war wieder einmal eine Sache für sich.

Sie kamen allerdings nicht mehr dazu, den 15. und 16. Luftsieg ihres Staffelführers sowie seinen Geburtstag gebührend zu feiern. Zuerst erschien der Kommandeur bei ihnen und beschlagnahmte die zum Umtrunk bereitgestellte Wodkaflasche — und nach ihm eine mittelstarke russische Bombervereinigung. Von einem Splittergraben aus beobachteten sie die Leuchtspuren der leichten Flak und die Festbeleuchtung, die von den sowjetischen Kampfflugzeugen am Himmel entfacht worden war.

»Sind doch nette Kerle, die Iwans«, sagte Steinbatz, als alles vorbei war. »Außerdem wissen sie, was sich gehört.« Er grinste zu Graf hinüber. »Ihr Geburtstagsfeuerwerk für dich haben sie sich schließlich allerhand kosten lassen.«

Der zum Flugplatz degradierte Kornacker dampfte in der Hitze, der Obergefreite Grapentin auch, obwohl er nur auf einer Werkzeugkiste saß. Die Sonne über der Krim erfüllte auch Ende Oktober noch ein Übersoll.

Von einer anderen Maschine kam ein kleiner Dicker angewatschelt. Er trug eine Badehose, war Gefreiter und erst seit einer Woche bei der technischen Kompanie.

»Na«, sagte Grapentin leutselig, »suchst du die Seelenachse von 'ner Kanone?«

Der Gefreite hieß Karl Moser* und war Embergers Maschine als II. Wart zugeteilt worden. Er seufzte, wischte Schweiß vom Gesicht und einen Ölstreifen darüber.

»Nee«, feixte er, »wir sind arbeitslos. Wollte halt mal ein bißchen mit dir reden.«

»Nichts dagegen«, nickte Grapentin wohlwollend, »bei einem bemoosten Oberschnäpser kannst du immer dein jugendliches Herz ausschütten. Was Besonderes auf der Lampe, Karl?«

»Nicht direkt!« Der Gefreite betrachtete den großen Ölfleck, über dem sonst der Motor der »gelben eins« zu stehen pflegte. Diese war zur Stunde irgendwo am Himmel, ebenso wie die anderen klaren Maschinen auch.

Hinter ihnen schlurften Schritte. Es war der Staffelschreiber. Er begab sich diesmal nicht zur Latrine, sondern setzte sich auf den knochentrockenen Boden. Seine Laune schien nicht die beste zu sein.

»Was macht ihr hier?« erkundigte er sich bei Grapentin. »Sucht ihr Flöhe?«

»Die nicht«, erwiderte der Obergefreite giftig, »aber 'nen verschwundenen Motor. Hast du ihn vielleicht in deiner Aktenkiste?«

Der Neue ersparte ihm eine Antwort. »Mensch«, meinte er, »ihr redet ja fast schon so daher wie die Flugzeugführer.«

»Wie kommst du darauf?« staunte Grapentin.

»Naja, wenn man denen zuhört, dann könnte man wirklich meinen, der ganze Krieg wäre nichts als ein Kinderspiel, ein Honiglecken, ein Spaß, oder was weiß ich.«

»Hör mal gut zu, du Flasche«, entgegnete Grapentin sanft, »und laß dir von einem alten Mann was erzählen. Wenn du den flachsigen, schnoddrigen Ton meinst, den sie so an sich haben, dann täte es mich interessieren, wie du das gern haben möchtest. Sollen sie vielleicht jedesmal 'ne Nacht lang flennen, wenn wieder einer von ihnen auf den Pinsel gefallen ist? Oder sollen sie

---

* Der Name wurde verändert.

vor jedem Einsatz ihre Knie wackeln lassen und sich in die Hosen scheißen? Mann, wenn du mal 'ne Weile da bist, dann wirst du schon merken, was da alles dahintersteckt. Denen geht nämlich genausogut die Kimme wie uns auch, wenn die Iwans auf sie knallen oder uns Bomben auf die Köppe schmeißen. Guck mal meinem Leutnant seine Krähe an. Was meinst du, wie viele Einschußlöcher ich daran schon geflickt habe? War aber jedesmal 'ne Kugel pro Loch fällig, und immer für seine Birne bestimmt. So ist das, Jungchen. Und deshalb haben sie halt ihre eigene Masche, wenn sie miteinander quatschen. Kapiert?«

»So ungefähr schon«, murmelte der Kleine mit dem sommersprossigen Gesicht und den roten Bürstenhaaren, aber so ganz schien es ihm doch noch nicht eingegangen zu sein.

»Hm«, meldete sich der Schreiber jetzt zu Wort, »war Klasse, deine Rede.« Er sah Grapentin lobend an. »Hätte ich auch nicht besser hingekriegt.«

Grafs I. Wart machte ein Gesicht, als ob er plötzlich Zahnschmerzen bekommen hätte, aber der Junge mit den Sommersprossen half ihm über die Runden.

»Dein Leutnant ist ein As, wie? Wie viele hat er denn jetzt schon?«

»Bis heute genau zwanzig!«

»Stimmt!« bestätigte der Schreiber. »Ich muß das schließlich wissen. Immerhin führe ich ja sein Flugbuch und kriege die Gefechtsberichte. Die von den Luftzeugen auch, verstehste? Die letzten habe ich sogar noch im Kopf. Nummer 17 fiel bei Aibar, am 25., um 15.21 Uhr. War 'ne J-61. Nachher haben sie erzählt, daß Mölders unten bei den Landsern im Graben gesessen ist und den Luftkampf persönlich durch Funksprech geleitet hat. Meldet sich übrigens immer mit ›Bussard‹, wie sie sagen.«

Die Wirkung seiner Erläuterungen schien ihn zu befriedigen, und er kam in Fahrt. »Am 27. ist es weitergegangen. Da hat er den 18. Abschuß gemacht, bei Juschun, auch 'ne J-61. Am 28. waren es wieder zwei, im Raum von Aibar. Und alles innerhalb von zwei Minuten. Zuerst eine J-61 und dann einen R-5-Doppeldecker. An dem Tag hatte Stabsfeld Emberger auch einen. Biste mitgekommen?«

Der Gefreite nickte. Grapentin hob den Kopf und horchte. Er hatte gute Ohren.

»Sie kommen zurück!« verkündete er und stand auf.

Das Brummen in der Ferne war schon nicht mehr zu überhören. Über dem Horizont schoben sich schmale Striche hoch, die schnell größer wurden. Im Tiefstflug donnerten die heimkehrenden Maschinen auf den Platz zu. Einige wackelten. Die »gelbe eins« diesmal nicht.

Das abgeerntete Kornfeld nahm sie wieder auf. Grafs »109« kam zusammen mit der von Emberger angerollt. Die Motoren verstummten.

Grapentin stieg auf die Tragfläche. Schon beim Hochklettern erkannte er neue Einschüsse an Rumpf und Leitwerk. Graf saß noch in der Kabine, mit schweißüberströmtem Gesicht. Emberger kam an. Sein neuer Wart stand noch an der Tragfläche der Staffelführermaschine. Der Obergefreite ahnte, daß etwas Besonderes geschehen sein mußte. Auf dem Gesicht seines Leutnants entdeckte er einen seltsamen Ausdruck. Er schien noch nicht ganz da zu sein. Wortlos ließ er sich über die Tragfläche rutschen. Der Stabsfeldwebel wartete unten.

»Meinst du, Ede kommt noch mal zurück?«

Emberger blieb eine Antwort schuldig.

Einige Zeit später wußten es auch die anderen Warte. Ede Dühn hatte bei diesem Feindflug noch seinen 23. Abschuß erzielt. Danach war er im Tiefflug einem anderen russischen Bomber gefolgt, immer weiter ins Hinterland hinein. Keiner wußte, was dabei geschehen war.

Der Gefreite Moser drehte sich um. Grapentin stand vor ihm.

»Hast du es gehört, das mit Ede Dühn? Und hast du auch mitgekriegt, was sie darüber geredet haben? Hoffentlich hat dir *die* Tonart besser gefallen.«

Er spuckte aus und ging zu seiner Maschine hinüber.

Feldwebel Dühn, der Erfolgreichste der 9. Staffel, kam nie mehr zurück. Niemand sollte je etwas über sein Schicksal erfahren.

Der Oktober ging seinem Ende entgegen, zugleich auch der Aufenthalt der III. Gruppe auf der Krim.

Sie hausten noch in ihren Zelten, von Mäusen, Schlangen und Skorpionen heimgesucht. Ein Kater namens Peter teilte seit geraumer Zeit ihr karges Dasein zwischen den Einsätzen, von Oberfeldwebel Süß eines Tages auf den Platz gebracht. Durch seine eifrigen Jagden auf alle möglichen Störenfriede und einen erfolgreichen Kampf gegen eine Schlange wurde der Vierbeiner allmählich zum Liebling der Neunten. Mehr als einmal ließ er sie vergessen, was hinter – und vor allem – was noch vor ihnen lag. Wenn die Maschinen starteten, ging er mit dem üblichen Buckel irgendwo in Deckung, um die Männer nach ihrer Rückkehr in um so gelockerterer Haltung wieder zu empfangen.

Es wurde viel geflogen in diesen letzten Oktobertagen. Werner Mölders war noch bei ihnen. Fast jeden Tag trug ihn sein »Storch« zu den vorderen Linien, und immer wieder klang seine Stimme zu ihnen hinauf: der Ruf des »Bussards«. Manchmal sahen sie hinunter zur Erde; dorthin, wo Ede Dühn hinter dem russischen Bomber hergeflogen war. Sie hofften immer noch auf seine Rückkehr.

Die »gelbe eins« war meistens an ihrer Spitze. Auch an jenem Tag, als sie ziemlich tief über den Flugplatz von Sacki preschten, von mörderischem Flakfeuer empfangen, und viele Flammensäulen hinter sich ließen. Auf einem benachbarten Flugfeld blieb ihnen ein ähnlicher Erfolg versagt. Hölzerne Attrappen tragen schließlich keine brennbare Flüssigkeit in sich, und aus Baumstämmen nachgebildete Kanonen können andererseits erfreulicherweise auch keine Schüsse abgeben.

Der russische Traktorist auf dem Flugplatz von Eupatoria konnte das ebenfalls nicht. Er saß auf einem mächtigen Schlepper, einen ebenso stattlichen Pflug hinter sich. Das Dröhnen der deutschen Messerschmitts über dem Hafen, das Jaulen stürzender Stukas und das Knallen der Flak schien ihn nicht zu stören. Denn offenbar hatte er den Auftrag, das Rollfeld für eine Benutzung durch die Deutschen unbrauchbar zu machen. Diese standen bereits kurz vor der Stadt, und Eile war daher geboten.

Hoch über dem Platz kreisten einige Maschinen der Neunten. Graf hatte sie herangeführt, weil er hoffte, noch einen Start sowjetischer Jäger miterleben zu können. Er sah keine mehr, dafür aber den Traktor mit dem Pflug.

Beim Anblick der aus einem Abschwung heranheulenden Me 109 verzichtete der Traktorfahrer auf das Furchenziehen. Während er sein Gefährt verließ und sich in Sicherheit brachte, ging der Schlepper unter den Geschoßgarben des Jagdflugzeuges in Flammen auf.

Vom gleichen Schicksal wurde eine Rata ereilt, die sich am 1. November nördlich von Sewastopol in die Erde bohrte. Graf hatte sie abgeschossen. Es war sein 21. Luftsieg gewesen.

»Werner Mölders ist tot!«

Der Ruf des »Bussards« war verstummt – für immer.

Oberst Werner Mölders war tot!

Mit 115 Luftsiegen bei 300 Feindflügen war er der erfolgreichste Jagdflieger der Welt gewesen. Kein Gegner hatte ihn bezwungen, als am 22. November 1941 sein Leben zu Ende ging. Die He 111, in der er den Tod gefunden hatte, war nicht einmal von ihm gesteuert worden. Auf dem Weg nach Berlin – zum Staatsbegräbnis Ernst Udets – hatte eine Tragfläche der Kuriermaschine am Flugplatz von Breslau-Gandau einen Fabrikschornstein berührt. Dann war es geschehen.

Die III. Gruppe hatte inzwischen auf einen Flugplatz in der Nähe von Tanganrog verlegt.

Graf und Füllgrabe standen am Rollfeldrand. Die Nachricht vom Tod des Obersten hatte sie noch auf der Krim erreicht. Sie konnten es auch jetzt noch nicht begreifen, obwohl mittlerweile schon sieben Tage vergangen waren. Soeben hatten sie von ihm gesprochen. Nun dachten sie an ihn, während sie über die froststarrte Landebahn blickten.

Er war nicht nur ihr Inspekteur der Jagdflieger gewesen und das größte As ihrer Waffe, sondern viel mehr: ihr »Papa« Mölders nämlich!

Sogar der Gegner hatte ihm seine Hochachtung nie versagt. Achtundsechzigmal war er über Frankreich und während der Schlacht um England siegreich von Luftkämpfen zurückgekehrt, nach 14 Erfolgen im Spanischen Bürgerkrieg. In Rußland waren noch 33 weitere Abschüsse dazugekommen. Als erster hatte er, der »Gentleman des Steuerknüppels«, die Zahl von 100 Luftsiegen erreicht, und als erstem Soldaten waren ihm am 16. Juli 1941 die Brillanten zum Ritterkreuz des Eisernen Kreuzes verliehen worden. Nur der Tod hatte ihn besiegt – mit 28 Jahren.

Auf der Tragfläche einer Me 109 stand ein Kofferradio. Musikfetzen wehten herüber, dann die Stimme des Sprechers:

»... im Angriff auf Moskau wurden weitere Erfolge erzielt. Bei Rostow und im Donezbogen erlitt der Feind schwere, blutige Verluste ...«

»Moskau!« sagte Füllgrabe. »Und das jetzt ...«

Den Rest behielt er für sich, aber wahrscheinlich hatte er auf den nahenden Winter anspielen wollen.

In der Nähe des neuen Platzes breitete sich die Liman-Bucht aus, weiter im Osten lagen die Flußmündungen von Don und Donez.

Wie hatte sich doch alles geändert seit jenem Tag, an dem Mölders für immer von ihnen gegangen war. Praktisch über

Nacht war das herrliche, fast sommerlich anmutende Herbstwetter zu Ende gegangen. Unaufhörlich hatte der Regen auf die Erde getrommelt. Das Thermometer war der Null-Grad-Grenze entgegengesunken. Rollbahnen und Fahrwege hatten sich in Morastwüsten verwandelt. Zum erstenmal schien aus dem Pfeifen des Windes eine düstere Drohung herauszuklingen. War es gar so etwas wie ein Omen, ein unheilverkündendes Menetekel?

Die Zeit, zu der sie noch Hunderte von Metern weit ins Asowsche Meer hineingewatet waren, hatte nur noch Erinnerungswert. Nach dem Schlamm war die Kälte gekommen, und keiner von ihnen hatte Winterbekleidung; auch die Kameraden an der Front nicht. Bei jedem Feindflug konnten sie beobachten, was noch in keinem Wehrmachtsbericht je so klar formuliert worden wäre: den Rückzug der eigenen Truppen. Die feldgrauen Kolonnen, für die es einmal kein Halten mehr zu geben schien, fluteten zurück, auf den Mius zu.

War es nicht eine eigenartige Fügung gewesen, daß die jähe Wende sich sofort nach Werner Mölders' Tod vollzogen hatte? Sie dachten viel darüber nach, und ihre Gespräche waren lange nicht mehr so unbeschwert wie noch vor einigen Wochen.

Der Gefreite Moser hätte jetzt eigentlich zufrieden sein müssen.

Es ging auf den Abend zu. Im Park des alten Sanatoriums liefen frierende Posten herum. Seit geraumer Zeit beherbergte das ehrwürdige Gebäude keine erholungsbedürftigen Werktätigen mehr, sondern in Gestalt der Flugzeugführer der 9./JG 52 gesundheitlich allerdings nicht weniger heruntergekommene Okkupanten. Die Heerscharen der Flugplatzratten – eine der vielen russischen Geheimwaffen übrigens – hatten sie hierhergetrieben, von der Anhänglichkeit sowjetischer Bombentransporteure ganz zu schweigen.

Die einzelnen Räume waren zwar keine Augenweide, aber immer noch besser als ein Gemeinschaftszelt oder ein von Ungeziefer strotzender Unterstand. Eines der Zimmer war dem Staffelführer der Neunten zugeteilt worden. Die Pelzstiefel noch an den langen Beinen, einen Hauch von Wärme im schmerzenden Rücken, saß er an einem wackligen Tisch, vor sich ein einfaches Schreibheft. Das Grummeln der nahen Front war nicht gerade dazu angetan, ihn an die eigentliche Bedeutung des zu Ende gehenden Tages zu erinnern. Denn immerhin handelte es sich bei dem 26. Dezember um den 2. Weihnachtsfeiertag.

Steinbatz schlich herein, steuerte einen altväterlichen Sessel an und hing sich darüber. Er schielte auf das Heft vor Grafs Händen und seufzte.

»Was liest du denn da?«

»Mein Tagebuch!«

»Tagebuch!« echote der Wiener und lauschte auf das Echo einiger donnernder Artillerieabschüsse. »Alles Quatsch! Ich würde lieber eine Speisekarte lesen!«

Da er vergeblich auf eine Antwort wartete, schloß er die Augen und sagte nichts mehr. Graf blickte auf die eng beschriebenen Seiten und begann sie zu überfliegen.

»8. November 1941.

Südlich von Rostow fällt mein 22. Er wollte mich zweifellos rammen. Es war ein zäher Bursche. Nur wenige Meter schoß sein Flächenende an meiner Kabine vorbei. Dann verschwand er nach unten. Das war sein Untergang.

24. November.

In der Zwischenzeit ist manches geschehen. Nach der I-16 vom 8. 11. gelang mir über dem Kohlenbecken nördlich von Rostow am 9. 11. der 23. Luftsieg, diesmal wieder eine Rata. Am 11. November schoß ich bei Rowenjki eine I-61 ab. Am 17. 11. folgte wieder eine Rata als mein 25. Abschuß, am 20. 11. fiel der 26. und am 23. 11. der 27. Dabei handelte es sich um meine erste IL 2, also um einen von den gefährlichen Apparaten, zu denen die Landser ›Schlächter‹ sagen. Die Dinger sind schwer gepanzert, haben einen Heckschützen an Bord, vor dem man sich höllisch in acht nehmen muß.

28. November.

An der Front sieht es ziemlich mies aus. Die Meldungen aus dem Raum von Moskau sind erschreckend. Eine Nachricht machte uns aber noch viel mehr zu schaffen: der Tod von Werner Mölders. Wir können es immer noch nicht glauben. ›Wenn ich zurückkomme‹, hatte er vor seinem Abflug gesagt, ›dann gehen wir nach Taganrog.‹ Wir sind jetzt da, aber er wird nie wieder bei uns sein.

Die Kameraden von der Infanterie gehen zurück. Wir haben Glück, hoffentlich! Vor uns liegt Sepp Dietrich mit seiner SS. Sie kämpfen tapfer und verwegen. Am Mius scheint die Front zum Halten gekommen zu sein. Es herrscht eine barbarische Kälte. Wir haben Furchtbares gesehen in der letzten Zeit. Sowjetische Kosaken verfolgten unsere Truppen. Immer wieder flogen wir im Tiefflug über den Wasserspiegel des Asowschen Meeres, dann über die Steilküste und griffen die vormarschierenden Russen an. Wird die Hauptkampflinie (HKL) hier halten? Sicherheitshalber haben wir schon die Sprengladungen für unsere Maschinen vorbereitet. Hinter uns wird uns ein eventueller Rückzugsweg durch den Liman versperrt. Wir haben daher Fähnchen gesteckt, um im Ernstfall wenigstens über das Eis unseren Weg zu finden.

Gestern gaben wir die letzten Verpflegungsbüchsen der Gruppe aus. Dann folgte ein Hungertag. In den Nächten warteten wir auf die russischen Panzer. Sie sind nicht gekommen.

29. November.

Der Himmel war klar an diesem Tag, aber unter 1000 Meter sehr dunstig. Wir brachten einen Heeresaufklärer weit hinter die Front. Da flog ein russischer Kampfverband mit starkem Jagdschutz vorbei. Die Konkurrenz hatte mit Feindberührung gut 100 Kilometer hinter der Front wohl nicht gerechnet. Beim Anflug kurvten die Ratas weg, nur der Staffelführer flog noch geradeaus. Hinter mir band Steinbatz die anderen Jäger. Sein Kampf wurde durch einen Abschuß belohnt. Bei mir saß schon der erste Feuerstoß. Die I-16 ging brennend nach unten.

Ich fliege jetzt die Bomber an und zwinge sie zum Notwurf. Es sind welche vom Typ DB 3. Einem schieße ich den rechten Motor in Brand. Die Besatzung steigt aus, und die Maschine stürzt brennend ab. Der 28. und 29. Abschuß waren innerhalb sieben Minuten erfolgt.

Unser Aufklärer, den wir vor Beginn des Luftkampfes nach Hause geschickt hatten, kam uns wieder entgegen. Nach der Landung meinte der Pilot, ein Oberleutnant: ›Ich wollte mir so was mal aus der Nähe ansehen.‹ Und Steinbatz meinte dazu: ›Der hat vielleicht Nerven . . .‹

Nachmittags kurvte ich mit meinem Freund Ratzlaff über dem Flugplatz von Bataisk herum. Dieser liegt südlich von Rostow an der Südseite des Don. Vier Ratas kreisten unter uns und kamen hoch. Jeder Flugweg von Freund und Feind wurde durch weiße Kondensstreifen an den Himmel geschrieben. Zuerst gelang Ratzlaff ein Abschuß. Die anderen verloren wohl die Nerven, verschwanden im Dunst, und ich hinterher. In wenigen Metern Höhe traf ich eine I-16. Sie knallte mit einer Stichflamme in den Boden. Für mich war es der dritte Luftsieg an einem Tag und damit mein bisher größter Erfolg.

9. Dezember.

Bei einer Wolkenhöhe von etwa 2500 Metern gelang mir am 2. Dezember der 31. Abschuß, auch diesmal eine I-16. Sie zerschellte auf der Eisdecke des Asowschen Meeres. Am 6. 12. schoß ich nochmals drei Feindmaschinen ab: einen IL-2-Schlächter und zwei Ratas. Alle in der Gegend von Asow. Damit sind es jetzt 34 Abschüsse geworden.«

Steinbatz kam wieder hoch und gähnte.

»Wo bist du jetzt?« erkundigte er sich.

»Beim 6. Dezember!«

»Ah«, brummte der Wiener und zerteilte seine Frisur. »Erinnere mich. Da waren es zum zweitenmal drei an einem Tag, oder nicht? Ist ja auch egal und außerdem ein Wunder für sich. Kaum was im Bauch und so, und dann noch Tag für Tag hinauf.« Er stieß ein grimmiges Lachen aus. »Oh, Hermann (Göring), was ist aus deinen Heldensöhnen geworden! Wie die Lumpen rennen sie 'rum. Nichts mehr mit feinen Pinkeln und ...« Er behielt den Rest seiner Rede bei sich und rutschte wieder auf Schlafstellung.

Graf las weiter. Zu »Bazis« Klage gab es nichts zu sagen. Allmählich vergaß er es wieder. Irgendwo am Himmel brummten Flugzeuge. Anscheinend hatten sich die Russen wieder was einfallen lassen. Im Tagebuch hieß es:

»In der Gruppe liegt nur noch Feldwebel Köppen mit seinen Abschüssen vor mir. Wer hätte das gedacht, daß ich einmal so weit kommen würde. Ich wohl am allerwenigsten. Köppen ist das As unserer Gruppe. Als Obergefreiter hatte er begonnen. Gestern flog ich mit meinem Freund Grislawski freie Jagd. Über der Miusstellung stießen einige klapprige I-5-Doppeldecker auf die Stellungen der SS herab. Nach meinen Angriffen ging einer zu Boden, ein zweiter folgte. Grislawski schoß sogar drei ab.

Am Abend stand Sepp Dietrich* bei uns auf dem Platz und drückte jedem von uns die Hand. Er fand lobende Worte für uns, und wir erzählten ihm, daß wir keinen Lastwagen mehr hätten. Er versprach uns, einen zu schicken. Es kam auch einer, der Rauchwaren und Getränke geladen hatte. Wir fliegen unsere Einsätze wirklich unter den schwierigsten Bedingungen. Weder Nadel noch Faden haben wir. Meine Stiefelhose besteht mehr aus Löchern als aus Stoff. Wir hausen wie die Zigeuner. Zu den zwei I-5 von gestern kam noch eine I-16 hinzu, so daß es bei mir jetzt 37 Abschüsse geworden sind.

26. Dezember, 2. Weihnachtsfeiertag.

Weihnachten! Man denkt besser nicht daran. An meinen 37 Abschüssen hat sich in der Zwischenzeit nichts geändert. Es ist ruhiger geworden mit unseren Gegnern. Dickfeld vom Gruppenstab hat mit 37 Abschüssen zu mir aufgeschlossen. Nur Köppen liegt noch weit vor uns. Günther Rall ist ausgeschieden. Nahe der Front fiel er mit seiner zerschossenen Maschine nach einer

* SS-Obergruppenführer, Kommandeur der Leibstandarte »Adolf Hitler«.

Bauchlandung in eine Schlucht. Es ist ein Wunder, daß er noch am Leben ist. Er liegt jetzt in Deutschland in einem Lazarett, mit schweren Rückenverletzungen.

Dickfeld und ich sitzen täglich in der Mühle. Aber es ist nichts mehr mit dem Anwackeln von Abschüssen. Vor einiger Zeit haben wir eine neue Taktik ausgebrütet. Wir kamen jeweils mit vier Maschinen über den russischen Flugplätzen an. Wenn die Ratas auftauchten, hauten zwei von uns scheinbar ab. Die Russen jedesmal hinterher. Die obere Rotte konnte dann abschießen. Aber dann war auch damit Schluß. Eines Tages drehten wir ein Ding, das eigentlich recht gemein war. Wir machten ein Päckchen mit Schokolade drin, banden es an einen kleinen Fallschirm und legten eine auf russisch geschriebene Einladung hinein. Auf dem Zettel stand: ›Wir laden Euch mit 16 Maschinen zu einem Luftkampf über dem Don-Delta am Asowschen Meer ein. Zeit: 12 Uhr. Luftkampfhöhe 4000 Meter. Wir kommen garantiert mit acht Maschinen, also mit der Hälfte. Horridoh! In ehrlicher Freundschaft – Eure Gegner!‹

Aber wir warteten vergeblich, obwohl Ernst Süß das Päckchen aus 1000 Meter Höhe über einem russischen Flugplatz abgeworfen hatte.«

Steinbatz meldete sich wieder:

»Woran bist du jetzt?«

»Bei unserem Gasangriff!«

»Hm, das war wenigstens mal ein Einfall«, stellte der Unteroffizier fest. Er lauschte kurz auf das Rumoren der Flugzeuge am Himmel, äugte zu Graf hinüber und verschwand dann. Der »Gasangriff« las sich folgendermaßen:

»Ein neuer Schreck für uns durch den Befehl: ›Tiefangriff mit zwölf Maschinen auf einen großen russischen Flugplatz südlich des Don.‹ Es folgten zwei furchtbare Tage des Wartens, denn wir kannten die Abwehr dieses Platzes zu gut. Da hatte Süß wieder einmal eine Idee. Er wollte sich opfern und in 1000 Meter allein über den Feindflugplatz ziehen. Wir sollten in der Nähe warten. Dann wollte er Rauchpatronen von unserer Flugleitung abwerfen, weil der gelbliche Rauch von den Russen vielleicht für Gas gehalten werden könnte. Er tat das dann auch, und es klappte tatsächlich. Wir rasten hinter ihm über den Platz und schossen ohne eigene Verluste zahlreiche Flugzeuge in Brand. Vielleicht hatten die Russen wirklich geglaubt, bei den völlig ungefährlichen Rauchzeichen handele es sich um Gas. Jedenfalls schoß keine Flak.«

Die Dämmerung sank herab. Graf stand auf und rieb sich vorsichtig über den Rücken. Dort hatte sich vor einigen Tagen noch ein russischer Bombensplitter aufgehalten. Der Gruppenarzt war dem Eisenstück mit dem Rasiermesser zu Leibe gegangen, hatte es entfernt und den Führer der Neunten krank geschrieben. Die betreffende Stelle schmerzte immer noch und begann bei jeder Gelegenheit zu bluten.

Die lange Gestalt faltete sich wieder auf den Stuhl, mit äußerster Vorsicht. Am Himmel war es ruhig geworden. Der Bleistift neben dem Heft wanderte in die Rechte, dann kamen noch einige Zeilen dazu:

»Mein übler körperlicher Zustand hängt sicher nicht nur mit dem Splitter zusammen. Anfangs hatte ich ihn kaum beachtet, aber dann bekam ich Fieber und eine Geschwulst. Die vergangenen Wochen waren sehr hart und die Verpflegung mehr als knapp. So klebe ich auch jetzt noch in der Hose wie ein unterernährter Landstreicher. Mein Kommandeur hatte mich eigentlich ins Bett befohlen. Aber bei 37 Abschüssen ist das nicht so leicht auszuhalten. Meine Monteure sagen neuerdings, ich hätte die berühmten ›Halsschmerzen‹ bekommen. Vielleicht haben sie recht. Bei vierzig Abschüssen winkt immerhin das Ritterkreuz. Eigentlich hätte es schon soweit sein müssen, aber ich hatte immer Pech. Zuerst gab es das Ritterkreuz bei zwanzig Abschüssen, dann bei dreißig. Aber jedesmal, wenn ich kurz davorstand, wurde die Zahl erhöht. Wie wird es weitergehen? Ob es diesmal klappt?«

Start im Bombenhagel

»Na, Herr Obergefreiter«, sagte der Gefreite Moser, »wie hat die Weihnachtsgans geschmeckt?«

Grapentin hob den Schraubenschlüssel und nahm eine drohende Haltung ein. Ein Blick zum Platzrand besänftigte ihn aber ziemlich schnell. Sein Leutnant war soeben aus einem Laster gestiegen und kam näher. Der Gefreite gluckste noch einmal und verzog sich.

»Na, wie geht es unserer Mühle?«

»Der geht es prima!« erwiderte Grapentin wahrheitsgemäß. »Und Ihnen, Herr Leutnant?«

»Ah, noch nicht so richtig. Ist halt schon was Verrücktes, wenn man so 'ne Einlage mit sich herumschleppt.« Graf deutete auf seine »gelbe eins«. »War schon einer drin gesessen?«

»Wo denken Sie hin!« Grapentin schüttelte mehrmals den Kopf. Ein Feixen huschte über sein Gesicht. »Wie sollte auch einer, wenn ich immer was abmontiere, damit der Kahn unklar bleibt!«

Graf schmunzelte säuerlich, weil ihn die Rückenwunde juckte.

»Bist halt doch 'ne tolle Nummer, Grapentin.«

Der Obergefreite war das wirklich. Kürzlich hatten bei einem Nachtangriff russischer Bomber vier Maschinen der Staffel lichterloh gebrannt. Die anderen vier wären wohl ebenfalls fällig gewesen, hätte Grapentin nicht im dicksten Bombenhagel einige Warte aus den Deckungslöchern geholt und mit ihnen die gefährdeten Flugzeuge weggeschoben. Dafür sollte er das Eiserne Kreuz II. Klasse erhalten. Er bekam es nicht, obwohl er einen Wert von fast einer Million Reichsmark vor der Vernichtung hatte bewahren helfen.

Sie lächelten sich immer noch wohlwollend an, aber nicht mehr lange.

Von Osten her fegte nämlich eine stattliche Ansammlung russischer Maschinen über das Rollfeld, etwas höher stürzende Bomber, ganz tief Scharen von Ratas mit knatternden Bordwaffen.

Der schmerzende Rücken war vergessen, zusammen mit dem Doppeldecker, der soeben am westlichen Horizont verschwand. Dickfeld lenkte das Maschinchen — auf dem Weg in die Heimat.

Überall prasselte, donnerte und röhrte es. Kugeln zerfetzten das Gras, Bomben detonierten, die Überraschung war so vollkommen wie noch nie.

Grapentin stand bereits auf der rechten Tragfläche, die Andrehkurbel in der Hand. Es war ohnehin gleichgültig, wo man sich bei diesem Höllenwirbel aufhielt. Außerdem hatte sich sein Leutnant vor wenigen Augenblicken in die Kabine geschwungen. Vom Jaulen des Anlassers war nichts mehr zu hören, dafür waren die Russen über dem Platz zu aktiv.

Das Kabinendach war bereits geschlossen, die Zündung eingeschaltet. Mit verzerrtem Gesicht drehte der Obergefreite die Kurbel. Der Motor kam, fast gleichzeitig mit einer Bombe. Sie krachte in geringer Entfernung von der rechten Fläche in den Boden. Grapentin warf die Arme hoch und wurde vom Luftdruck weggerissen.

Graf gönnte sich nur einige Sekunden des Entsetzens, dann drückte er den Gashebel nach vorn. Beim letzten Blick nach hinten sah er eine Rata aus einem rasanten Abschwung herabstechen. MG-Garben prasselten vor ihm auf den Rollstreifen. Die Feindmaschine preschte vorbei, und eine Druckwelle schüttelte die startende Me 109. Rechts und links schien die Erde Feuer zu speien. Bomben rissen hohe Dreckfontänen aus dem Boden. Mit eingezogenem Genick wartete der Mann in der »gelben eins« auf den letzten Knall. Sein Blick war auf den Silberkreis der Luftschraubenblätter gerichtet. Das Leitwerk hatte sich bereits gehoben, die Geschwindigkeit wurde immer höher. Trotzdem hatte Graf das Gefühl, keinen Meter voranzukommen.

Endlich lösten sich die Laufräder von der Grasnarbe. Es war ein armseliger Trost, denn die augenblickliche Fahrt hätte kaum zu einer müden Kurve gereicht. Feindmaschinen zischten vorüber, dazwischen einige »109«, denen ebenfalls die Flucht aus dem Bombenhagel geglückt war.

Ein Blick auf die Tachometernadel. Nur ganz langsam ging es aufwärts mit ihr. Ringsum tummelten sich die Ratas wie bei einem Flugtag. Der Platz wurde ferner, die Erde auch. Vor der Frontscheibe lag die Eisfläche an der Meeresküste, weiter nördlich das Don-Delta. Schweiß lief über das Gesicht, obwohl es wahrhaftig nicht warm war in der Kabine.

Von rechts kam eine »Me« an und schob sich seitlich hinter das Leitwerk. Steinbatz saß darin. Sie stiegen der geschlossenen Wolkendecke entgegen, die sich in rund 2000 Meter Höhe ausbreitete.

Der Verstand funktionierte wieder, auch der Schock verflüchtigte sich allmählich. Voraus zog ein Feuerstreifen durch den Himmel. Ein feindliches Jagdflugzeug trudelte brennend nach unten, dahinter eine Me 109. Von oben her schoß eine andere Rata heran und drehte ein.

Es war zwölf Uhr. Die »gelbe eins« lag in einer hochgezogenen Kehrtkurve. Wenige Augenblicke später hing der feindliche Jäger im Leuchtvisier. Ein Druck auf den Kanonenknopf. Schon nach der ersten Garbe kippte die I-16 über den Motor und stürzte dem Meer entgegen.

Steinbatz sagte nichts dazu. Er nickte nur, als Graf zu ihm hinübersah. Sie gaben Höhe auf. Heulend pfiff der Fahrtwind um die Kabine. Eine Zeitlang waren die Luftschraubennaben der beiden Me 109 auf die Stadt Asow gerichtet. Tief unten zog eine einzelne russische Jagdmaschine westwärts. Die Höhenmessernadel begann zu sinken.

Drei Minuten waren inzwischen vergangen, seit die Rata in den Fluten des Asowschen Meeres verschwunden war. Sechzig Sekunden später war auch das Schicksal des anderen sowjetischen Jagdflugzeuges besiegelt. Aus halber Rückenlage heraus verfolgte Graf den Absturz. Um 12.05 Uhr bohrte sich die I-16 etwa zehn Kilometer ostwärts von Asow in den Boden.

Der Obergefreite Grapentin stand schon wieder auf den Beinen. Sein Schädel dröhnte, das Gesicht war mit geronnenem Blut und einigen Heftpflastern bedeckt. Die Eisfläche, auf die ihn der Luftdruck der explodierenden Bombe gefeuert hatte, flimmerte vor seinen Augen.

»Mensch«, sagte der Gefreite Moser, »hast du Glück gehabt!«

Grapentin fand das auch, verzichtete aber auf einen Kommentar. Ringsum rauchte es noch aus den Bombenlöchern. Der Feldflugplatz sah wahrhaftig nicht gut aus. Die Russen hatten manches angerichtet, was nicht mehr geradezubiegen war. »Karlchen« Moser, wie sie ihn seit einiger Zeit nannten, dachte jetzt an etwas anderes.

»Und mitten in diesem Zauber sind die mit den Maschinen ab.« Er schüttelte sich.

»Sie kommen sogar schon wieder zurück«, sagte Grapentin und fingerte über die Pflaster auf seiner Stirn.

»Wahrhaftig!«

Es war tatsächlich so. Am östlichen Horizont kamen sie in Sicht. Bei der ersten Rotte war die »gelbe eins«. Die Tragflächen bewegten sich. Einmal, zweimal!

Begeistert riß Grapentin die Arme hoch und handelte sich prompt einen Schwindelanfall ein. Er war aber schon längst wieder fit, als die Maschinen zur Landung ansetzten. Sie rollten im Karacho an, schwenkten auf den Spornrädern herum, und die Motoren verstummten.

Mit weichen Knien ging der Obergefreite auf die »gelbe eins« zu. Er hatte seinen Leutnant noch nie mit so großen Augen gesehen. Das Kabinendach wurde hochgestoßen, der hagere Körper rutschte über die Tragfläche. Danach wurde Grapentin zum erstenmal in seinem Leben von einem Leutnant umarmt.

»Grapentin ... lieb's Herrgöttle ... du lebst noch?«

»Irgendwie schon!« erwiderte der Obergefreite mit einem durch die Heftpflaster etwas seltsam wirkenden Lächeln. »Und Sie, Herr Leutnant ... zwei Abschüsse ...?«

Graf schien es immer noch nicht begreifen zu können. Nicht einmal der tobende Argus interessierte ihn, der wie üblich wieder einmal Hochsprünge übte. Es dauerte sogar noch eine Weile, bis er sich an die warme Flüssigkeit erinnerte, die ihm über den Rücken lief. Es konnte nur Blut sein, das während des Luftkampfes aus der aufgebrochenen Rückenwunde gedrückt worden war. Er schüttelte einige Hände und folgte dann dem Blick des Obergefreiten, der jetzt erst die zahlreichen Einschüsse an der rechten Tragfläche entdeckt hatte.

Die Versammlung vor der Staffelführer-Maschine wurde immer größer. Ein Kübel hoppelte heran, der Kommandeur stieg aus.

»Hab's schon gesehen«, sagte er zu Graf. »Mann, was sind Sie doch für ein verrücktes Huhn! Aber nun erzählen Sie mal.«

Es wurde ruhig. Die Motoren waren inzwischen verstummt. Nur der eisige Wind ließ sich nicht abstellen. Der Obergefreite Grapentin vergaß die neuen Einschußlöcher und die Schmerzen im Gesicht. Sogar der Jagdhund beließ es bei frohem Schweifwedeln. Auch jetzt schien es noch keinen Hunger gegeben zu haben, keinen Feind, der praktisch vor der Haustür lag, keine Erinnerungen an ausgemergelte Feldgraue in zerrissenen Mänteln. Nur noch das, was sich während des letzten Feindfluges abgespielt hatte. Graf brachte die Sache ziemlich schnell hinter sich.

»Gratuliere«, sagte der Hauptmann nach einem tiefen Atemzug mit anschließendem Kopfschütteln. »Sie sehen zwar aus wie eine Leiche, aber wenn es unbedingt sein muß und nichts Sie im Bett hält, dann bitte.«

Der 40. Abschuß

Es hielt ihn nichts im Bett und auch nichts am Boden. Zwei Stunden später rollten die acht klaren Maschinen der Neunten an den zahlreichen Bombentrichtern vorbei zum Start. Graf führte sie. Der Kommandeur hielt sich am Platzrand auf, standesgemäß frierend und vielleicht mit speziellen Gedanken im Kopf. Sicherlich konnte er das »verrückte Huhn« sogar verstehen. Denn immerhin benötigte dieser Leutnant Graf nur noch einen Abschuß, um zu einer von allen begehrten Auszeichnung eingereicht werden zu können: zum Ritterkreuz!

Die acht Messerschmitt-Jäger überflogen die Front. Eine Wolkendecke hing in etwa 3000 Meter Höhe, nahtlos, ohne Durchblick nach oben. Die Sicht war so gut, daß der russische Kampfverband zusammen mit den darüber befindlichen Jägern seine Anwesenheit nicht mehr verbergen konnte.

Im FT blieb es still. Sieben Augenpaare richteten sich auf die Staffelführer-Maschine. Was würde er jetzt tun? Wie mochte es wohl in ihm aussehen?

Es sah gar nicht gut aus, denn schließlich stand an diesem Tag einiges auf dem Spiel. Noch nie hatte Graf die Erregung so deutlich gespürt. Würde es diesmal klappen?

Gut 1000 Meter tiefer hielten die Russen auf die deutsche Hauptkampflinie zu. Sie schienen noch nichts gemerkt zu haben. Einige Zeit später saßen die beiden Schwärme von der Neunten im Blendkreis der Sonne, in Kolonnenform hintereinandergereiht.

Die Maschine an ihrer Spitze näherte sich einer Rata der Jägersicherung. Mit jeder weiteren Sekunde verringerte sich die Distanz. Noch 200 Meter, noch hundert. Der sowjetische Pilot blieb weiterhin auf seinem Kurs. Es war kurz vor 14.25 Uhr.

Mit angehaltenem Atem saß Graf hinter der I-16. Unten lag die Landschaft zwischen Taganrog und Agrafenowka im fahlen Licht der Wintersonne. Für den Unglücklichen in der Rata sollte sie nur noch wenige Augenblicke scheinen. Dutzende von Kanonengeschossen fraßen sich bereits in den Rumpf seines Flugzeuges. Flammen wischten über das Metall. Die Maschine bäumte sich auf und trudelte in die Tiefe. Nordostwärts von Golodajewka endete sie in einem rötlichen Feuerpilz.

Der lodernde Flammenschein wirkte wie ein Blitzschlag auf den russischen Jägerpulk. Nacheinander lösten sie sich aus der Formation und kurvten auf Gegenkurs. Kondensfähnchen stäubten von den Tragflächenenden, der Luftkampf hatte begonnen.

Graf sah immer noch zur Erde hinab. Eine dünne Rauchsäule hatte sich über der Aufschlagstelle gebildet. Auch er war inzwischen ein Teil des furiosen Kreisels aus Flugzeugleibern geworden, aber seine Gedanken hatten noch keinen Raum für die überall lauernde Gefahr.

Der Rata-Pilot, der vielleicht den Absturz seines Kameraden rächen wollte, war von seinem Ziel nicht mehr weit entfernt. Er feuerte sogar schon, doch nicht einmal die ersten Einschläge brachten den Deutschen vor seinen Maschinengewehren völlig in die Wirklichkeit zurück.

Das geschah eigentlich erst, als ein greller Flammenschein durch den Himmel zuckte und Füllgrabes »109« im Messerflug über die brennend abstürzende Feindmaschine weghuschte.

Dieses Mal stellte sich der Schweiß schon zusammen mit dem Schrecken ein. Ruckartig riß Graf den Knüppel nach hinten. Die »Me« wirbelte herum und rutschte auf der Flügelspitze nach unten weg. Füllgrabe schob sich von der Seite heran, trat ins Seitenruder und blieb auf rechter Position. Der Blick, den er herüberschickte, sagte alles. Jener, den Graf zurückgab, fast noch mehr.

Für Gefühle der Dankbarkeit blieb auch diesmal keine Zeit. Man würde später darüber einige Worte verlieren, sich die Hand reichen, dann hatte es sich. Das nächste Mal war man vielleicht selbst wieder an der Reihe, wenn es hinter dem Leitwerk des anderen so übel aussah wie vorhin hinter dem eigenen. Zu einer Überlegung reichte es aber noch: Was wäre wohl geworden, wenn Füllgrabe die Rata nicht im letzten Moment abgeschossen hätte?

Die Schweißperlen blieben auf der Stirn, das übliche schlechte Gewissen meldete sich weiter drinnen. Etwa tausend Meter tiefer zogen fünf SB-2-Bomber dahin, deren Jagdschutz anderweitig stark beschäftigt war.

Eine Me 109 zog gerade hoch, unter sich eine brennend abstürzende russische Kampfmaschine. Die »Me« zischte breitseits vorbei. Feldwebel Steinbatz saß darin.

Die restlichen vier sowjetischen Piloten scharten sich enger aneinander. Sie flogen schon ziemlich tief, etwa 700 Meter hoch. Die SB 2 am rechten Flügel hatte bereits das Fadenkreuz eines Leuchtvisiers über ihrem Rumpf. Glühende Pünktchen wanderten jetzt auf sie zu. Doch die Geschosse blieben ohne sichtbare Wirkung.

Füllgrabes Me 109 unterschnitt und scherte dicht über Grafs Kabine. Sie jagten dem sowjetischen Bomber nach, der soeben aus dem Beschuß gekurvt war. Es vergingen nur wenige Sekunden, bis die Leuchtspurmunition aus den Bordwaffen der »gelben eins« das große Ziel nun von unten her erfaßte. Flammenbündel zischten aus dem rechten Motor. Torkelnd rutschte das Kampfflugzeug aus dem Kurs und heulte der Erde entgegen.

»Einundvierzig«, sagte Füllgrabe, mehr nicht.

Grapentin blickte auf das Zifferblatt seiner Uhr, als ob er die Zeiger hypnotisieren wollte. Natürlich war es eine vergebliche Mühe.

Der Gefreite Moser stand neben ihm, ebenso zappelig und nervös wie alle anderen. Ihre Blicke begegneten sich.

»Mann«, sagte der Obergefreite, »das gibt es doch nicht, daß sie alle acht auf den Pinsel gefallen sind!«

Karlchen Moser schluckte und wackelte mit dem Kopf.

»Schon über eineinhalb Stunden sind sie fort, nicht?«

»Ja!« erwiderte Grapentin und wühlte in seinen Haaren herum. »Ich werd' noch verrückt.«

Er sah wieder auf die Uhr und erschauerte. Doch auf einmal brummte es in der Ferne. Keiner der Warte vermochte es zu fassen, denn immerhin waren seit dem Start mittlerweile eine Stunde und zweiundvierzig Minuten vergangen. Es konnte nur die letzte »Spritpfütze« sein, mit deren Hilfe sich die Maschinen noch in der Luft hielten.

So war es auch. Keiner wackelte, keiner donnerte über den Platz. Schon aus dem Anflug heraus schwebten sie zur Landung an. Grapentin stieß den angestauten Atem aus, denn sein Leutnant war wieder auf dem Boden. Hinter ihm taumelten die anderen »109« auf das Landekreuz zu. Anders konnte man diese müden Anflugbewegungen wirklich nicht nennen. Sie setzten auf und rollten, aber nicht lange. Bei zwei Maschinen blieb die Luftschraube stehen, etwa in der Mitte des Landestreifens. Aber sie waren wenigstens unten, alle übrigens.

Das Tempo, das der Obergefreite Grapentin nun vorlegte, war für seinen Dienstgrad einmalig. Schon der erste Blick auf Grafs Gesicht ließ ihn erkennen, daß dieser Tag nicht ohne das schon lange erwartete Fest vorübergehen würde.

Er hatte sich nicht getäuscht.

Es war Abend geworden. Alles, was Rang und Namen oder auch noch »keinen« hatte, war bei der Neunten aufgekreuzt, um das erste bei der Staffel fällige Ritterkreuz zu begießen. Die Gäste hatten sich schon wieder auf den Weg zu ihren Unterkünften gemacht, und man saß jetzt praktisch im Familienkreis zusammen. In der Ferne erklang der Donner der Front, draußen froren die Posten noch mehr, und Füllgrabe betastete mit echter Wehmut eine leere Wodkaflasche. Das Behältnis schien ihn seltsamerweise an den letzten Einsatz, an den 41. Abschuß seines Staffelführers und an diesen überhaupt zu erinnern.

Begegnung nach dem Krieg: Hermann Graf und Fritz Walter, Ehrenspielführer der deutschen Fußball-Nationalmannschaft

Eine Focke-Wulf 190 der »Reichsverteidigung«

Eine Freundschaft, die alles überdauerte: Hermann Graf und der damalige Reichstrainer Sepp Herberger

Adolf Dickfeld (links) mit Hermann Graf zu Besuch bei Oberst Angermund im Berliner Luftzeugamt

Die anderen hoben die schon etwas schweren Köpfe, während er fragte:

»Wie fing das damals eigentlich an mit deiner Fliegerei?«

Steinbatz, seit einiger Zeit ebenso Feldwebel wie Füllgrabe, zeigte Interesse und rückte sich zurecht. Graf streckte seine Beine unter den Tisch und dachte nach. Ja, wie hatte es eigentlich begonnen?

Eigentlich damit, daß der Bruchpilot vom Ballenberg schon als reiferer Jüngling bei zahlreichen Fliegerschulen anfragte, wie es denn mit der Ausbildung zum Motorpiloten stehe. Die Antworten waren es nicht einmal wert, zu den Akten gelegt zu werden. So blieb es beim Segelflug und bei der stillen Sehnsucht nach einem motorisierten Flugapparat. Flugkapitän Truckenbrock, ein Pionier der deutschen Luftfahrt, hatte als erster ein Einsehen mit dem flugbegeisterten jungen Mann aus Engen. Eines Tages kutschierte er ihn mit seiner altehrwürdigen Dornier als Passagier vom Konstanzer Stadtgartenstrand aus über den Bodensee und wieder zurück. Er wußte sicherlich nicht, was er damit angerichtet hatte.

Im Jahre 1935 war es der Staat, der in einem Aufruf kostenlose Motorflugausbildung anpries und damit sofort auch einen Burschen namens Hermann Graf zur Ausfüllung eines Meldeformulars veranlaßte. Von nun an gelang eigentlich alles, zunächst aber einmal die Tauglichkeitsuntersuchung.

Von zivilen Fluglehrern betreut und von Kasernenhofmeistern in Uniform beim Exerzieren geraume Zeit später redlich geschunden, zog der Flugschüler Graf in soliden Doppeldeckern über der Karlsruher Fliegerschule seine ersten zittrigen Kreise. Es folgte der erste Alleinflug und danach für den glücklichen Vollender aus dem Mund des Ausbildungschefs die zwielichtige Kritik: »Nur weiter so, es war schlecht genug!«

Der Lehrgang ging zu Ende, und mit dem ersten Flugschein in der Tasche kehrte der junge Engener in die Behördenluft des städtischen Fürsorgeamtes zurück. Sein Wirken zwischen den vier Wänden sollte ihn jedoch nicht lange betrüben, denn gar bald folgte eine neue staatliche Einladung zur Absolvierung des Kunstflugscheines 1. Um die Fertigkeit im Drehen von Rollen und Loopings bereichert, tauchte der mittlerweile zum Gefreiten Avancierte eines Tages auf dem Konstanzer Flugplatz auf. Dieses Mal war die Erringung des Zivilflugscheines sein Anliegen. Auch damit klappte es, ebenso wie mit dem B-2-Schein, der ihn im Frühjahr 1938 nunmehr als einen vollgültigen Piloten der neuen Luftwaffe auswies.

Ein Traum war somit Wirklichkeit geworden, doch der Reservegefreite befand sich schon wieder im Bann eines neuen: Er wollte Jagdflieger werden. Allerdings handelte es sich hierbei um ein Unterfangen, das ein Mann in seinem »Alter« damals am besten wieder vergessen hätte. Doch wie sich später herausstellen sollte, hatte er auch in diesem fast aussichtslosen Fall eine Idee parat, die ihm sogar über eine solch schwere Hürde hinweghalf.

Zunächst verhalf ihm aber im April 1939 ein Lehrgang in München zu den Unteroffizierslitzen und zum Status eines Offiziersanwärters. Als solcher durchquerte er nach Lehrgangsende noch sechs Wochen lang die Luft über der Isarstadt, um sich mit den neuesten Flugzeugtypen vertraut zu machen. Er hatte dabei ausreichend Gelegenheit, weiterhin von der Jagdfliegerei zu träumen.

Das Mädchen mit den Rehaugen und den brünetten Haaren vom Luftgau, das ihm einmal den Weg in die Kabine einer Me 109 ebnen sollte, kannte er damals noch so wenig wie sie ihn.

Jagd über der Krim

Die zwölf Messerschmitt-Jäger von der 9./JG 52 hatten die Landenge von Perekop hinter und die sonnenüberflutete Erde der Krim wieder einmal unter sich. Sie flogen auf das Jaila-Gebirge zu, das etwa 150 Kilometer entfernt die Südostküste der Halbinsel flankierte. In den Kabinen herrschte eine wohlige Wärme, denn immerhin war mittlerweile der 29. April des Jahres 1942 herangerückt.

Hermann Graf, der den ersten Schwarm führte, hatte nicht viel Zeit, der Schönheit des unten dahinziehenden Landes besondere Gedanken zu widmen. Er suchte nämlich den Flugplatz von Grammatikowo, der erfreulicherweise auch bald sein Erscheinen ankündigte. Das Rollfeld war mit sattem Grün bedeckt, und am einen Ende schimmerte das Weiß eines vorschriftsmäßigen Landekreuzes. Hoch über dem Zwischenziel dieses Verlegungsfluges von Saporosje aus hatte sich eine weiträumige Wolkenbank ausgebreitet. Alles war dermaßen friedlich und so prächtig in Ordnung, daß man es kaum glauben konnte. Graf wollte schon zu dem üblichen übergehen: Tiefflug, ein bißchen die Lage peilen, dann Gegenkurs, Fahrwerk 'raus und schließlich 'runter an den Boden. Er tat zunächst einmal das erstere, gab Höhe auf und empfand dabei jenen Argwohn, den die anderen hinter ihm schon des öfteren als eine Art von sechstem Sinn bezeichnet hatten. Da aber auch weiterhin nicht das geringste passierte, gab es schließlich keinen Grund mehr, das Landemanöver noch weiter hinauszuzögern.

Also näherten sich die Laufräder der hübschen Grasnarbe. Doch schon in den nächsten Sekunden sollte Grafs Mißtrauen auf eine bemerkenswerte Weise gerechtfertigt werden.

In geringer Entfernung vor dem Bug seiner Maschine stieg plötzlich eine Erdfontäne hoch, dann eine zweite und noch zahlreiche weitere. Entsetzt schob er den Gashebel auf Vollast und startete durch. Mit aufheulendem Motor brummte die »109«

über den Bombenteppich, den einige aus den Wolken herausgestoßene russische Kampfflugzeuge soeben zu legen begonnen hatten. Der Luftdruck explodierender Bomben schüttelte die »Me« wie ein Orkan, ehe sie die Platzgrenze erreichte. Ein Blick zurück. Die anderen spritzten strahlenförmig auseinander – alle!

Dem Schock folgte der verständliche Wunsch nach Revanche. In steilem Winkel zog die Neunte der Wolkenwand entgegen. Die sowjetischen Bomberpiloten waren an einer Auseinandersetzung jedoch nicht interessiert und verschwanden in den hohen Kumulustürmen.

Ein Streifen zum Landen war auf dem verwüsteten Platz noch freigeblieben. Als erster rollte Graf an den Kratern vorbei. Neben dem Landekreuz lag ein Luftwaffensoldat. Ein Bombensplitter hatte ihm den Kopf abgerissen. In den verkrampften Händen hielt er noch zwei rote Flaggen, mit denen er die Flugzeuge offenbar zum Tankplatz hatte einweisen wollen.

Jeder hatte es gesehen, aber keiner redete darüber. Während neuer Sprit in die Tanks floß, sahen sie manchmal über die rauchenden Trichter zu der Stelle, wo der Tote lag.

Beim Start nahmen sie das gräßliche Bild zum zweitenmal in sich auf. Keiner hatte sich bis jetzt um den Gefallenen kümmern können.

Die Erde wurde ferner, das Bergmassiv des Jaila-Gebirges deutlicher. Irgendwo nördlich davon mußte der neue Feldflugplatz liegen. Er hatte einen deutschen Namen und hieß Zürichtal.

Sie fanden ihn und kreisten darüber.

»Dort unten«, hörten sie Grafs Stimme, »das ist er!«

Keiner wunderte sich, daß sie noch nicht landeten. Dafür hatten sie noch zuviel Treibstoff in den Tanks und einen an ihrer Spitze, der sich auf Verlegungsflügen immer zuerst einmal ein wenig die Gegend ansehen wollte. Voraus leuchteten schneebedeckte Bergkuppen und weiter südlich der Wasserspiegel des Schwarzen Meeres.

Die Front lag schon ziemlich weit hinter ihnen, da sah Grislawski die Ratas. Feuerschlangen züngelten durch den Himmel, aber nicht nur aus Bordkanonen, sondern auch aus Geschützrohren. Unverdrossen knallte die deutsche Flak in das Getümmel. Trotzdem war es Grislawski, der die erste I-16 brennend in die Tiefe schickte . . .

Schweißgebadet stiegen sie aus den Maschinen und freuten sich nicht einmal, wieder auf der Krim zu sein. Hierfür gab es verschiedene Gründe – von dem, was hinter ihnen lag, ganz abgesehen. Zunächst einmal war der Flugplatz eine militärische Idylle für sich. Nirgendwo ein Splittergraben, kein Deckungsloch. Dafür lief viel Bodenpersonal spazieren. Offenbar war noch niemand so richtig im Bilde.

In geringer Entfernung hantierte ein fremder Major an einem Maschinengewehr herum, das er auf einen Pfahl montiert hatte. Anscheinend gedachte er damit unerwünschten gegnerischen Besuch zu verhindern.

Hermann Graf sah dem dicken Herrn eine Weile zu. Es reichte sogar zu einem matten Grinsen. Steinbatz, Grislawski, Süß und die restlichen Flugzeugführer kamen an und gaben lustlose Meldungen ab. Zu einer Erörterung des gerade beendeten Luftkampfes kam es indessen nicht mehr, weil über dem Jaila-Gebirge verräterische Kreuzchen im Sonnenlicht blinkten. Das aus der gleichen Richtung heranwehende Dröhnen beseitigte die letzten Zweifel darüber, daß die Russen die Empfangsfeierlichkeiten nicht mehr länger hinausschieben wollten. Das Komitee bestand aus einigen Bombern und Jägern, die nun nacheinander auf den Platz herabstachen. In dessen Mitte standen drei Ju 52. Die Transportflugzeuge waren vor wenigen Minuten gelandet, Treibstoff, technisches Material und sonstige Nachschubgüter an Bord.

Da sich nirgendwo die geringste Deckung bot, ging auch Graf dort in die Knie, wo er sich gerade befand. In das Rauschen der ersten Bomben mischte sich plötzlich ein dünnes Geknatter. Es wurde von dem beleibten Major verursacht. Völlig ungedeckt stand er hinter dem MG und feuerte auf die heranheulenden sowjetischen Maschinen. Ein Anblick, der nicht nur den Staffelführer der Neunten die bevorstehende Katastrophe vergessen ließ.

Die Russen scherten sich wenig um die armselige Ersatz-Flak. Bomben krepierten auf dem Rollfeld, Maschinengewehre und Kanonen bellten, Geschoßgarben zersägten die Erdoberfläche, Splitter zirpten durch die Luft, Feuerschein loderte auf, Menschen brüllten. Jaulend wie Stukas fegten die Feindmaschinen über das Landefeld, zogen hoch und kamen wieder.

Es war nicht zu fassen, aber der Major schoß immer noch. Er tat das auch, als der feindliche Verband zum nächsten Angriff herunterpreschte. Trotz des gewaltigen Spektakels riskierte Graf einen Blick auf den Verrückten. Die Geschoßschnüre einer stürzenden Rata kreuzten sich gerade mit der Feuerlinie seines Maschinengewehrs. Sekunden später kam die I-16 ins Taumeln. Ein greller Blitz, herumwirbelnde Teile! Aus der Explosionswolke löste sich ein längliches Gebilde: der abgebrochene Flugzeugrumpf! Er zischte wie ein Torpedo erdwärts, genau auf die Stelle zu, wo die Piloten dicht nebeneinander auf das Ende ihrer Laufbahn warteten. Graf schloß sogar die Augen, denn der Rumpftorso verdunkelte über ihm bereits die Sonne.

Aber das Schicksal übersah ihn auch dieses Mal. Wenige Meter neben ihm knallte das Wrackstück auf den Boden.

Nach diesem Ereignis benötigte er einige Zeit, um wieder zu Atem zu kommen. Droben am Himmel wurde es allmählich ruhiger. Der Motorenlärm entfernte sich nach Süden.

Fluchend schoben sich die Männer hoch und wischten Dreckspritzer aus den Augen. Mit weichen Knien näherte sich ihr Chef dem Flugzeugrumpf.

Der russische Pilot hing tot in den Gurten. Sein Hals war blutbeschmiert. Einer löste seinen Schal. Es waren zwei Löcher darin: Einschuß und Ausschuß! Eine Kugel hatte den Rückenwirbel des sowjetischen Fliegers durchschlagen.

Fassungslos sahen sie zu dem Major hinüber. Das tödliche Geschoß konnte nur von ihm abgefeuert worden sein.

Einige Dutzend Meter entfernt lag ein Leutnant ihrer Staffel auf dem Gras. Schon beim ersten Angriff war er aufgesprungen und von einer Kugel in den Rücken getroffen worden. Sanitäter kümmerten sich bereits um ihn. Weiter drüben liefen die Besatzungen der Ju 52 über das Rollfeld. Sie trugen einen ihrer Piloten zwischen sich. Er war schwer verwundet. Ein Bordmechaniker deutete auf den Bewußtlosen.

»Er muß so schnell wie möglich in ein Lazarett, Herr Leutnant. Darf ich die Maschine zurückfliegen? Ich trau' mir das schon zu!«

»Ja, machen Sie das!« nickte Graf geistesabwesend. Er starrte dabei auf das fahle Gesicht des jungen Offiziers, der wahrscheinlich eine Kugel in der Lunge stecken hatte.

Da fiel sein Blick auf einen Fieseler Storch. Es war die Maschine des Generalobersten von Richthofen. Ihr Lenker hatte sich aus irgendeinem Grund hierher verirrt. Er nahm die Hände aus den Taschen, als Graf vor ihm stehenblieb. Danach hörte er folgendes:

»Wir haben einen Schwerverletzten. Nehmen Sie Ihre Krähe und fliegen Sie den Kameraden zu dem nächsten Verbandsplatz. Das Zelt ist nicht weit von hier.«

»Tut mir leid«, erwiderte der Oberfeldwebel, »ich kann nicht! Befehle darf ich nur vom Herrn Generaloberst entgegennehmen.«

Oberfeldwebel Süß wurde sofort feuerrot vor Zorn. Er sah ähnlich aus wie damals, nachdem er die Ju 52 zur Landung gezwungen hatte.

Es gab kein langes Palaver mehr. Wenige Minuten später lag der Verwundete in der Kuriermaschine. Der widerborstige Pilot des »Kommandierenden« saß hinter dem Steuer, Oberfeldwebel Süß hinter ihm, die Pistole in der Hand. Der Apparat schnurrte davon, und Graf verscheuchte mit einiger Mühe die Gedanken an eine drohende Kriegsgerichtsverhandlung. An das, was der

Ju-52-Bordmechaniker auf dem Rückflug alles anrichten konnte, dachte er schon gar nicht mehr.

Es gab jedoch keinen Ärger. Der Generaloberst hatte mehr Verständnis für einen Schwerverwundeten als sein übereifriger Kutscher.

Das Ritterkreuz

Um das kleine Zelt rankten sich Haselnußstauden. Ein munterer Gebirgsbach plätscherte daran vorbei. Auf der Leinwandbehausung saß eine russische Amsel und sang allgemeinverständliche Weisen.

Hermann Grafs Oberkörper war nackt, sein Blick schweifte über das von Bomben zerwühlte Rollfeld, auf dem ein emsiger Betrieb herrschte. Transporter waren angekommen, mit Sprit und Munition in ihren Laderäumen. Morgen konnte es also weitergehen. Argus, der Jagdhund, labte sich am Bachufer, äugte dann zufrieden auf seinen Herrn, faltete sich in Ruhestellung und zitterte ein bißchen. Vielleicht war ihm der gewaltige Lärm eingefallen, der noch vor Stunden auch seine Nerven strapaziert haben mochte.

Eine laue Wärme hing in der Luft, aber der Mann mit den dunklen Bartstoppeln im Gesicht und der immer noch nicht ganz verheilten Splitternarbe auf dem Rücken dachte an die Kälte: an Charkow und an das, was danach geschehen war. Es waren ziemlich gemischte Erinnerungen. Sie hatten überhaupt alle viel nachgedacht in den letzten Monaten. Doch sicherlich nicht nur sie. Sogar allerhöchste Würdenträger dürften das getan haben. Grund dazu war ja schließlich in genügendem Maß vorhanden gewesen. Manchmal hatten sie auch über gewisse Dinge gesprochen, und selbst die tapferen Burschen von Sepp Dietrich schienen an den Elendstagen am Mius mit ihrem Ordensgründer nicht mehr so recht zufrieden gewesen zu sein. Der »Blitzkrieg« war bei gnadenloser Kälte in den eisigen Schneewüsten zu einer Farce geworden, und die Nachrichten von der Front vor Moskau hatten wohl auch die Gläubigsten unter den Gläubigen zu inneren Auseinandersetzungen mit ihrem Götterbild veranlaßt.

Der Hund hob den Kopf und betrachtete den kleinen Vogel auf dem Zeltgiebel. Der Gefiederte hatte soeben ein besonders liebliches Solo dargeboten und startete jetzt zum Heimflug.

An jenem 27. Dezember 1941 hatte keiner an eine Amsel gedacht. Bei 50 Grad Kälte gab es schließlich andere Sorgen. Dennoch war jener Tag der bisher erfolgreichste im eigentlich recht kurzen Jagdfliegerdasein des Leutnants Graf gewesen. Am 28. Dezember hatte es noch zum 42. Abschuß gereicht, und am Silvesterabend war nach geharnischten Beschwerden sogar Feldpost angekommen. Am 7. Januar hatte der Staffelmaler den 43. und 44. und am nächsten Tag den 45. Abschußstrich auf das Leitwerk der »gelben eins« gemalt. Der 46. war am 25. Januar hinzugekommen und der 47. am 3. Februar.

Der braune Argus hatte sich inzwischen so nahe herangeschoben, daß er nur noch gekrault zu werden brauchte. Sein langer Freund tat das, während er die Mechaniker auf dem Liegeplatz beobachtete. Es war für ihn auch heute noch unvorstellbar, wie sie während der barbarischen Kälte überhaupt noch einen Motor zum Laufen gebracht hatten. Stundenlang waren sie an der Luftschraube gehängt und hatten die Blätter gedreht, bei eisigem Wind, mit froststarren Gliedern, knurrenden Mägen und nicht einmal die Lust zu einem erleichternden Fluch mehr in sich. Was wäre wohl ohne ihre selbstlose Arbeit geworden, ohne ihren Einsatz, für den es keine Orden gab? Nur der Obergefreite Grapentin hatte einen bekommen: das EK II. Aber es war eine Heidenarbeit gewesen, ihm dazu zu verhelfen, obwohl er mitten im saftigsten Bombenhagel einige Maschinen vor der völligen Vernichtung bewahrt hatte.

Er war auch einer der ersten, die Ende Januar dem neuesten Ritterkreuzträger der Gruppe die Hand gedrückt hatten: seinem Leutnant, für den er in Biala Zerkow und auch noch später zum Spezialisten im Flicken von Einschußlöchern geworden war. Das Radio hatte ihnen damals die Neuigkeit geliefert, der Kommandeur am nächsten Tag einen Urlaubsschein.

Urlaub! Flug in die Heimat, der Trubel zu Hause, die Freudentränen auf dem Gesicht der Mutter, Empfänge, markige Worte von Herren in brauner Uniform. Wie weit schien das alles schon zurückzuliegen! Der Vater hatte nicht mehr erlebt, was er sicherlich nie für möglich gehalten hätte. Nur er? Schon im Jahre 1937 hatte er die Augen für immer geschlossen.

Ein Lächeln huschte über das noch schmaler gewordene Gesicht, während sich die Erinnerungen aufeinandertürmten. War man nicht stolz gewesen auf das große Kreuz am Hemdkragen? Und war das nicht auch jetzt noch so? Warum auch nicht? Immerhin war es ein sichtbarer Beweis für gewiß nicht alltägliche Leistungen, ein Dank des Vaterlandes, das man liebte und dessen Sache man als gerecht erachtete. Gab es denn irgendwo einen Anlaß, etwa anders zu denken? Kaum! Höchstens manche Zweifel stellten sich zuweilen ein, die aber meistens so schnell verschwanden, wie sie gekommen waren. Sie hatten auch keinen guten Nährboden in der verschworenen Gemeinschaft, zu der man gehörte. Die Kameraden in den Schützenlöchern, das Wissen um die eigene Aufgabe, aber auch die Jagd nach dem Erfolg, der Jubel auf den Liegeplätzen nach einem neuen Abschuß – all das hatte ein stärkeres Gewicht besessen als die flackernde Hoffnung während des katastrophalen letzten Winters – und noch manches andere dazu.

Die Zeit war in dem kleinen Städtchen im Hegau nur so dahingeeilt. In Bukarest hatten zum letztenmal die Sonne und das andere Leben gelacht, in Nikolajew war die Thermometersäule am Nullpunkt gestanden und am 21. März in Charkow auf minus 25 Grad. Über dem Platz hatten sich russische Bomber zur Begrüßung versammelt und dem Rückkehrer auf ihre Weise klargemacht, daß ein kurzer Traum zu Ende gegangen war. Zwei Tage später hatten drei von ihrer Waffengattung unter den Kanonengarben der »gelben eins« den Himmel verlassen. Dem 50. Abschuß war am 25. März der 51. gefolgt, am 27. der 52. und 53., am 28. März der 54. bis 57., am 30. der 58. und am 6. April der 59. und 60.

Der aus dem Schlummer gerissene Setter bekundete Mißfallen, als sein Herr den Pelzstiefel unter seinem Leib hervorzog. Gemeinsam näherten sie sich dem Bachufer und blickten zu der Waldfläche hinüber, die sich wenige hundert Meter entfernt an der Nordflanke des Jaila-Gebirges hinaufzog.

Einer von der Staffel schlurfte auf den Bach zu: Alfred Grislawski, Feldwebel, am 2. November 1919 in Wanne-Eickel dieser Welt ausgeliefert. Sein Gesicht war alles andere als »wochenschaureif«. Das lässige Siegerlächeln, wie man es bei PK-Aufnahmen aufzusetzen hatte, fehlte völlig, dazu noch manches andere.

Wochenschau! Dem Heimaturlauber Graf hatten sie auch solche Streifen präsentiert. Jedesmal war der von der Leinwand herabflimmernde Krieg eine wunderbare Sache gewesen, völlig ungefährlich, ohne einen einzigen Gefallenen in den eigenen Reihen und mithin eine Angelegenheit, die »unsere Jungs« sozusagen aus dem Handgelenk heraus erledigten. Russischer Winter? Kälte? Frieren etwa? Lächerlich! Oder gar Elendsgestalten, halb verhungert in zerfetzten Mänteln, Bärte im Gesicht, das Grauen der Schlacht noch in den Augen? So was gab es nur auf der anderen Seite. Ganz zu schweigen von den himmelhoch überlegenen Lenkern der deutschen Jagdflugzeuge. Hosen beispielsweise à la Graf mit natürlicher Lochstickerei, Figuren mit Läusen am Körper, knurrenden Mägen und eingefallenen Wangen? Ausgeschlossen! Diese Männer siegten und siegten. Es gab bei ihnen keinen, dessen zerlegte Überreste man in einem Umkreis von 500 Metern aus den Wrackteilen seiner Maschine hätte herausklauben müssen. Oder der etwa blutüberströmt mit Gottes und Messerschmitts Hilfe noch auf dem eigenen Platz angekommen wäre. Solches war einfach undenkbar, sowenig wie ein Splitter im Kreuz. Jagdflieger wohnten in französischen Schlössern oder – weil an solchen in Rußland ein akuter Mangel herrschte – in gepflegten Unterkünften. Und wenn schon in Zelten, dann in luxuriösen und sozusagen nur zum Spaß. Bevor es dann jeweils an den Feind ging, an diese armseligen, nichtsnutzigen Kreaturen, war selbstverständlich das Mahl am weißgedeckten Kasinotisch abgeschlossen, der gelbe Schal filmgerecht geknotet, das Gemüt auf Sieg getrimmt und der nächste Gegner eigentlich schon jetzt am Boden zerschellt.

Doch sicherlich hatte nicht nur der kleine, etwas unregelmäßig gehende »Promi« (Propagandaminister) Jupp Goebbels Einfälle dieser Art. In den englischen und russischen oder sonstigen Propagandazentren wurden ebenfalls ganze Geschwader abgeschossen, wo höchstens eine Staffel am Himmel aufgekreuzt war. Das gehörte anscheinend zum Handwerk und sollte Kennern der wahren Sachlage vermutlich nur etwas Spaß bereiten.

Grislawski schien es danach immer noch nicht zumute zu sein, obwohl er bei diesem Verlegungsflug wieder einen Luftsieg errungen hatte; sein Staffelführer übrigens deren drei, so daß es mittlerweile 63 geworden waren. Er wippte mit seiner stark ausgeprägten Unterlippe und deutete in die Richtung, wo die russischen Bombenwerfer am Nachmittag abgeflogen waren.

»Toller Platz!« stellte er schließlich fest. »Eigentlich brauchten sich die Iwans nur in ihre Krähen setzen, hier zu landen und uns eins an die Ohren zu hauen, woll?«

Vielleicht hätte er das nicht sagen sollen, denn die Russen kamen wirklich. Sie waren eigentlich schon da. Der Major hatte wieder sein MG in der Hand und schoß auf den Pulk, der über die Bergwälder herabrauschte.

»Verdammt!« kreischte Steinbatz, der soeben in der Nähe des Zeltes aufkreuzte. »Die Deifin machen uns noch fertig ...«

Sechs Abschüsse an einem Tag

Das war ihnen allerdings nicht gelungen, denn im Morgengrauen des 30. April konnte der Oberwerkmeister mit berechtigtem Stolz zwölf Maschinen klarmelden. Er hatte verquollene Augen, aber seine Männer sahen auch nicht besser aus. Die ganze Nacht über waren sie an den Maschinen gestanden, um sie für den Einsatz des nächsten Tages klarzumachen. Für die nötige Beleuchtung hatten die Russen gesorgt, mit Bombenexplosionen und Leuchtfallschirmen.

Jeder Propagandakompanie-Filmer hätte wahrscheinlich auf Aufnahmen verzichtet, wären ihm diese übernächtigen Gestalten vor die Linse gekommen.

Aber auch die Flugzeugführer trippelten mit grauen Gesichtern auf dem Liegeplatz herum. Neben der Müdigkeit hing ihnen auch noch die nächtliche Kälte in den Gliedern. Die Blicke, mit denen sie ihren Staffelführer bedachten, sprachen Bände. Denn schließlich hatte er sie in diese dämlichen Zelte geschickt, anstatt ihnen die hübschen Unterkünfte in Zürichtal zu gönnen.

Ein Unteroffizier von den Technikern kam an, mit zerschundenen Händen und ölverschmiertem Gesicht. Offenbar hatte er eine Neuigkeit aufgeschnappt, die er so schnell wie möglich loswerden wollte. Graf half ihm dabei.

»Was ist los, Lemke*?«

Der Wart wischte einen weiteren Ölstreifen über die linke Wange. Danach deutete er über die Schulter zu den Maschinen, wo gerade ein Wehrmachtskrad davonholperte.

»Einer von der Infanterie war da. Er hat erzählt, daß die Russen in Zürichtal schwer gehaust haben mit ihren Bomben. Die Bude, wo wir 'rein sollten, haben sie völlig zusammengeschmissen. Starke Verluste, hat er gesagt.«

* Der Name ist frei erfunden.

»Hm«, machte Graf und sah in die Runde, »so was Ähnliches hatte ich mir gedacht.«

Grislawski und Steinbatz standen in der Nähe. Sie hatten ebenso große Augen wie die anderen. Einen Kommentar hielten sie aber anscheinend für überflüssig.

Hinter dem Jaila-Gebirge schob sich ein fahler grauer Streifen über den Horizont. Der zottelohrige Argus blickte zum Bach hinüber, wo wieder ein Vogel sang. Er schien der einzige zu sein, der sich dafür interessierte. Es war kurz nach drei Uhr. Die Einsatzbesprechung ging so schnell vorüber wie die Morgenwäsche. In den Mägen gluckerte ein bißchen Kaffee, als sie zu den Maschinen gingen, unrasiert, mit hängenden Köpfen und nicht gerade eilig.

Grapentin drückte das Kabinendach zu. Der Anlasser begann zu singen. Die Kämme des Gebirges waren jetzt schon etwas besser illuminiert. Trotzdem war es noch ziemlich dunkel. Die ersten Motoren sprangen an. Der Lärm wurde immer stärker.

Die »gelbe eins« rollte zum Start, dahinter die anderen wie ungelenke, mächtige Vögel. Der Major stand schon wieder hinter seinem MG. Das Bellen des Jagdhundes, der den Obergefreiten Grapentin vollauf beschäftigte, ging jetzt völlig im Aufheulen der Triebwerke unter. Die Maschinen kamen in Bewegung, Leitwerke hoben sich. Nacheinander dröhnten die Jagdflugzeuge über das Rollfeld und verschwanden in der Morgendämmerung.

»Halt die Schnauze!« sagte Grapentin zu dem heiser kläffenden Hund. »Er kommt ja wieder.«

Zehn Stunden später hätte er sie ihm am liebsten zugebunden, denn zu diesem Zeitpunkt hatte die »gelbe eins« bereits sechs Feindflüge mit schweren Luftkämpfen und drei weiteren Abschüssen hinter sich gebracht. Die Anhänglichkeit des Staffelhundes schien jedoch keine Grenzen zu kennen. Winselnd und schweifwedelnd schlich er um die Gestalt herum, die unter der linken Tragfläche auf einem Strohbündel lag. Auch diskrete

Fußtritte wollten nichts mehr helfen, so daß Grapentin seine Beschwichtigungsversuche schließlich einstellte.

Sein Leutnant wäre wahrscheinlich aber auch dann nicht aufgewacht, wenn der Setter seine Liebe zu ihm auf noch nachdrücklichere Weise bekräftigt hätte. Er befand sich nämlich in jenem Grad physischer Erschöpfung, bei dem er wohl auch durch eine etwas entfernter krepierende Bombe nicht sofort auf die Beine gebracht worden wäre.

Die anderen schliefen ebenfalls unter ihren Maschinen, ihre Einsatzklamotten noch am Körper, mit verschwitzten Gesichtern, so wie sie vom letzten Flug zurückgekommen waren. Zwischen ihnen lief der Oberwerkmeister herum, dunkle Ringe unter den Augen, den Blick meistens auf das Stück Himmel über dem Bergwald gerichtet. Einer der jederzeit möglichen russischen Bomberbesuche schien im Moment seine einzige Sorge zu sein.

Ein neuerlicher Blick auf seine Uhr befreite ihn auch von dieser Last. Befehlsgemäß näherte er sich dem Staffelführer und leitete den ersten Weckversuch ein. Es dauerte einige Zeit, bis ein alemannisch gefärbter Fluch seine Bemühungen belohnte.

»Herr Leutnant, es ist soweit!«

Graf richtete sich auf und nickte. In seinem Kopf schien gar nichts mehr in Ordnung zu sein. Grapentin stand in der Nähe und zeigte Mitgefühl.

Die Pervitin-Tablette rutschte in den Mund, ehe die Flugzeugführer in der Nähe waren. Es ging einfach nicht mehr anders. Selbst der stärkste Bohnenkaffee wirkte in diesem Zustand wie Selterswasser. Mit dem Rücken an den Rumpf der Jagdmaschine gelehnt, leierte Graf die wenigen noch nötigen Worte herunter. Er atmete auf, als er den Sitz wieder unter sich spürte. Grapentin kurbelte diesmal persönlich. Der Motor kam sofort, die Haubenverriegelung schnappte ein. Ein Handzeichen, dann rollten die Laufräder in Richtung Start. Eine Staubwolke senkte sich über den Jagdhund und über den Wart, der ihn an einer Leine zappeln ließ.

Es gab auch diesmal keine Sammelkurve, denn jeder Tropfen Sprit war kostbar. Rechts von der Kabine huschte der Wald vorbei, die Höhenzüge des Gebirges schoben sich aus dem leichten Dunst. Die Schwärme hatten sich bereits formiert, und die hellen Kreise der Luftschrauben waren gegen den Himmel gerichtet. Im Süden leuchtete der Wasserspiegel des Schwarzen Meeres, vor den Bugs tauchte die Landschaft der Halbinsel Kertsch im Licht der Abendsonne auf.

Grapentin feuerte einige Schraubenschlüssel in seine Werkzeugkiste. Der Oberwerkmeister setzte sich neben ihn. Er deutete dorthin, wo die vorhin gestarteten Flugzeuge nur noch als winzige Pünktchen zu erkennen waren.

»Ob sie heute noch was machen?«

Argus preschte über das Gras und setzte zum Rammstoß auf die Brust des Oberfeldwebels an. Dieser fiel auch prompt nach hinten, strampelte sich wieder hoch und blickte zur Funkstelle hinüber.

»Kommst du mit?«

Zusammen mit dem Hund legten sie die kurze Strecke zurück und ließen sich vor dem großen Zelt ins Gras sinken.

Um 16.42 Uhr hörten sie zum erstenmal wieder jene Worte, die ihnen schon des öfteren aus dem Äther entgegengeschallt waren:

»Hinein – Onkel Otto!«

Die Stimme, die den vertrauten Schlachtruf der »Neunten« ausgestoßen hatte, war so charakteristisch, daß sogar der Setter die Ohren spitzte. Fünf Minuten später fiel ein zweiter Gegner, und gegen 16.50 Uhr der dritte.

»Sechs an einem Tag«, sagte Grapentin verwirrt, »das hat er bis jetzt noch nie fertiggebracht...«

An Amseln, Nachtigallen und sonstigen Sängern dieser Art schien auf der Krim ebensowenig ein Mangel zu herrschen wie

OBERST WERNER MÖLDERS

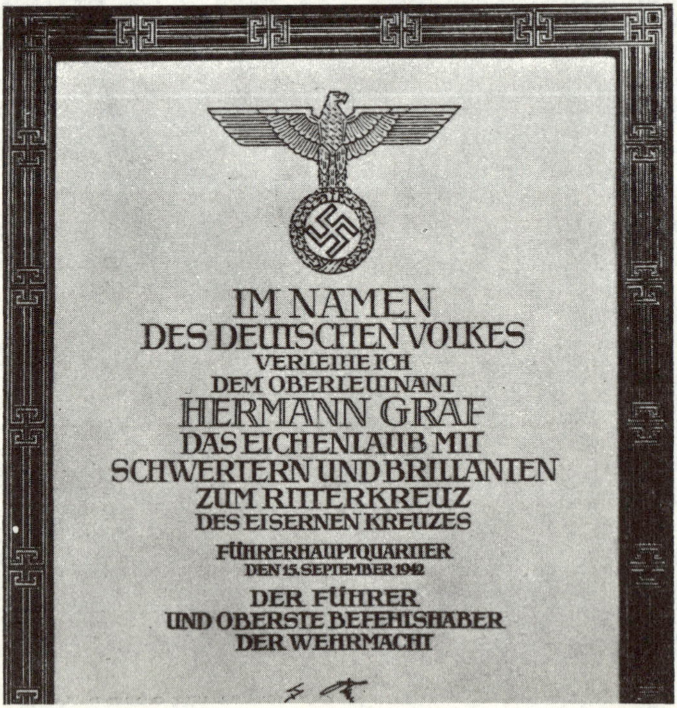

IM NAMEN
DES DEUTSCHEN VOLKES
VERLEIHE ICH
DEM OBERLEUTNANT
HERMANN GRAF
DAS EICHENLAUB MIT
SCHWERTERN UND BRILLANTEN
ZUM RITTERKREUZ
DES EISERNEN KREUZES

FÜHRERHAUPTQUARTIER
DEN 15. SEPTEMBER 1942

DER FÜHRER
UND OBERSTE BEFEHLSHABER
DER WEHRMACHT

DIE BRILLANTEN-
URKUNDE

Oben die Vorderseite der vergoldeten Schatulle mit den Brillanten im Hoheitszeichen. Unten die eigentliche Urkunde, deren Text in Goldauflage gefertigt war.

im Jaila-Gebirge an Partisanen. Jedenfalls hockte schon wieder eine auf dem Zelt und sang sich allmählich in Ekstase.

Hermann Graf saß vor dem Leinwandhäuschen und genoß die karge Pause, die ihnen vom Krieg wieder einmal vergönnt worden war. Der Himmel hatte sich hinter dichte Wolken zurückgezogen, die zuweilen feinen, lauwarmen Regen auf das Territorium der einstigen eidgenössischen Siedlervorfahren herabrieseln ließen. Drüben auf dem Liegeplatz der 9. Staffel disputierte Grapentin, wider Erwarten inzwischen doch noch Unteroffizier geworden, mit dem Staffelmaler herum. Vielleicht gefiel ihm der Abschußbalken nicht, den der Farbenfachmann soeben angebracht hatte.

Mittlerweile waren es insgesamt 87 geworden.

Ringsum war es so still wie auf einem Friedhof, doch ein pausenloses Donnern aus östlicher Richtung deutete darauf hin, daß auf der Halbinsel Kertsch auch an diesem 10. Mai 1942 weiterhin gekämpft, gesiegt, gelitten und gestorben wurde.

Der samtäugige Argus hob den Kopf, als die Blätter des Tagebuches über seinem braunen Haupt zu rascheln begannen. Die oft nur schwer leserlichen Zeilen formten noch einmal die Erinnerung an einen Zeitabschnitt, der angesichts des schnellen Wechsels der Ereignisse schon weit zurückzuliegen schien.

»1. Mai 1942.

... ich habe jenen Zustand erreicht, wo ich in allen Stellungen schlafen kann. Heute morgen ließen sie mich sehr lange in Ruhe. Erst um sieben Uhr weckte mich mein Freund Fred (Emberger). ›Keine Möglichkeit für Einsätze‹, sagte er, ›es regnet.‹ Er hatte nicht übertrieben. Über dem Gebirge ging ein Wolkenbruch nieder. Immer höher stieg das Wasser des Baches neben meinem Zelt. Trotzdem schlief ich weiter. Ich wachte erst auf, als das Wasser schon meine Füße umspülte. Zusammen mit Argus verließ ich das Zelt. Das Bächlein war schwer in Fahrt. Mein Argus bekam gerade noch seinen Kopf über die Fluten. Plötzlich war er verschwunden und offenbar in die Grube gefallen; die wir zur Kühlung unseres Apfelsaftes angelegt hatten. Wir sprengten eine

Staustelle, um das Wasser abzuleiten. Trotzdem hatte es ziemlich viel angerichtet.

2. Mai 1942.

Generaloberst von Richthofen hat mir ein Schreiben geschickt, worin er mir seine Anerkennung für die sechs Luftsiege vom 30. April aussprach. Noch während der Dunkelheit machte ich mit meinen sieben Flugzeugführern einen Spaziergang und besprach mit ihnen den ersten Einsatz. Ich bin jetzt um wenige Abschüsse hinter unserem Eichenlaubträger Gerhard Köppen*, der in der Zwischenzeit ebenfalls Leutnant geworden ist.

Es war kurz vor 3.30 Uhr, als wir in den Nachthimmel starteten. Wenige Minuten später überfliegen wir die brennende Front. Im Morgengrauen sind wir über dem russischen Flugplatz. Ich hänge mit meinen zwei Schwärmen in 3000 Meter Höhe. Unten rollen gerade drei Maschinen an den Start. Ich befehle Steinbatz, mit den anderen oben zu bleiben, und drücke den feindlichen Platz entgegengesetzt zur Startrichtung an. Die Leuchtspurgarben der Flak zischen über meine Kabine, aber ich bin ganz tief am Boden. Die mittlere der gerade gestarteten Maschinen rast auf mich zu, beinahe knallt sie in mich hinein. Eine schnelle Garbe,. dann wieder Tiefstflug, buchstäblich über die Rohre der Flak hinweg. Von oben höre ich das Geschrei meiner Kameraden. Es muß etwas passiert sein. Aber ich kann jetzt nicht zurücksehen. Ein Aufschwung, und ich bin wieder auf 1200 Meter. Unten brannten zwei Ratas auf dem Platz. Später hörte ich, daß der von mir Angeschossene mit seinem Nebenmann im Start zusammengestoßen war.

Plötzlich kommen andere Russen an, von oben her. Ein toller Luftkampf beginnt. Grislawski schießt einen ab, dann Steinbatz, und auch ich bringe eine Rata in Brand. Es waren meine 70., 71. und 72. Luftsiege. Auf dem Rückflug hören wir wieder das Gequatsche einer Russin. ›Eierfrau‹ haben wir sie getauft. Wir taten das, weil sie unserer Ansicht nach irgendwo mit einem Eierkorb

* 7./JG 52, 79. Eichenlaub am 27. 2. 1942 nach 72 Luftsiegen.

sitzt, darin ein Funkgerät verborgen hat und ihren Landsleuten jedesmal unsere Starts oder Landungen mitteilt. Manchmal waren wir kaum unten, da kam die Konkurrenz auch schon übers Meer und drosch im Tiefflug auf uns ein.

Auf den Schlachtfeldern der Kertsch muß die Hölle los sein. Immer wieder bringen Sanitätswagen des Heeres Verwundete zu uns auf den Platz. Unsere Transport-Ju's nehmen sie mit zurück. Oft haben sie über vierzig Menschen an Bord, so daß die Maschinen kaum vom Boden wegkommen.

An diesem Morgen bin ich um 10.45 Uhr bereits zu meinem fünften Feindflug gestartet. An der Front versuchten russische Stuka-Doppeldecker unsere Panzerspitze anzugreifen. Einer wird von mir getroffen und zerschellt an der Erde. Plötzlich sitzt ein russischer Begleitjäger hinter mir. Ich reiße die ›Me‹ herum. Wir hetzen uns etwa fünfzig Kilometer. Während er ein Haus überspringt, schlagen meine letzten zehn Schuß Kanonenmunition in ihn hinein. Eine Stichflamme, es ist schaurig.

Nach dem Rückflug herrscht Jubel auf dem Liegeplatz. Leutnant Köppen, das As der Gruppe, steht bei 74 Abschüssen. Ich bin ihm mit 74 jetzt nahegerückt. Es vergehen nur wenige Minuten, und wieder ist die ›gelbe eins‹ startklar für einen neuen Einsatz. In wenigen Minuten sind wir über der HKL und kämmen alles nach Gegnern ab. Da kommen sie auch schon. Es sind zwanzig feindliche Jäger, wir deren vier. Sie geben sich keine Blöße. Also fliege ich in den Verband hinein und bringe sie durcheinander. Da drehen sie ab, wir hinterher. So gelingt mir der 75. und 76. Luftsieg. Zum erstenmal waren es sieben Abschüsse an einem Tag.

10. Mai 1942.

Am 3. Mai hatte ich meinen 77. und am 5. Mai meinen 78. Abschuß erzielt. Oft sehen unsere feldgrauen Kameraden tagelang keine eigenen Jäger. Die Front ist eben zu lang, und unsere Verbände sind zu schwach. Außerdem haben wir manchmal auch unter Treibstoffmangel zu leiden.

Vor einigen Tagen hatte ich die Russen zusammen mit ihrer ›Eierfrau‹ hereingelegt. Wir flogen mit zwölf Maschinen los und sichteten Gegner. Aber ich hatte verboten, sie anzugreifen. Schon nach etwa einer halben Stunde flogen wir wieder zum Flugplatz zurück, noch die volle Munition in den Magazinen und gut 300 Liter Sprit je Maschine in den Tanks. Wieder quatschte die ›Eierfrau‹ und erzählte ihre Geschichten über uns. Sicherlich gab sie jetzt durch, daß wir bald landen würden. Um sie in ihrem Glauben zu bestärken, holte ich weit aus, schwebte an, um dann kurz über dem Boden wieder durchzustarten. Nach dem vierten Versuch kam immer noch kein Russe, so daß ich zu landen beschloß. Ich war schon wenige Meter über dem Boden, als Grislawski zu mir herunterschrie, daß sie im Anmarsch seien. Also Pulle 'rein und durchstarten, Landeklappen einfahren, Luftschraube verstellen, dann kann es losgehen.

Unmittelbar über dem eigenen Platz begann der Luftkampf. Wieder waren die Russen über das Schwarze Meer angeflogen, um unangemeldet auftauchen zu können. Aber diesmal waren wir noch nicht unten und hatten noch Sprit in genügenden Mengen. Sie hatten also Pech, und es gab ein Massensterben. Am Schluß lagen dreizehn sowjetische Jagdmaschinen brennend am Boden. Nur einer war uns entkommen. Später fanden wir auch ihn. Er hing mit dem Fallschirm in einer Tanne am Ausläufer des Jaila-Gebirges. Damit war an diesem Tag eine gesamte russische Staffel von uns vernichtet worden. Unsere List hatte sich gelohnt, denn von nun an war wenigstens tagsüber Ruhe am Platz. Nur nachts war die Hölle los. Schließlich bekamen wir auch Flak und Scheinwerfer. Letztere sahen wir allerdings gar nicht gern, da sie auf die Russen wie Lockvögel wirkten. Der Chef dieses Haufens war ein Schwabe und ein sehr vernünftiger Bursche. Er plazierte die Scheinwerfer etwa zehn Kilometer von uns entfernt und markierte dort Flugplatz. Morgens rief er mich manchmal an. Bei einem dieser Gespräche meinte er: ›Na, was sagsch jetzt? Die hawwe mir wieder mal schwer veräbbelt, was?‹

Auf der Halbinsel Kertsch ist noch nichts entschieden. Wir fliegen gegen elf Uhr über unsere eigene Angriffsspitze. Da sehe ich etwa fünfzig russische Bomber und darüber Jäger in jeder Menge und in allen Höhen. Heute haben aber auch wir einiges in die Luft gebracht. Verbände von drei verschiedenen Geschwadern sind über der Front erschienen. Die Sicht ist sehr schlecht. Zunächst gelingt es uns, die Bomber zum Notwurf zu zwingen. Ich fliege mit meiner Staffel ziemlich tief, gewissermaßen im ärgsten Dreck, wie wir sagen. Über uns tobt der Jäger-Luftkampf. Da rammen sich zwei Me 109 und stürzen brennend ab. Die Flugzeugführer landen jenseits der Linie mit dem Fallschirm. Dann fällt ein Russe. Wir bleiben zunächst an den Bombern. Ich sitze hinter einem in Schußposition. Da taucht hinter mir ein russischer Jäger auf. Steinbatz schießt ihn buchstäblich im letzten Augenblick ab. Dann erwische ich eine MIG I. Wir sind jetzt nur noch 500 Meter hoch und schon ein ganzes Stück über dem russischen Hinterland. Um 10.58 Uhr fällt der zweite Gegner, um 11.02 Uhr der dritte und um 11.07 Uhr der vierte. Nachmittags gelingt mir mit dem Abschuß einer I-16 der fünfte und kurz darauf um 13.32 Uhr der sechste Abschuß dieses Tages. Beim anschließenden siebenten Frontflug habe ich um 17.28 Uhr noch eine MIG I abgeschossen. Das war der siebente Erfolg und zugleich mein 85. Luftsieg. Am 9. Mai fielen der 86. und 87. Gegner, und heute ist das Wetter so schlecht, daß an einen Start nicht zu denken ist ...«

Drüben bei den Maschinen liefen Steinbatz und Grislawski herum. Sie redeten mit einigen Warten und verschwanden wieder. Die Wolken über dem Platz schienen sich inzwischen noch tiefer herabgesenkt zu haben. Von den Waldhängen des Gebirges war nichts mehr zu sehen. Der Jagdhund stand am Bachufer und schnupperte in der Luft herum. Von der Kertsch her hallten grollende Donnerschläge heran. Sie erinnerten an das benachbarte Schlachtfeld, auf dem es auch dann keine Pausen geben würde, wenn die Wolken die Erdoberfläche berührt hätten.

Gedanken an die Kameraden von der Infanterie verdrängten jetzt alles andere. Während der Feindflüge sah man nicht viel von ihnen. Manchmal eine Reihe schnell verschwindender Stahlhelme, winkend hochgereckte Arme zuweilen, die Konturen von Panzern oder Sturmgeschützen, Abschußblitze, Flammenfontänen der Einschläge, Fahrzeugkolonnen und einsame Kradmelder auf zerschossenen Straßen. Rasch wechselnde Szenen reihten sich aneinander wie kurze Schnitte eines Films, der nur Teile der Statisterie, aber keine Hauptakteure in Erscheinung treten ließ. Auch die Atmosphäre des Grauens wurde dabei so wenig gegenwärtig wie der grandiose Einfallsreichtum des Drehbuches, das nur einer vermessenen Phantasie seine diabolische Perfektion verdanken konnte.

Hermann Graf blickte auf das abgegriffene Tagebuchheft, während er weiterhin an die Todeslandschaft dachte, über die sie in den letzten Wochen fast jeden Tag hinweggeflogen waren. Von den strategischen Vorgängen wußten sie sehr wenig. Lediglich der Name des Mannes, der auf ihrer Seite die Regie führte, war auch ihnen ein Begriff: Generaloberst von Manstein.

Er hatte mit seiner 11. Armee nach dem Debakel des letzten Winters den Auftrag bekommen, die Schlacht auf der Halbinsel Kertsch »so oder so« zu beenden. Die Frontlinie verlief damals etwa zwölf Kilometer ostwärts von Feodosia von Süden nach Norden über den Raum von Arma-Eli zur Nordküste der Kertsch. Und es sollten noch genau zehn Tage vergehen, bis am 20. Mai 1942 für rund 170 000 russische Soldaten der verzweifelte Kampf mit einer Niederlage enden und von Manstein seine Divisionen auf die stärkste Festung der Welt ansetzen würde: auf Sewastopol!

Der Bleistift huschte wieder über das Papier. Zeile reihte sich an Zeile:

»... es fällt mir auch jetzt noch schwer, das niederzuschreiben, was sich schon am 5. Mai ereignete, wir aber immer noch nicht glauben können: Leutnant Gerhard Köppen ist vom Feindflug nicht mehr zurückgekehrt. An jenem Tag, als es geschah, hatte ich ihn mit meinen Abschüssen fast eingeholt. Sein Urlaub anläßlich der Verleihung des Eichenlaubes hatte mir die Möglichkeit dazu gegeben. Nach seiner Rückkehr war ein verborgener russischer Feldflugplatz von ihm entdeckt worden, den er nun angreifen wollte. Er hatte aber keine eigene Staffel, und der Kommandeur befahl, daß er meine Neunte führen solle. Das lehnte ich zwar ab, aber Köppen gab nicht nach. Schließlich mußte ich ihm drei Flugzeugführer aus meinem Schwarm stellen. Ich gab ihm gute Piloten und diesen die geheime Anweisung, ja gut aufzupassen, da ich mir von diesem Angriff nicht viel Erfolg versprach. So war es denn auch. Meine Männer kamen zurück, Köppen aber nicht. Wie sie nachher erzählten, hatte er auf dem Rückflug noch einen anderen Flugplatz an der Nordküste der Krim angesteuert. Dabei gab es einen Luftkampf mit Pe-2-Bombern, und Köppen wurde abgeschossen. Er steuerte im Gleitflug das Asowsche Meer an, und innerhalb weniger Sekunden soll seine Me 109 in den Wellen verschwunden gewesen sein. Sie sahen noch, wie er an die Küste heranschwamm. Dann aber schoß die russische Artillerie dorthin, wo er sich etwa befand. Kurze Zeit später kam ein Boot in Sicht, das auf ihn zufuhr. Die Flugzeugführer meiner Staffel mußten wegen Spritmangel abdrehen und konnten die weiteren Vorgänge daher nicht mehr verfolgen. Am nächsten Tag soll, wie wir hörten, eine He 111 ein Schlauchboot abgeworfen haben. Köppen konnte von der Besatzung aber nicht mehr gesichtet werden. Ob wir noch jemals etwas von ihm hören werden?

Köppen hatte in der 7. Staffel als Obergefreiter angefangen. Wegen Tapferkeit vor dem Feind wurde er zum Unteroffizier, dann zum Feldwebel und anläßlich der Verleihung des Eichenlaubs zum Leutnant befördert. Diesen Dienstgrad hatte er nur wenige Tage inne, dann ist er von uns gegangen ...«

Die Schlacht um Charkow

Hatte der russische »General Frost« die Schlacht doch verloren? Zunächst sah alles danach aus, und nicht nur auf der Halbinsel Kertsch. Auch einige hundert Kilometer weiter nördlich, im Raum von Charkow, waren die Weichen wieder auf Sieg, zumindest aber auf eine erfolgversprechende Aktion gestellt worden.

In der »Grundsätzlichen Weisung Nr. 41« des Oberkommandos der Wehrmacht vom 5. April 1942 waren die hierzu nötigen Richtlinien in militärischer Kürze u. a. folgendermaßen präzisiert:

». . . hat ein Durchbruch zu erfolgen, der etwa aus dem allgemeinen Raum Charkow nach Osten geführt werden soll.«

Für dieses Vorhaben standen zwei Armeen bereit: die 6. des Generals Paulus und die 17. des Generals von Salmuth. Am 17. Mai sollten sie zum Angriff antreten, um den sowjetischen Frontvorsprung westlich von Isjum zu beseitigen – aber der russische Marschall Timoschenko sorgte schon am Morgen des 9. Mai für eine gewaltige Überraschung.

Nach schwerem Trommelfeuer durchbrachen seine vier Armeen die deutsche Front und näherten sich trotz erheblicher Verluste der Straße Belgorod–Charkow. Erst ein am 12. Mai von der 6. deutschen Armee geführter Gegenstoß brachte die feindlichen Spitzenkeile nordostwärts von Charkow zum Stehen.

Timoschenko paßte sich sofort der neuen Situation an und verlegte den Schwerpunkt seiner Offensive weiter nach Süden. Am 12. Mai begann daraufhin die Schlacht von Isjum, und ein neues Debakel schien sich nach dem Durchbruch der Sowjets beim VI. rumänischen Armeekorps anzubahnen. So sah die Lage in jenem Gebiet aus, an dessen Peripherie auch die eilig herbeigerufenen Maschinen der 9./JG 52 schon sehnlichst erwartet wurden. Sie waren bereits unterwegs.

Hermann Graf und die Seinen dachten jedoch während des Fluges gewiß mehr an die schon lange hinter dem Horizont verschwundene Landewiese von Zürichtal oder ähnliches als an den Hexenkessel, dem sie an diesem 12. Mai 1942 entgegenzogen. Wie üblich beschäftigten sie sich in ihren Gedanken mit viel naheliegenderen Angelegenheiten. So wohl auch mit dem Flugplatz Rogani, den sie ansteuerten, oder mit der russischen Jagdmaschine, deren Abschuß ihrem Staffelführer vor wenigen Minuten den 90. Luftsieg eingebracht hatte.

Unter ihnen schob der Dnjepr seine Wassermassen Dnejpropetrowsk entgegen, und weiter im Nordosten mußte bald das Flußband des Donez in Sicht kommen.

Steinbatz, Emberger und Grislawski hatten sich um die Me 109 mit dem Decknamen »Karaya eins« geschart. Diese wie alle übrigen Maschinen der Staffel verdankten die Tarnbezeichnung einer Schallplatte, die Oberfeldwebel Süß im vergangenen Winter vom Urlaub mitgebracht hatte. Das romantische Geleier mit dem Text: »Karaya, Karaya, du bist auf Malaia« war bald zum akustischen Lieblingsgericht der Neunten geworden. Ihrem Staffelführer hatte es ebenfalls so gut gefallen, daß er sich sogar während eines hitzigen Luftkampfes noch an den Singsang erinnerte. Auch an jenem Tag war ihm der stetig wechselnde Tarnname der Staffel nicht eingefallen, wie sich später herausstellte. Daher hatte er den Befehl ins Mikrophon gebrüllt: »Alle Karaya-Männer in 4000 Meter sammeln!« Von da an war es bei »Karaya« geblieben, allen diesbezüglichen Vorschriften zum Trotz. Das melodische Wort war inzwischen übrigens nicht nur den russischen Horchfunkern vertraut geworden, es stand sogar unter dem Staffelabzeichen der Neunten. Darüber befand sich ein rotes Herz, von einem Amorpfeil durchbohrt, an dem einige Blutstropfen herabrieselten.

Wenn Emberger den Kopf etwas drehte, konnte er das von Leutnant Brückmann ersonnene Staffelsymbol an der Motorhaube der »gelben eins« in aller Deutlichkeit erkennen, denn er flog kaum zehn Meter davon entfernt. Gestern, bei einem der verrücktesten Einsätze, die er je mitgemacht hatte, war es ihm manchmal noch näher gewesen. Einige Herren aus der Gruppe hatten den Leutnant von nebenan offenbar für einige Zeit »aus dem Verkehr ziehen wollen«. Vielleicht war er ihnen mit seinen Abschüssen schon zu nahe an die Zahl »hundert« herangerückt. Auf jeden Fall waren sie nach Sarrabuss zum sogenannten Platzschutz geschickt worden. Dort hatte sich natürlich so wenig abgespielt wie im Büro eines Feldgeistlichen. Beim Rückflug hatte sich Graf mit Grislawski, Steinbatz und ihm um den eigenen Platz herumgemogelt und später beim Anschiß durch den Geschwaderkommodore erklärt, er hätte die Orientierung verloren gehabt.

Dafür hatte er die Hauptkampflinie um so besser gefunden, obwohl die Wolken manchmal kaum fünfzig Meter über der Erde hingen. Aus diesen waren plötzlich einige Ratas herausgekommen. Ihre Piloten hatten ein deutsches Sturmgeschütz im Auge, um das sich eine Schar von Infanteristen drängte. Und dann war es losgegangen: Hinein in die Wolken und wieder 'raus aus der Waschküche, immer hinter der Konkurrenz her. Manchmal hatte sich die Frisur gesträubt, wenn beim Abfangen die Distanz bis zum Boden höchstens noch zehn Meter betrug.

Am Schluß waren drei I-16 unten gelegen. Eine hatte Steinbatz abgeschossen, die beiden anderen Graf selbst, seinen 88. und 89. also.

Trotzdem waren der Kommodore und der Kommandeur nach der Rückkehr des Schwarms so giftig gewesen wie selten zuvor. Sie hatten vor allem wissen wollen, warum der »Karaya«-Klub nicht gleich gelandet war und statt dessen wieder zur Front zurückgeflogen sei. Die hauchdünne Ausrede ihres Staffelführers, er habe sich eben verfranzt* gehabt, war von ihnen mit bemerkenswertem schauspielerischem Geschick bestätigt worden.

Rogani mußte bald in Sicht kommen. Einige tausend Meter weiter unten schien das Land in Flammen zu stehen. Kurz vor

---

* Orientierung verloren

der Anschwebkurve sah Graf noch einmal nach Süden zurück. Der Flug zur Krim war nicht umsonst durchgeführt worden. 93 Abschüsse hatte er dort mit seiner Staffel erzielt, ohne einen einzigen eigenen Verlust.

Aber auch das war schon wieder Vergangenheit. Was würde dort unten auf sie warten?

Zunächst taten das am Liegeplatz einmal einige Jünglinge vom Reichsarbeitsdienst. Auf ihre Spaten gestützt, betrachteten sie den langen Leutnant mit der unverkennbaren Nase und dem Ritterkreuz über dem verschwitzten graugelben Schal aus staunenden, ehrfürchtig dreinblickenden Augen. Die vielen Abschußstriche auf dem Leitwerk seiner Me 109 mochten bei ihnen auch die letzten Zweifel über seine Identität bereits beseitigt haben.

Graf indessen schickte seinen Flugzeugführern erst einmal einige Flüche nach, die sie aber auch nicht mehr herbeiholten. Schließlich hatte er schon mehr als einmal angeordnet, ihm nach der Landung wenigstens mitzuteilen, ob die Maschinen in Ordnung seien. Aber anscheinend hatten die Burschen auch diesmal wieder nur die Sorge in sich, in der neuen Unterkunft ein übles Bett zu erwischen.

Einer von den Jungen mit den sonnengebräunten Oberkörpern war mittlerweile ziemlich nahe herangekommen.

»Na, Kamerad!« Der Bondschopf öffnete bei dieser Anrede überrascht den Mund. »Was ist hier geboten?«

Der Arbeitsmann schluckte erst einige Male, dann ging es wieder.

»Allerhand, Herr Leutnant. Jeden Abend kommen die Russen und machen hier Tiefangriffe.«

»Ach, und wann ist das immer?«

»Eigentlich müßten sie schon hiersein, Herr Leutnant!«

»Hm!«

Hermann Graf drehte sich um. Von den Hallen her sah er seinen Verein ankommen. Der Groll auf sie war nicht mehr der

Rede wert. Seine Gedanken hatten ein neues Ziel gefunden. 200 Liter Sprit müßten noch in den Tanks sein! Und wenn die Russen tatsächlich ankommen sollten, dann ...

Der RAD-Mann hatte noch etwas auf dem Herzen. Er stotterte vor Aufregung und deutete über die Steinbauten hinweg.

»Von dort kommen sie immer, Herr Leutnant. Meistens an der Straße entlang und dann linksum in den Platz hinein.«

»Dank dir schön!«

Der Haufen war wieder da. Ein listiges Grinsen huschte über das Gesicht ihres Leutnants. Es schien sie zunächst aber nicht im geringsten zu beeindrucken, was er ihnen zu sagen hatte. Dieses nämlich:

»Meine Lieben, ein bißchen Disziplin könnte wirklich nicht schaden. Eine Sauerei, einfach abzuhauen und nichts im Kopf zu haben als euren verdammten Strohsack. Ihr könnt euch darauf verlassen, daß nicht die Schnellsten die besten Betten bekommen, sondern diejenigen, die es verdient haben. Zur Übung und zur Strafe klemmt sich jetzt alles in die Maschinen. Danach startfertige Sitzbereitschaft. – Verschwindet!«

Sie verzogen die Gesichter, meckerten in sich hinein und stapften verdrossen davon. Der Blonde bekam noch einmal einen Klaps auf die Schulter und anschließend ein erster Wart das große Staunen.

»Sie wollen auch Sitzbereitschaft machen, Herr Leutnant?«

»Wie du siehst! Und jetzt bleibst du mal schön auf der Fläche stehen und peilst den Horizont an. Vielleicht passiert was.«

Es passierte schon wenige Minuten später etwas. Eine stattliche Schar russischer Jäger preschte von Osten her auf den Platz zu. In den Kabinen neben der »gelben eins« fluchten sie jetzt nicht mehr, sondern begriffen. Die Motoren sprangen an, und die Laufräder rotierten über den dicken Rasenteppich, der kein Stäubchen von sich gab.

Ein Lastwagen, der auf der benachbarten Straße dahinrumpelte, wirbelte um so mehr Staub auf. Deswegen zeigten die russischen Piloten auch sofort Interesse und schritten zur Exekution.

Hermann Graf sah das gerade noch, als er den Gashebel auf Vollast schob. Aber nicht nur das. Die Herren vom Gruppenstab und die Flugzeugführer der übrigen Staffeln kamen auch noch für wenige Augenblicke in sein Blickfeld. Sie ließen sich gerade in die Splittergräben gleiten, trotz des russischen Maschinengewehrgerassels wahrscheinlich mit der Frage beschäftigt: Wieso konnte der Graf mit seinen Knaben das riechen und Sitzbereitschaft befehlen, obwohl kein Mensch so was angeordnet hatte?

Der hatte zu diesem Zeitpunkt allerdings andere Sorgen. Ein Auge sozusagen auf die voraus dahinflitzende Grasnarbe und das andere auf die Russen über dem Laster gerichtet, riß er die Me 109 vom Boden weg. Die anderen waren ebenfalls schon soweit und formierten sich hinter ihm zur Gefechtsreihe. Weiter drüben ließen die Ratas gerade von dem zerfledderten LKW ab. Den Start ihrer Widersacher schienen sie gar nicht bemerkt zu haben.

Einige Minuten später mußten sie den zerschossenen Wagen teuer bezahlen. Sieben von ihnen knallten mit brennenden oder rauchenden Maschinen gegen die Erde, der Rest wurde bald nicht mehr gesehen.

Unten krabbelten sie aus den Deckungslöchern und kamen in Scharen auf die landenden Jagdflugzeuge zugelaufen. Der Junge vom RAD war auch dabei. Freudestrahlend zappelte er vor Graf herum und konnte es anscheinend immer noch nicht verstehen.

»So was, Herr Leutnant«, strahlte er, »nein, so was!«

Auch andere mochten das gedacht haben, nur sagten sie es nicht.

Der 13. Mai war ein Mittwoch und kein Freitag, trotzdem hatte er es in sich. Schon in früher Morgenstunde summte eine zum Werkstattflug aufgestiegene Maschine am Himmel herum. In den Köpfen der Grafschen Mannschaft machten sich ähnliche

Geräusche bemerkbar. Eine lächerliche Menge Alkohol, die sie nach wochenlanger freiwilliger Kasteiung am Vorabend zum erstenmal wieder zu sich genommen hatten, war schuld daran. Der alte Omnibus, in dem sich der Gruppengefechtsstand befand, schien daher zu wackeln, obwohl er fest am Boden verzurrt war. Mit grauen Gesichtern sahen sie ihrem Staffelführer entgegen. Dieser hatte soeben den Auftrag erhalten, mit ihnen zur freien Jagd in den Raum ostwärts von Charkow zu fliegen.

Um 11.30 Uhr schossen vier Maschinen der Staffel über das Rollfeld. In Schwarmformation kletterten sie den Kumulustürmen entgegen, die sich im Wasser des Donez widerspiegelten. Viertausend Meter weiter oben turnten dreißig russische Jäger um die Wolkenburgen herum.

Den Unteroffizier Grapentin riß es etwa 45 Minuten später von seinem Kistensessel. Viermal warf er seinen Speckdeckel von Mütze in die Luft, ebensooft wie *seine* »gelbe eins« vor der Landung mit den Tragflächen wackelte. Vier neue Luftsiege also, und somit insgesamt 94! Karlchen Moser röchelte vor Freude und Heiserkeit, während er der heranrollenden Me 109 entgegensah. Grapentin stieg auf die linke Tragfläche und sah ein schweißtriefendes Gesicht vor sich. Er kannte diesen Ausdruck tiefer Erschöpfung und gab daher nur das Nötigste von sich.

Das war vor zwei Stunden gewesen. Und nun waren wieder acht Maschinen unterwegs. Zum Stuka-Begleitschutz, wie man gehört hatte.

Der Staffelmaler kam in Sicht. Er deutete zum Himmel hinauf.

»Meinst du, er schafft die hundert bald?«

Grafs 1. Wart wußte es nicht, aber er glaubte daran.

Eine Antwort schien der Obergefreite gar nicht erwartet zu haben. Er massierte seine Nase mit einem großen Schnupftuch und schielte dabei nach Osten. Dort, etwa fünfzig Kilometer jenseits der Front, stand es zu dieser Zeit um ihren Staffelführer so schlecht, daß der Maler für seine Rückkehr wahrscheinlich kein Gramm Farbe mehr gewettet hätte.

Grapentin zeigte kein Interesse an der Fortsetzung des Palavers, was den anderen zum Rückzug bewog. Müde kroch der Unteroffizier unter eine zerschossene Me 109, legte die Arme um den Kopf und schloß die Augen. Seine Phantasie half ihm bei der Aneinanderreihung von Bildern, die schließlich die Vision eines Luftkampfes erzeugten. Er sah die »gelbe eins« inmitten eines stattlichen Gewimmels aus feindlichen Maschinen, die Feuerblitze vor den Bordwaffenmündungen, Einschläge, Flammen und noch manches andere. Wieder einmal versuchte er sich vorzustellen, wie es in solchen Minuten in der engen Kabine wohl zugehen würde. Was mochte es für ein Gefühl sein, wenn die Garben saßen, der Gegner abkippte und in die Tiefe trudelte? Was hatte der Leutnant wohl für Empfindungen, wenn wieder ein neuer Luftsieg errungen war? Aber dann fielen ihm die unzähligen Einschußlöcher ein, die er in den letzten Monaten schon zugeflickt hatte. Wie es ihnen dann wohl zumute sein mochte, wenn es knallte und gleich Dutzende von MG-Geschossen auf sie herabprasselten? Ob sie dann das Genick einzogen, weiß wurden im Gesicht, sich zusammenkrümmten – oder vielleicht gar nichts dabei empfanden? Es war verdammt schwer, sich so etwas auszudenken, denn darüber hatte noch keiner von ihnen geredet. Man merkte es später höchstens an ihren Gesichtern oder an ihren nervösen Gesten, was sie hinter sich hatten; doch meistens dauerte auch das nicht lange. Dann grinsten sie wieder, quatschten dummes Zeug, liefen auf dem Liegeplatz herum und sonnten ihre Orden. – Orden! Wie das wohl war, wenn man damit seine Fliegerbluse vollkleben konnte? Oder gar, wenn einem das Ritterkreuz verliehen wurde? Grapentin gab es auf, denn dazu reichte es einfach nicht. Außerdem würde ihm so etwas nie passieren.

Er blinzelte und betrachtete die Löcher in der Tragfläche, die ihm Schatten spendete. Der beste Beweis dafür, daß die Russen auch nicht von Pappe waren.

Diesen Eindruck hatte sein Leutnant auch wieder einmal. Zunächst war es bei diesem dritten Einsatz mit dem Abschießen noch munter weitergegangen. Der 95. und der 96. waren gefallen, und Leutnant Brückmann hatte das alles aus geringer Entfernung beobachten können. Er sah auch jetzt noch zu der anderen Maschine hinüber, allerdings nicht mehr mit den gleichen Empfindungen wie vor wenigen Minuten.

Schließlich stritten sie sich mit einer wütend gewordenen Rata-Schar herum, nachdem eine von Steinbatz geführte Rotte die Stukas zurückgebracht hatte. Anschließend war es Grafs Idee gewesen, sich noch etwas bei den davonziehenden Russen umzusehen. In den Sekunden nach seinem letzten Erfolg war das von ihm aber offenbar unterlassen worden. Zu diesem Zeitpunkt hatte sich nämlich eine I-16 hinter ihn gehängt und einige gutsitzende Geschoßserien angebracht.

Die Wirkung war nicht ausgeblieben. Eine schnell dichter werdende dunkle Rauchfahne huschte aus dem Motor. Hermann Graf, der vorhin noch sein übliches »Hinein, Onkel Otto!« ins Mikrophon gerufen hatte, sagte nichts mehr.

Brückmann hielt das aus verständlichen Gründen ebenfalls für überflüssig. Die Russen stachen immerhin von allen Seiten auf ihn herab. Er kurvte ihnen entgegen, schoß, drehte wieder ein, nur von der einzigen Absicht durchdrungen: Sie dürfen ihn nicht fertigmachen!

Die HKL (Hauptkampflinie) kam näher, war aber mindestens noch zwanzig Kilometer entfernt. Mühsam quälte sich die qualmende »gelbe eins« in die Höhe.

Aus einem Abschwung heraus stürzte Brückmann an der durchsiebten Me 109 vorbei. Ein großes Loch gähnte in der rechten Fläche. Öl lief aus dem Motor.

Von der Seite kam wieder ein Russe an. Kehrtkurve, Knüppel zurück, Steigflug. Die I-16 preschte vorbei. Zu allem Überfluß beteiligte sich jetzt auch noch die russische Flak an der Hatz. Leuchtspurgirlanden züngelten herauf. Dazwischen Grafs lahm gewordener Vogel, in wabernden Rauch gehüllt.

Hinter dem Leitwerk lauerte wieder einer. Es klingelte kurz in der Zelle. Im letzten Augenblick scherte Brückmann aus der Schußrichtung.

Bei der nächsten Messerkurve stellte er erleichtert fest, daß sie die Front bereits überflogen hatten ...

Karlchen Moser, der Gefreite mit dem sommersprossigen Gesicht, schob seine füllige Figur vor die Sonne. Er schien eine Neuigkeit parat zu haben.

»Na, was ist?« seufzte Grapentin schlaftrunken.

»Hast du es schon gehört, das mit dem Chef?«

»Was denn?« fragte der Unteroffizier, immer noch recht fuchtig, während er einigen landenden Maschinen von der 7. Staffel nachblickte.

»Der Reichsmarschall hat befohlen, daß er Startverbot kriegt, wenn die hundert voll sind.«

»Mann«, erwiderte Grapentin, »das ist doch schon ein ganz alter Hut!«

»Komisch«, wunderte sich der Dicke, »hab's vorhin erst gehört.«

»Ist ja auch egal ...« Grapentin sparte sich den Rest der Rede, weil gerade zwei weitere Me 109 in Sicht kamen. Als erster donnerte Steinbatz über das Rollfeld. Die beiden Maschinen landeten und rollten auf den Liegeplatz zu. Der Unteroffizier ging nicht hinüber, irgendein seltsames Gefühl hielt ihn zurück. Minuten später kam Steinbatz vorbei, in Schweiß gebadet, mit hängenden Schultern und verklebten Haaren. Er blieb stehen und deutete nach Osten.

»Auf den Leutnant wirst du noch ein wenig warten müssen. Er ist mit Brückmann noch mal 'rüber!«

Grapentin nickte. Danach meinte er:

»Als ob in dem Kahn vom zweiten Einsatz her nicht schon genügend Löcher drin gewesen wären.«

Der Gefreite Moser hielt ihm ein zigarettenähnliches Gebilde hin. Sie rauchten und beobachteten den östlichen Platzrand. Es war wieder ruhig geworden in der Luft. Der Oberwerkmeister sah herüber und sodann ebenfalls nach Osten. Minuten vergingen. Keiner sagte etwas. Plötzlich hob der Gefreite den Kopf.

»Da . . . !«

Es brummte tatsächlich etwas am Himmel. Eine »Me« sprang über den Horizont. Kurz darauf war eine zweite zu sehen. Ihr Motor hustete wie ein Todkranker. Die erste Maschine preschte vorüber. Es war die von Leutnant Brückmann. Einige hundert Meter entfernt hing die andere wie ein rauchender Ofen in der Luft.

»Das ist er!« sagte Grapentin und ließ die erhobenen Arme sinken. »Lieber Gott, haben sie den zugerichtet!« Er schluckte und drehte den Kopf zur Seite. »Hoffentlich reicht es ihm noch zu 'ner Bauchlandung.«

Daran hatte Hermann Graf auch schon gedacht, und niemand hätte ihm das wahrscheinlich angekreidet. Aber dann sah er den grünen Rasen des Rollfeldes, die statuengleich dastehenden Gestalten auf den Liegeplätzen und schließlich die Nadel des Höhenmessers. 200 Meter zeigte er noch an.

Der Druck auf den Fahrwerkknopf erfolgte so schnell, daß die Entscheidung damit bereits gefallen war. Die Federbeine klappten aus den Tragflächen, und die Erde huschte auf die ölverschmierte Frontscheibe zu. Es blieb jetzt keine Zeit mehr für Gedanken oder gar für die Angst vor einem Überschlag. Nicht einmal zu einem Stoßgebet, das in solch einer Situation gewiß ratsam gewesen wäre. Die Räder tupften nämlich bereits gegen das Gras, dann rotierten sie. Es ging sogar geradeaus, aber nicht lange. Plötzlich schien eine unheimliche Gewalt die Maschine nach links zu zerren. Der eine Pelzstiefel preßte sich gegen das rechte Seitenruderpedal. Eine Schlingerbewegung war die Folge, der Körper wurde in den Gurten hin und her geschüttelt. Die

Nerven wollten nicht mehr, der beizende Qualm rief einen neuen Hustenanfall hervor. Links und rechts flitzte der grüne Grasteppich vorbei. Wie lange denn noch? Noch einmal spannten sich die Muskeln, um dann endgültig zu erschlaffen.

Es war geschafft!

Draußen kamen sie angerannt, scharenweise. Ein strahlendes Gesicht erschien auf der linken Fläche: Grapentin!

»Herr Leutnant, Herr Leutnant . . . !«

Die Plexihaube schnappte zur Seite, laue Luft drang in die Kabine und in die gepeinigten Lungen. Schreie, Rufe, begeisterte Blicke.

Der Boden schien zu wippen, so weich waren die Knie. Das Hirn war noch wie vernebelt. Aufatmend sank Graf auf den Sitz eines Wagens. Einige Zeit später schoben sie ihn in das Zimmerchen, das ihm als Unterkunft diente. Auf dem altmodischen Schreibtisch lag Post aus der Heimat. Darunter eine Karte von einem Mädchen, das ihm sehr viel bedeutete. Aber die Zeilen verschwammen vor den Augen, und die Gedanken machten sich auf den Weg, der soeben zu Ende gegangen war. Alles wurde noch einmal gegenwärtig: der letzte Abschuß, fast gleichzeitig die Einschläge in der eigenen Maschine, die dichten Qualmschwaden über dem Motor, der Rauch in der Kabine, das Feuer der russischen Flak. Und wieder einmal die Vorstellung, was wohl geschehen wäre, wenn es nicht mehr bis zur eigenen Front gereicht hätte . . . Doch es war besser, nicht mehr daran zu denken.

Der Blick richtete sich wieder auf die Karte. Diesmal verschwammen die Zeilen nicht mehr. Es war von einer fröhlichen Weintour die Rede, zusammen mit anderen. Ein Bild entstand vor der Erinnerung, über das hager gewordene Gesicht lief ein Zucken. Da stand noch etwas anderes: » . . . ich habe einen Schwips gehabt. Wir waren sehr fröhlich!«

Plötzlich ging es nicht mehr. Was die Russen bisher noch nie fertiggebracht hatten, war einem Mädchen gelungen. Der Mann, der kurz vor seinem hundertsten Luftsieg stand, hatte Tränen in den Augen.

Der 14. Mai 1942 war genau sechs Stunden alt. Mit grauem, übernächtigem Gesicht schlich der Oberwerkmeister in die Stube des Staffelführers. Die lange Gestalt auf dem einfachen Feldbett bewegte sich.

»Herr Leutnant, Ihre Maschine ist wieder klar!«

»Mann, wie habt ihr denn das geschafft?«

»Irgendwie eben, Herr Leutnant!«

Ein Händedruck, ein Blick nach draußen. Grapentin lag unter der Me 109 und schlief. Rings um ihn verteilt ein ganzes Sortiment von Werkzeugen. Der Oberfeldwebel ging wieder hinaus. Auf dem kleinen Schreibtisch lag die Karte des Mädchens. Um sieben Uhr war auch sie vergessen, vorläufig wenigstens.

Die »gelbe eins« funktionierte wie in ihren besten Zeiten. Grapentin beobachtete noch den Start der zwei Rotten, dann schaltete er wieder auf Jenseits.

Als die Sonne sich dem Horizont entgegensenkte, war er so wach wie noch nie in seinem Leben. Daran waren allerdings nicht die zahlreichen Nickerchen dieses Tages schuld, sondern das Schauspiel, das über dem Flugplatz seinen Verlauf nahm. Es war wie bei einem Kunstflugtag.

Vor wenigen Minuten war die »gelbe eins« zusammen mit den anderen Staffelmaschinen am Horizont aufgetaucht. Alle standen jetzt unten, nur Graf tobte noch durch den Luftraum. Anders konnte man es kaum umschreiben. Mit einem Aufschwung hatte es begonnen. Dem anschließenden gesteuerten Abschwung war eine gepflegte Auswahl von Loopings gefolgt. Nun wurde die gekonnte fliegerische Darbietung durch eine Pirouette bereichert.

Hunderte von Soldaten blickten zum Himmel hinauf. Und jeder wußte, warum der Führer der 9. Staffel diesen Zirkus vorführte: Er hatte seinen hundertsten Luftsieg hinter sich — und nicht nur diesen!

Karlchen Moser hüpfte wie ein Tanzbär auf dem Gras herum. Auch seine Kehle war schon so mitgenommen, daß es nur noch zu krächzenden Lauten reichte. Grapentin hatte keine müden Augen mehr, sondern feuchte.

Grafs Maschine preschte mit heulendem Triebwerk auf das Rollfeld zu. Hinter dem Landekreuz schoß sie noch einmal fast senkrecht in die Höhe. In der Rückenlage kam das Fahrwerk heraus. Mit einer Gleitspirale näherte sich die »109« schließlich dem Aufsetzpunkt, ohne daß das Gas noch einmal hineingeschoben worden wäre.

Und dann war es wie auf einem Fußballfeld nach gewonnenem Spiel. Scharenweise strömten die Männer zum Liegeplatz, rissen jubelnd die Arme hoch, und ihr Geschrei übertönte sogar das Blubbern des Daimler-Motors.

Mit energischen Armbewegungen wühlte sich Grapentin durch die Menschenmauer und stieg auf die Tragfläche. Hermann Graf war noch angeschnallt. Er hatte die Augen halb geschlossen und lächelte.

Es war Nacht geworden über dem Flugplatz von Rogani. Der große Trubel hatte sein Ende gefunden. Am Himmel war es ruhig. Die Neunte saß allein zusammen. Einige waren vor einiger Zeit dazugekommen, junge Flugzeugführer, die ihr Staunen immer noch nicht hinter sich hatten. Ihre Blicke hingen an dem Mann, der an diesem Tag acht Gegner im Luftkampf besiegt hatte. Darüber war allerdings in den letzten Stunden nicht viel geredet worden, am wenigsten von ihm selbst. Er tat das auch jetzt nicht, sondern erzählte Geschichten, bei denen der Krieg nur noch die Kulisse lieferte. Die Neuen staunten weiter. Gab es denn so etwas? Konnte einer so reden, der an diesem Tag seinen 104. Abschuß hinter sich gebracht hatte? Nun, es sollte noch einige Zeit vergehen, bis sie auch das begriffen haben würden.

Steinbatz nahm sein Glas zur Brust und taxierte die Höhe des Wodkaspiegels. Graf schwieg und sah auf die Kerze, deren

Schein über ihre Gesichter flackerte. Einer der Neuen stellte eine Frage, die ein Schmunzeln über das längliche, schmale Gesicht mit der stark gebogenen Nase huschen ließ.

»Und wie sind Sie dann damals überhaupt zur Jagdfliegerei gekommen, Herr Leutnant?«

Sekunden vergingen, dann hörten sie es.

Am 15. Juli 1939 sah der Posten an der Hauptwache des Fliegerhorstes Neubiberg eine schlaksige Gestalt im Sonntagsanzug vorbeigehen. Der Lange grüßte zwar freundlich, aber in ihm sah es ganz anders aus. Er überlegte nämlich, wie es mit ihm weitergehen sollte. Mittlerweile war er Unteroffizier der Reserve und Offiziersanwärter geworden, hatte seinen Flugzeugführerschein in der Tasche und ganz bestimmte Pläne im Kopf. Das war es dann aber auch.

Der Möglichkeiten, auch weiterhin in einem Luftwaffenflugzeug den Himmel zu durchfurchen, gab es einige. Bei den Stukas zum Beispiel, bei den Aufklärern oder sonstwo. Der hagere junge Mann aus Engen aber hatte nur eines im Sinn: die Jagdfliegerei. Und weil dieser Wunsch einfach nicht mehr zu verdrängen war, beschloß er, gleich mal an die richtige Tür zu klopfen. Diese jedoch befand sich in einem der Flure des Münchener Luftgaues. Der Gang zu dem Mädchen mit den Rehaugen, die ihn zu dieser Zeit noch ebensowenig kannte wie er sie, hatte begonnen.

Zunächst empfing ihn aber ein Oberfeldwebel mit behördlicher Strenge. Eine über den Schreibtisch wandernde Schachtel mit Zigaretten schuf aber gar bald das nötige Verhandlungsklima und veranlaßte den Mann mit den Silbersternen auf den Schulterklappen zum Nachdenken. Er brauchte dazu nicht lange und kam auch sofort zur Sache. Der betreffende Sachbearbeiter sei ein Oberst, erläuterte er, der sich aber – wie das bei Chefs eben so sei – von seiner Vorzimmerdame ziemlich viel erzählen lasse. Wenn man die allerdings auf seiner Seite hätte, dann wäre schon so ziemlich alles gewonnen.

Sein Besucher mit dem etwas kurzärmeligen Anzug bedankte sich, dopte seinen Mut in einer nahe gelegenen Kneipe mit einigen Kognaks, besorgte sich etwas Schokolade sowie neue Zigaretten und suchte anschließend die Dame auf. Sie hatte Rehaugen, brünette Haare, trug einen beigen Rock über angenehm geformten Beinen und schien auch hagere, lang geratene Burschen mit ausdrucksvollen Nasen nett zu finden. Womit sie dienen könne? Kurze Zeit später wußte sie, daß ihr Gegenüber Flugzeugführer der Reserve sei, Jagdflieger werden wolle und sie sozusagen seine Zukunft in ihren Händen halte. Das und die zielstrebig angebotene Schokolade nebst Zigaretten rührten sie anscheinend, und auch sie begann nun nachzudenken. Das erste jedoch, was ihr einfiel, war eine Verfügung, derzufolge zu aktiven Jagdverbänden keine Reservisten mehr eingezogen werden dürften.

Der Bittsteller namens Hermann Graf aus Engen im Hegau sank auf einen Sessel, und mit ihm rutschten alle Hoffnungen hinab. Doch die Trauer auf seinem Gesicht mußte das Mädchen mit den ausdrucksvollen Augen bis in die Tiefen ihrer weiblichen Seele getroffen haben. So sann sie noch einmal nach und fand auch etwas. Ja, es gäbe vielleicht eine Möglichkeit. Eine zweite und dritte Reserveübung nämlich, danach die Beförderung zum Leutnant, anschließend zu einem aktiven Verband.

Die düstere Vision eines mit Fürsorgeakten beladenen Schreibtisches im Engener Rathaus verflüchtigte sich, und der genossene Kognak machte sich bezahlt. Neue Courage stellte sich ein. Da das bezaubernde Kind auch die Sprache männlicher Augen zu verstehen schien, hatte sie dafür Verständnis, daß bald etwas geschehen müsse; am besten noch am gleichen Tag.

Das Mädchen war nicht nur dazu bereit; sie hatte sich mittlerweile auch entschlossen, einen Teil ihrer Freizeit für den Besucher zu opfern. Schließlich schied der forsche Zivilist mit dem Bescheid, um 17.30 Uhr wiederzukommen.

Er war schon vorher da, nunmehr zappelig wie ein Primaner beim ersten Tanz. Im Dienstzimmer des Oberfeldwebels kam es nur zu einer kurzen Unterhaltung, da schon nach den ersten Worten die Vorzimmerdame hereinkam. Ihre hübschen Augen leuchteten.

»Herzlichen Glückwunsch!« sagte sie. »Es war schwer, aber ich habe es geschafft. Der Chef macht mit Ihnen eine einzige Ausnahme und zieht Sie auf den 31. Juli (1939) zu den Aiblinger Jägern ein.«

Einige Zeit später hatte die Straße ihn wieder. Nach Bad Aibling, zur »Gemsbock«-Gruppe, zur I. Gruppe des JG 51 sollte er also kommen!

Es war einer seiner »schwersten« Einsätze gewesen, wie er später einmal sagte. Ein Mädchen vom Luftgau 7 in München, mit brünetten Haaren, großen braunen Augen, runden Knien und sehenswerten Beinen hatte ihm den Weg zur Jagdfliegerei geebnet.

Das Eichenlaub und die Schwerter

Die Schlacht auf der Halbinsel Kertsch war am 20. Mai 1942 zu Ende gegangen. Generaloberst von Mansteins 11. Armee hatte gesiegt, der Gegner endgültig kapituliert.

Letzteres hätte damals auch auf den Leutnant Hermann Graf zutreffen können, zumindest im Hinblick auf seine mittlerweile eingestellten Versuche, das vom Reichsmarschall nach dem 100. Luftsieg gegen ihn verhängte Startverbot rückgängig machen zu lassen. Der »Eiserne« und die anderen Herren bis hinunter zur Gruppe waren nach dem 15. Mai nicht mehr bereit gewesen, über eine Aufhebung des allerhöchsten Ukas auch nur zu diskutieren.

In dieser Nacht zum 24. Mai hatte sich daran noch nichts geändert. Von tristen Empfindungen heimgesucht, saß Graf in seiner kleinen Bude, vor sich das Tagebuchheft, daneben ein Telegramm. Es stammte von jenem Mann, der ihn an den Boden verbannt hatte, enthielt geballtes Lob, ohne indessen den geringsten Trost zu spenden.

»Lieber Leutnant Graf (hatte sein Oberbefehlshaber Göring diktiert), *soeben wird mir mitgeteilt, daß Sie mit vorbildlicher Kühnheit allein am gestrigen Tag acht feindliche Flugzeuge abgeschossen haben. Sie sind damit in todesmutigem Einsatz 104-mal Sieger im Luftkampf gewesen. Ihre überragenden Erfolge als Jagdflieger erfüllen mich mit Stolz und Bewunderung. Meinem Dank und meiner besonderen Anerkennung verbinde ich die besten Wünsche für Ihr weiteres Soldatenglück . . .«*

Der Gedanke lag nahe, wozu einer Soldatenglück benötigte, wenn man ihm verboten hatte, sich noch einmal einem Gegner zu nähern. Das Fernschreiben wanderte zur Seite, und der Blick richtete sich auf das Tagebuch. Unter dem 16. Mai war vermerkt:

»Das Flugverbot wurde auf meinen Antrag gestern noch einmal aufgehoben. In den Abendstunden fiel mein 105. Abschuß. An der Front sieht es kritisch aus für die Russen. Die Luftwaffe muß jetzt her, damit die Kameraden von den Erdtruppen es schaffen. Aber ich führe meine Staffel ja sozusagen mit dem Telefon. Gerade noch, daß ich bei Verlegungsflügen wenigstens nicht zu Fuß gehen brauche. Das ist also das Ende meines Jagdfliegerlebens.

18. Mai 1942.

Gestern ist durchgekommen, daß ich das Eichenlaub erhalten habe. Der Kommandeur hat mir daraufhin eines gegeben, das in der Werft aus einem russischen Silbergeldstück angefertigt worden war. Als er mir die Eichenlaub-Imitation überreichte, sagte er: ›Sie sind ein leichtsinniger Tropf, dafür haben Sie diesen Dödel bekommen.‹

Heute sind wir nach Konstantinowka geflogen. Dort legte ich mich unter meine Maschine. Plötzlich kam ein Oberleutnant und sagte, daß ich aufstehen sollte, der Kommandierende General sei da. In der Nähe lief einer herum mit kurzen Hosen, Turnschuhen und Zivilhemd. Doch dann setzte er eine Generalsmütze auf. Ich springe hoch, da kommt er auf mich zu, nimmt mich an die Brust und gratuliert mir. Es war General Kurt Pflugbeil, der Kommandierende des IV. Fliegerkorps. Dann winkte er den anderen, näher heranzukommen. Als sie da waren, sagte er, daß mir auch noch die Schwerter zum Eichenlaub verliehen worden seien. Vor zwei Tagen das Eichenlaub, und jetzt auch noch die Schwerter! Er nahm mich mit. Ich sah toll aus. Keine Seife, nichts dergleichen war da. Der General hatte so was. Ich bekam in seinem Gefechtsstand sogar ein Bett, aber nachts trieben mich die Wanzen wieder hinaus.

21. Mai.

Am anderen Tag verlegte meine Staffel auf einen Feldflugplatz in der Nähe der Front. Ich flog mit Oberfeldwebel Süß gewissermaßen als Privatmann einige Zeit hinterher. Unterwegs begegneten uns russische Bomber, die deutsche Truppen angriffen. Befehlsgemäß mußte ich zusehen und hätte eigentlich nichts unternehmen dürfen. Aber dann dachte ich wieder an die Kameraden von der Infanterie. Also 'ran! So fiel gestern, am 20. Mai, 17.37 Uhr, mit einem Bomber mein 106. Der Kommandeur tobte. Ich konnte es aber nicht mehr ändern. Die Pe-3 lag unten. Drei Kampfmaschinen hatten angegriffen. Die beiden anderen waren von Ernst Süß abgeschossen worden.

Danach saß ich wieder unten und führte den Luftkampf per Funk. Doch dann schickte mich Major von Bonin, mein Kommandeur, zum Stammplatz Rogani. Dort sollte ich etwas Trinkbares holen. Es war sicherlich eine prächtige Ausrede. Einen Rottenflieger gab er mir zu meiner Sicherheit mit. Da ich den ganzen russischen Einbruchsraum aber nicht umfliegen wollte, mußte ich mindestens sieben Kilometer über feindliches Gebiet. Durch puren Zufall wurde ich dabei Zeuge eines Luftkampfes. Zwei

Me 109 jagten einen Russen, aber es wollte nicht klappen. Vielleicht waren es Anfänger. Schließlich wurde es sogar bedrohlich für sie, also mußte ich einschreiten. Ich tat es, und mein 107. Abschuß war die Folge. Der Kommandeur gab mir auch dieses Mal eine mächtige Zigarre.

23. Mai.

Heute schien Major von Bonin die Lösung gefunden zu haben: Er schickte mich wieder nach Rogani, dieses Mal mit dem Auftrag, für sieben von unseren jungen Flugzeugführern eine Art von Jagdschule zu eröffnen. Die sieben Neuen gab er mir gleich mit. Vorher mußte ich ihm versprechen, unter keinen Umständen einen Luftkampf anzunehmen. Unterwegs sahen wir einige Ju 88, die unter einer schwarzen Wolke dahinzogen und wahrscheinlich die Brücke bei Savinzi zu bombardieren hatten. Über der Wolke aber kamen russische Jäger an und wollten sich die Ju 88 vornehmen. Mir brummte der Schädel: Einerseits das Versprechen an den Kommandeur, andererseits die eigenen Kameraden in höchster Gefahr. So befahl ich den Angriff. Meine Jungen gingen schneidig dazwischen, und ich beließ es vorerst einmal bei ungezielten Leuchtspurgarben, um die Gegner aus dem Konzept zu bringen. Doch da sehe ich, daß sich eine Rata hinter einen meiner Schutzbefohlenen hängt. Es kann nur noch Sekunden dauern, dann ist er unten. Wenig später sitze ich hinter der Feindmaschine. Sie fällt sofort. Die anderen verschwanden daraufhin. In Rogani mußten mir die Neuen beim Kommandeur helfen. Sie taten es auch. Mein 108. Abschuß fiel also heute um 16.28 Uhr.

Morgen muß ich ins Hauptquartier, um das Eichenlaub und die Schwerter persönlich in Empfang zu nehmen.«

Süß kam herein. Er linste in alle Ecken und suchte anscheinend eine Flasche mit etwas Trinkbarem. Es war nichts zu entdecken. Mit säuerlicher Miene pflanzte er sich auf einen Stuhl und dachte nach. Das kam dabei heraus:

»Wenn Adolf dich nach den Russen fragt, dann sag ihm ruhig, daß sie allerhand auf der Pfanne haben.«

Flug zum Hauptquartier

Das Unternehmen, das am 24. Mai begann, hätte der Anfänger von Biala Zerkow damals und auch noch später nicht in seinen kühnsten Träumen auszumalen gewagt. Sein Reichssportabzeichen, damals noch die einzige Uniformzier, hatte er aus Platzmangel schon vor geraumer Zeit abgelegt. Und nun stand er am Morgen dieses 25. Mai 1942 zusammen mit seinem Freund Adolf Dickfeld von der 7./JG 52 vor dem wohl berühmtesten Barackenlager des Dritten Reiches, der »Wolfsschanze«. Ihn hatte der Führer herbeordern lassen, um ihm Eichenlaub und Schwerter zu überreichen, Dickfeld sollte für seinen 101. Luftsieg mit dem Eichenlaub ausgezeichnet werden.

Daran, daß an diesem Tag die Schlacht um Charkow zu Ende gegangen war, dachten die Angehörigen der vielköpfigen Führer-Suite vermutlich mehr als die beiden Leutnante vom JG 52, obwohl diese zum Gelingen der Gegenoffensive gewiß etwas mehr beigetragen hatten. Während sie noch wie Bauernjungen herumstanden, die zum erstenmal einen Behördenbesuch vor sich hatten, mochten sie sich zuweilen mit ganz anderen Ereignissen beschäftigt haben.

Diese lagen kaum vierundzwanzig Stunden zurück, hatten sich in Breslau, der Heimatstadt Adolf Dickfelds, abgespielt und boten einigen Grund zu schlechtem Gewissen. Daß sie nach ihrer Ankunft in Breslau von einem Offizier mit Alkohol vollgepumpt worden waren, dafür konnten sie nichts. Anders verhielt es sich jedoch mit der Straßenbahn, die sie anschließend für eine Privatfahrt zu ihrem Hotel »organisiert« hatten. Die Tram war auch zu schön dagestanden, der Schaffner hantierte irgendwo an den Geleisen herum, und danach hatten sie das städtische Transportmittel mächtig in Schwung gebracht. Unterwegs waren noch viele Fahrgäste in Landseruniform aufgenommen worden. Mit munterem Läuten war der Wagen schließlich vor dem Hotel zum Stehen gekommen, und der perplexe Hotelportier hatte sich nachher für die beiden Straßenbahnentführer wahrscheinlich einige Lügen ausdenken müssen. Bis jetzt war nämlich noch nichts passiert. Der nunmehr stattfindende Einzug ins Hauptquartier bot aber so viele Ablenkungen, daß der Lausbubenstreich von Breslau zumindest vorläufig in Vergessenheit geriet.

Die nächsten Stunden waren dem großen Wundern gewidmet. Es begann damit, daß niemand von den beiden Frontgästen die mit scharfer Munition geladenen Pistolen zu haben wünschte, und es fand seinen vorläufigen Höhepunkt in einem großen Betonbunker. Dort trat ihnen auf einem mit Velour belegten Boden der Mann entgegen, der zu jener Zeit eine ganze Welt in Atem hielt: Adolf Hitler. Auf einer Leiter stand ein Fotograf und hielt durch Erzeugen stinkender Blitzlichter das Geschehen auf Platten fest: den ersten Händedruck, die Verleihung der hohen Auszeichnungen, das Lächeln auf dem Gesicht des Führers und die Verlegenheit auf denen der Dekorierten.

Das »lebende Bild« war abgelichtet, die Posen lockerten sich; auch mit den Nerven war das der Fall. Die beiden vom JG 52 standen herum, ein bißchen hilflos, und versuchten ihre Gedanken einzufangen. Denn immerhin war das ein Einsatz, bei dem bis jetzt zwar nur ein Fotograf geschossen hatte, der andererseits aber auch beträchtliche Anforderungen stellte. Hohe und sehr hohe Herren promenierten vorbei, verströmten Wohlwollen und manchmal sogar ehrliche Anerkennung. Schließlich erschien eine Ordonnanz und führte die Jagdflieger in einen anderen Raum.

Dort gesellte sich Hitler wieder zu ihnen und begann ein Gespräch über die Fliegerei. Seine Kenntnis technischer Details wirkte dabei ebenso verblüffend wie die ungezwungene, fast väterliche Art, die er dabei zur Schau trug.

Dieser Eindruck sollte sich einige Zeit später beim gemeinsamen Mahl noch einmal fixieren. Neben zahlreichen Würdenträgern in SS-Uniform nahmen daran unter anderem Generalfeldmarschall Keitel, Chef des Oberkommandos der Wehrmacht, General Bodenschatz, persönlicher Vertreter Görings, und Admiral Dönitz, Befehlshaber der U-Boote, teil.

Dem Leutnant Graf war der Platz rechts neben dem Führer angewiesen worden, seinem Kameraden Dickfeld ein Stuhl etwas weiter östlich vom Tischherrn. Das Essen glich hinsichtlich seiner Einfachheit dem Mobiliar und der Gedeckausstattung. Es war daher nicht so recht geeignet, dem Hunger der Geehrten Rechnung zu tragen. Dafür wurde die anschließend geführte Unterhaltung zu einem Leckerbissen, der sie selbst für das fehlende Dessert entschädigte. Wenn auch sie bis dahin geglaubt hatten, der Mann neben ihnen bestehe nur aus donnerndem Pathos, nationalem Eifer und dem fanatischen Elan eines Welteneroberers, so kamen sie während der nächsten Stunde aus dem Staunen nicht mehr heraus.

Der Führer scherzte nämlich zuweilen wie der Wortführer eines Stammtisches. Zunächst ging es um die uneheliche Hinterlassenschaft der SS-Angehörigen in den bis dato von ihnen aufgesuchten Ländern Europas. Einige der Anwesenden konterten diese Behauptung mit der an Dönitz gerichteten Feststellung, daß auch in den von der Marine frequentierten ausländischen Häfen ein reger Verkehr zu herrschen pflege.

Durch solcherlei erotische Anspielungen offenbar an bayerische Liebesbräuche erinnert, sprach der Führer nunmehr von einer seiner Bediensteten auf dem Obersalzberg. Dort werde seines Wissens zwar nicht gefensterlt, dennoch habe eine Maid namens Anny neulich ein Kind bekommen. Gelächter brandete auf, aber der Hausherr hatte noch eine andere Geschichte parat. Kürzlich, so berichtete er schmunzelnd, hätte ihn auf dem Flugplatz von Poltawa ein Panzerhauptmann sozusagen senkrecht angesteuert. »Mein Führer«, habe er sein Anliegen erläutert, »darf ich Sie hiermit um eine Heiratsgenehmigung bitten?« Seine Braut sei nämlich eine Ukrainerin, und auf dem Dienstweg würde er die Erteilung der Erlaubnis wohl nie erleben. Auf eine entsprechende Frage, wo sich denn die Braut befinde, sei von ihm erklärt worden, daß sie auf der Flugleitung arbeite. Nun gut, dann also her damit...

Anscheinend handelte es sich um ein neues Führererlebnis, denn sogar die Dauerteilnehmer der Tischrunde hoben die Köpfe. Hitlers träumerischem Augenausdruck nach zu schließen, schien sich dabei noch Bemerkenswertes abgespielt zu haben. Dem war auch so.

Der Erzähler spannte die Herren nicht mehr lange auf die Folter. Wenig später sei die Russin vor ihm gestanden, fuhr er fort, blond und blauäugig, eine Schönheit und daneben eine Frau mit der besten Figur, die er in Rußland je gesehen habe. Angesichts dieser Umstände sei die erwünschte Genehmigung von ihm natürlich sofort erteilt worden. »Panzerbrecher sind Herzensbrecher, dachte ich mir. Na, dann sollte er sie eben haben.«

Mit den Panzern war man wieder beim Krieg angelangt und redete nun eine Zeitlang von Dönitz' U-Booten, amerikanischen Geleitzügen und ähnlichem. Mitten in der Debatte über den U-Boot-Krieg schien dem Führer jedoch etwas anderes einzufallen. Die Frage, die er völlig unvermittelt an den Mann zu seiner Rechten richtete, ließ diesen – vor allem ob der darin enthaltenen Brisanz – sozusagen aus allen Wolken kippen.

»Sagen Sie mal, Graf, man meldet mir immer, daß die russische Flak nichts taugt und praktisch überhaupt keinen Faktor in diesem Krieg darstelle. Ich kann das aber gar nicht so recht glauben, denn die Russen hatten immer eine gute Artillerie. Die Flak ist aber gewissermaßen aus dieser geboren und deshalb eine organische Weiterentwicklung. Wie ist es also damit?«

Das Gesicht des Gefragten verlor einiges von seiner gesunden Farbe. Unter dem Tisch kam Dickfelds Fuß in Bewegung. »Sag' es ihm nur!« hätte das heißen können. Ringsum hatte sich eine noch größere Spannung ausgebreitet als vorhin bei der Schilderung des Wagnisses von Poltawa.

Ein schnöder Zufall lenkte Grafs Erinnerung zum letzten Palaver mit Oberfeldwebel Süß und der dabei ausgesprochenen Aufforderung, auf Befragen zu erklären, was die Russen auf der Pfanne hätten. Aber nicht nur das brachte ihn so durcheinander. Denn auch noch andere Gedanken trugen dazu bei, daß der Atem nicht mehr richtig funktionierte. Die Erinnerung an Kameraden von einer Kampfgruppe beispielsweise, die vorher am Kanal eingesetzt gewesen waren und nun in Rußland geglaubt hatten, die Flak-Hölle von Dover für immer hinter sich zu haben. Nach einigen Einsätzen hatte aber einer von ihnen zu verstehen gegeben, daß sie am liebsten zu Fuß wieder nach Dover zurückgehen würden. Das Flak-Feuer, das die Russen hinlegten, sei ja noch schlimmer als das der Engländer. Und ganz zuletzt: Die eigenen Erfahrungen sahen nicht viel anders aus.

Der Führer wartete immer noch auf die Antwort, schon etwas ungeduldig. Einer der anwesenden Generale glaubte vielleicht, dem armseligen Leutnant helfen zu müssen. Seine Bemerkung, die Russen seien für so etwas doch einfach zu dumm, wurde indessen überhaupt nicht zur Kenntnis genommen. Graf schickte trotz seiner Verwirrung noch einen mitleidigen Blick über den Tisch, dann zündete er die »Bombe«. Es ging sogar besser, als er gedacht hatte:

»Wir Jagdflieger sind schnell und beweglich«, erklärte er mit reichlich ungelenker Stimme, »und können daher schneller ausweichen. Aber unsere Kampfflieger meinen, daß die Russen die beste Flak der Welt haben.«

Die Explosion erfolgte in aller Stille, zunächst wenigstens. Starre Gesichter, hochgezogene Augenbrauen, geöffnete Münder, entrüstete Blicke. Erst Hitlers Hand sorgte für den nötigen Donnerschlag. Sie krachte auf die Tischplatte, und seine Stimme bekam wieder Rundfunkniveau:

»Das habe ich mir doch schon immer gedacht«, ergrimmte er sich. »Alles andere ist doch nichts als blödsinniges Gerede ...!«

Die Tischrunde sank in sich zusammen, die Stimmung ebenfalls, Graf und Dickfeld auch. Was würde jetzt wohl kommen?

Es kam nichts, zumindest nichts auf sie herab. Die Tafel wurde einige Zeit später aufgehoben, und die Stunde der Entlassung aus dem Hauptquartier nahte. Noch einmal stand Graf dem Mann gegenüber, den er wohl als erster ohne rhetorische Verbrämungen über den Ausbildungsstand der sowjetischen Flak orientiert hatte.

Ob er noch einen Wunsch habe?

Ja, er hätte einen. Er bitte, wieder fliegen und seine Staffel führen zu dürfen.

Sein Gesprächspartner war anderer Meinung. Mit den Worten, daß jeder dort seine Pflicht zu erfüllen habe, wohin er ihn stelle, einem letzten Händedruck und einigen Wünschen für sein ferneres Wohlergehen gab er ihm den Weg zu einem längeren Urlaub frei.

»Leopold Steinbatz ist gefallen!«

Im Raum von Charkow hatte Marschall Timoschenkos Überraschungsangriff vom 9. Mai mit einer verheerenden Niederlage geendet. Sein ursprüngliches Ziel, in einer großangelegten Zangenbewegung die ukrainische Hauptstadt zu umfassen, die 6. deutsche Armee einzukesseln und damit die Front der Heeresgruppe Süd zum Einsturz zu bringen, mußte, kaum drei Wochen später, von über 240 000 seiner Soldaten mit dem bitteren Los der Gefangenschaft bezahlt werden. Das Gesetz des Handelns war wieder an die Deutschen übergegangen. Und während in den Lautsprechern noch die Siegesmeldungen des Großdeutschen Rundfunks erschallten, wanderten die Markierungsfähnchen auf den Lagekarten des Generalstabes schon weiter nach Süden und Osten: in Richtung Kaukasus, zur Wolga, zum Don und — nach Stalingrad.

Tausende von Zügen rollten in jenen Wochen durch die Weiten Rußlands, beladen mit Menschen und Kriegsmaterial. Auf manchen Lokomotiven stand mit großen Buchstaben die verheißungsvolle Losung: »Räder müssen rollen für den Sieg!« Tag für Tag passierten die Wagenschlangen mit Geschützen, Panzern, Munition, Fahrzeugen und Soldaten andere, auf denen die Zeichen des Roten Kreuzes angebracht waren. Das Rattern der Räder übertönte das Stöhnen der Verstümmelten und die letzten Laute der Sterbenden, die der Krieg für immer gezeichnet oder schon ausgelöscht hatte.

Dem Oberleutnant in einem Fronturlauberzug, der Ende Juni 1942 dem Hauptbahnhof von Wien entgegenrollte, hatte das Schicksal ein anderes Los zugedacht. Er war in der Spanne von kaum zehn Monaten einer jener Auserwählten und Erfolgreichen geworden, bei denen sich der Tod lediglich von Zeit zu Zeit in Erinnerung zu bringen pflegte. Millionen von Menschen kannten bereits seinen Namen und sein Bild. Unzählige hatten ihm während der letzten Wochen zugejubelt, seine Hand geschüttelt und ihm Blumen in die Arme gedrückt. Eine Feier und eine Ehrung waren der anderen gefolgt. Für die Menschen in der Heimat war er ein Held, ein As seiner Waffe, ein Mann mit über hundert Luftsiegen.

Und er selbst? Wie sah es in ihm aus? Fühlte er keinen Stolz über die hohe Auszeichnung, der schon so viele bewundernde Blicke gegolten hatten?

Natürlich empfand er welchen, warum auch nicht? Denn schließlich wußte er am besten, wie hart der Weg bis zu dem kleinen silbernen Eichenlaub und den gekreuzten Schwertern an seinem Kragen gewesen war – und wie oft er schon von der Leiter des Ruhmes hätte heruntergestoßen werden können. Allerdings war wenig Zeit verblieben, sich daran zu erinnern. Man mußte sich auch erst daran gewöhnen, im Mittelpunkt zu stehen und Worte über sich zu hören, die immer so ganz anders geklungen hatten als die spärlichen Freudenausbrüche Grapentins nach einem neuen Abschuß. Dennoch hatten sie entsprechende Empfindungen ausgelöst und vielleicht sogar neue Kraft eingeflößt.

Draußen auf dem Gang liefen Soldaten vorbei und sahen herein. Jeder schien ihn zu kennen, aber Hermann Graf achtete nicht darauf. Mit geschlossenen Augen lehnte er in einer Fensterecke des Abteils, das einige Angehörige des Zugbegleitungspersonals wie ein Heiligtum bewachten. Noch einmal zogen die einzelnen Stationen der Urlaubszeit an seiner Erinnerung vorüber. Da war die erste Begegnung mit der geliebten Mutter, die Tränen auf ihren Wangen, danach der kaum mehr abreißende Strom von Freunden und Gratulanten. Zuvor aber der Besuch in Berlin beim Reichsluftfahrtministerium. Dort der Gang zu einem Zivilangestellten, dem die Grüße eines Kameraden von der Front zu überbringen waren. Ein kleiner Inspektor nahm sie entgegen, dem sofort aufgefallen war, daß der gerade aus dem Hauptquartier Angereiste trotz seiner hohen Auszeichnung noch die Leutnantsschulterstücke trug. Innerhalb weniger Stunden hatte sich das geändert. Was auf den kurzen Gängen der Frontgefechtsstände nicht möglich gewesen war, hatte der RLM-Angestellte dank guter Beziehungen auf den bedeutend längeren des Ministeriums sozusagen im Handumdrehen geschafft: die Beförderung des Staffelführers Graf zum Oberleutnant.

Der Zug fuhr langsamer, in die Gestalt neben dem Fenster kam Bewegung. Die eine Hand tastete über die Brusttasche. Ein Fernschreiben war darin aufbewahrt. Es enthielt nur wenige Sätze, aber sie hatten mehr Freude ausgelöst als die schönsten Reden: »... wird Ihnen hiermit wunschgemäß die Genehmigung erteilt, wieder gegen den Feind zu fliegen und Ihre Staffel zu führen ...«

Mit kreischenden Bremsen kamen die Waggons zum Stehen. Ein Bahnhofsdach verdunkelte die Sonne. Draußen brüllende Stimmen, Kommandos, Frauen mit glücklichen Blicken und andere mit dem Schmerz des Abschieds in den Augen. Soldaten eilten über den Bahnsteig und salutierten zu dem Offizier hinauf, der sich aus dem Fenster gebeugt hatte. In der Nähe ein Zeitungsstand. Ein Mann ging vorbei, einen Stapel der noch druckfeuchten Blätter auf dem Arm. »Bittschön, Herr Oberleutnant, meine Hochachtung... Habe die Ehre...«

Drinnen im Abteil wurde es wieder ruhiger. Die Gedanken machten sich auf den Weg zu den Kameraden: Oberfeldwebel Süß, Heinrich Füllgrabe, Jupp Zwernemann, Grislawski, »Poldi«...

Die Zeitung raschelte über den blauen Stiefelhosen, der Blick huschte über die ersten Seiten. Da – eine Schlagzeile mit einer unfaßbaren Nachricht:

»Leutnant Leopold Steinbatz fand den Fliegertod...!«

Kampf über Stalingrad

Die gelbe Sandwüste zwischen Don und Wolga befand sich bereits hinter ihnen, zusammen mit den vielen kleinen Hügeln, unter denen ihre Kameraden für immer zurückgeblieben waren. Sie gehörten zum Verband der 6. Armee, darin zur 16. Panzerdivision des Generalleutnants Hube, und standen an diesem 25. August 1942 schon seit einigen Tagen an der Wolga. Kalatsch, die Stadt am Don, war an ihrem langen Weg gelegen, ebenso wie viele andere Dörfer und Siedlungen, die sie seit dem Beginn der Offensive am 28. Juni passiert hatten. Aus dem Raum von Charkow waren sie über eine Distanz von rund 600 Kilometern Luftlinie nach Südosten vorgestoßen, durch eine einzige Folterkammer aus Hitze, Staub und unzähligen Gefahren. Und schließlich waren sie die ersten gewesen, die durch ihre Gläser die Silhouette Stalingrads hatten sehen können, das nur noch wenige Fahrtstunden von ihnen entfernt war.

Sie wußten nicht, wo sich die anderen Divisionen ihrer Armee zu dieser Zeit aufhielten. Vielleicht noch in den Brückenköpfen, die von der 76. und 275. ID nach dem 21. August ostwärts des

Don gebildet wurden. Oder sie waren unterwegs liegengeblieben, von sowjetischen Panzern oder Schlachtfliegern am weiteren Vormarsch gehindert.

Den Männern mit den staubverkrusteten Gesichtern, die in der Nähe von Rynok im Norden Stalingrads zwischen ihren Panzern und Spähwagen standen, war das ziemlich gleichgültig. Die Sturmfahrt vom Don an den großen Fluß, der unweit von ihnen seine schäumenden Wassermassen der Stadt mit dem Namen Stalins entgegenwälzte, hatte ihnen das Letzte abverlangt. Sie waren fertig, erschöpft, ausgelaugt, und sie wollten nur noch Ruhe, schlafen, die Glieder strecken, einmal keinen Staub mehr fressen und die karge Hoffnung in sich spüren, daß sie den nächsten Tag mit einiger Sicherheit erleben würden. So kümmerte es sie auch nicht, daß sie nach dem 10. Juli Bestandteil einer sogenannten Heeresgruppe B geworden waren, Feldmarschall von Bock ihr Chef war und sie nun seinen Auftrag verwirklichen helfen sollten, bei Stalingrad die Verbindung zwischen Süd- und Zentralrußland zu zerschneiden. Vor einiger Zeit hatte ihnen ihr Kompaniechef erzählt, daß die andere Heeresgruppe A unter Feldmarschall List nach Süden abgedreht worden sei, um die Ostküste des Schwarzen Meeres und die Ölfelder von Baku in Besitz zu nehmen. Die meisten von ihnen hatten das aber schon wieder vergessen oder damals überhaupt nicht richtig zugehört.

Auf einem der Panzer IV stand ein Leutnant mit einer ölverschmierten, zerrissenen Uniformjacke, lange Bartstoppeln im Gesicht, ein Fernglas in den Händen. Die Männer seiner Besatzung lagen im Schatten des Kampfwagens auf der ausgedörrten Erde und kauten auf vertrockneten Brotresten herum.

Ihr Kommandant setzte jetzt das Glas vor die Augen und richtete die Okulare auf die Himmelspartie über dem Nordrand von Stalingrad. Vielleicht hatte ihn das immer stärker werdende Brummen von Flugzeugmotoren dazu veranlaßt. Der Fahrer, ein Obergefreiter, zog sich an der Kette in die Höhe und kauerte sich neben ihm hinter den Turm. Auch die anderen schoben sich nacheinander auf die Beine. Der grollende Lärm am Himmel hatte sie wahrscheinlich auch aus dem Schlaf gerissen, denn aus dieser Richtung kam immer das gefährlichste Unheil auf sie herab.

»Russen!« sagte der Leutnant, ohne das Glas abzusetzen. »Vier Stück, ziemlich hoch, kreisen immer noch über der Stadt.«

Der Fahrer schluckte und zog eine zerquetschte Zigarettenkippe aus der Brusttasche seiner dunklen Montur.

»Hoffentlich bleiben sie oben«, murmelte er, »denn wenn sie kommen ...«

Das Rumoren über der Wolga verstärkte sich. Irgend etwas blitzte im Sonnenlicht.

»Da sind noch andere!« stellte der Panzerkommandant fest. Er schob seine Mütze zurück und fuhr sich über die brennenden Augen. Das Fernglas wanderte wieder in die Höhe. »Sehen nicht wie Ratas oder sonst was aus, die Dinger!« Ein kurzes Wischen über die Okulare, dann der erleichterte Ausruf:

»Mensch, da sind ja auch eigene dabei ... !«

Es waren welche, und zwar vier Me 109 G von der 9./JG 52. Vor wenigen Sekunden hatten sie in 5000 Meter Höhe die Wolga von Osten her überflogen. Sie wollten zu dem geräumigen Acker jenseits des Don zurück, der ihnen seit einiger Zeit als Feldflugplatz diente. Die vier Feindjäger unter ihnen waren dabei allerdings nicht einkalkuliert gewesen.

Was da etwa 1000 Meter tiefer herumkreiste, war ihnen bis jetzt noch nicht vor die Augen gekommen. Es handelte sich um moderne Maschinen, in etwa der FW 190 vergleichbar, mit bulligen Motoren, schnittiger Linienführung und anscheinend allerhand Pfeffer unter den Hauben: Lagg 5, wie sich noch herausstellen sollte. Prächtige Vögel, von den Sowjets später einmal als die »hölzernen Retter Stalingrads« bezeichnet.

Hermann Graf wußte das zu dieser Stunde so wenig wie die drei anderen hinter ihm. Doch auch wenn es ihm bekannt gewesen wäre, hätte er sich diese Neuerscheinungen sicherlich trotzdem aus der Nähe angesehen.

So scherten Füllgrabe, Süß und einer von den »Jungen« gemeinsam mit ihm erdwärts. Die Russen reagierten sofort und stellten sich. Hoch über der seltsamen Schienenschlinge zwischen dem Traktorenwerk »Roter Oktober« und dem Stalingrader Bahnhof begann ein Kurvenkampf, der es in sich hatte. Und schon während der ersten Runden dankten die vier von der Karaya-Staffel dem lieben Gott und Willy Messerschmitt im stillen für ihre neue »Gustav« mit den 1475 PS unter der Motorverkleidung.

Ob allerdings nur ihre größere Routine oder die Kraft der DB-605-Triebwerke den Zusammenhalt des Lagg-Schwarmes schließlich doch noch nachhaltig zu beeinträchtigen vermochten, spielte schon bald keine Rolle mehr. Es vergingen nämlich nur noch wenige Augenblicke, bis aus der 2-cm-Kanone der »gelben eins« und den beiden 7,9-mm-MG 17 die Flammen des Mündungsfeuers herausspritzten. Die im Vorhalt hängende Lagg 5 fing die Garben in einer rasanten Messerkurve ein, kam ins Taumeln und kippte kurz darauf brennend über die Fläche weg.

Vielleicht hatte keiner der russischen Piloten mit solch einem Ausgang der Begegnung gerechnet, denn ihre Reaktionen widersprachen allen jagdfliegerischen Prinzipien. Wie auf ein Kommando drückten sie nach unten und folgten dem Flammenschweif, den die abstürzende »Lawotschkin« durch den Himmel zog.

Über ihnen stachen die vier Me 109 ebenfalls in die Tiefe. Diesmal schossen drei Kanonen und sechs Maschinengewehre. Wenige Minuten später hatten auch die restlichen Gegner ihre letzte Chance verspielt. Einige Kilometer westlich der Erdölraffinerie zerschellten ihre Flugzeuge auf dem Boden der Steppe.

Die »109« mit dem Tarnnamen »Karaya eins« schien in der Hitze zu glühen. Einer der Warte tippte vorsichtig an die Außenhaut, bevor er sich daran in die Höhe zog. Es war ruhig geworden, seit die Luftschrauben der vorhin zurückgekehrten

Maschinen ihre letzten Schläge getan hatten. Wärmewellen lösten sich von der ausgedörrten Erde und quirlten wie transparente Schleier in die Höhe.

Hermann Graf lag im Schatten eines Kistenstapels. Eine bleierne Müdigkeit hatte ihn gepackt, und er gab sich keine Mühe mehr, die immer schwerer werdenden Lider vor dem Herabsinken zu bewahren.

Die Front hatte ihn also wieder, nun schon fast zwei Monate lang. Vieles von dem, was sich davor ereignet hatte, schien schon wieder in weite Fernen gerückt: die Stunden im Hauptquartier, der kurze Urlaub, der Trubel in der Heimat – und noch manches andere.

Nur eines würde wohl für immer gegenwärtig bleiben: die Erinnerung an Poldi Steinbatz!

Wäre es vielleicht zu vermeiden gewesen, wenn er die Warnungen beherzigt hätte? Niemand konnte darauf mehr eine Antwort geben. Wie oft hatte er ihm damals vor dem Abschied von der Staffel gesagt, seine lädierten Nerven zu schonen und wenigstens einmal für kürzere Zeit auf Feindflüge zu verzichten. Er hatte es nicht getan und sich wahrscheinlich ebensowenig aus der Gemeinschaft ausschließen wollen, wie das bei ihm selbst der Fall gewesen wäre.

Bazi! Es war auch jetzt noch schwer, daran zu glauben, daß er nie mehr wiederkommen würde. Er hatte 83 Luftsiege, als sie ihm am 2. Juni das Eichenlaub überreichten, und er war der erste Oberfeldwebel gewesen, der (am 23. Juni) mit den Schwertern ausgezeichnet worden war – acht Tage nach seinem Tod. Auch die Beförderung zum Leutnant hatte ihn nicht mehr erreicht. Bei Woltschansk war für ihn alles zu Ende gegangen, nachdem er vorher noch drei weitere Abschüsse erzielt hatte; von der feindlichen Flak getroffen, vor der sein Respekt schon immer reichlich gering gewesen war.

Damals, beim Anblick der Zeitungsschlagzeile, war plötzlich alles so bedeutungslos erschienen, was man bis dahin selbst erreicht hatte. Von Wien war es weitergegangen in Richtung Bukarest, ohne daß die düsteren Gedanken gewichen wären.

Erst in Poltawa war es wieder anders geworden – für kurze Zeit wenigstens. Zwei alte Freunde hatten dort gewartet: Heinrich Füllgrabe – und die »gelbe eins«. Doch schon nach der ersten Wiedersehensfreude mit dem Kameraden der nächste Schlag: Auch Fred Emberger war in der Zwischenzeit gefallen!

Hinter dem Kistenberg sprang ein Motor an. Es war wie ein Donnerschlag. Fluchend fuhr Graf in die Höhe. Droben am Himmel zog ein doppelrumpfiger Nahaufklärer in Richtung Don. In das feine Brummen der Triebwerke mischte sich das schwache Echo von Artillerieabschüssen.

Trotzdem wirkte der provisorische Flugplatz am Rand der Donsteppe wie eine Oase des Friedens. Es war hier kaum etwas zu spüren von der großangelegten Offensivbewegung, die zwischen Stalingrad und der Ostküste des Asowschen Meeres ihren Verlauf nahm. Was hierbei im einzelnen geschah, wußten sie in diesen Tagen sicherlich nicht einmal beim Geschwader; geschweige denn bei dem kleinen Gefechtsverband »Fürst« Wilkes, zu dem seit einiger Zeit auch die Neunte vom JG 52 gehörte.

Hunderttausenden von Soldaten der Heeresgruppen A und B waren zwei strategisch erstrangige Ziele gesetzt worden: Stalingrad und die Küste des Kaspischen Meeres mit den Ölfeldern um Baku.

Während Spitzenverbände der 16. PD schon am 22. August die Wolga nördlich Stalingrad erreicht hatten, Generaloberst Hoths 4. Panzerarmee den steckengebliebenen übrigen Teilen der 6. Armee von Südwesten her Unterstützung brachte, überschritt General Geyr von Schweppenburgs XXXX. Panzerkorps im Süden den Manytsch und damit die Grenze zu Asien. Bei unwahrscheinlicher Hitze von oft über 50 Grad bezwang Generalmajor Breiths 3. Panzerdivision den Kumafluß und befand sich somit im Vorgebirge des Kaukasus. Das XXXXIX. Gebirgskorps des Generals Konrad eroberte Krasnodar und stand am Kubanknie. Wenige Tage später fiel Maikop, und die an der

Spitze fahrenden Männer des Panzerregiments 6 sahen sich schon Anfang August der schneebedeckten Spitze des Elbrus gegenüber. Auf einer 400 Kilometer breiten Frontlinie war Generalfeldmarschall Lists Heeresgruppe A in das Gebirgsland des Kaukasus eingedrungen. Am 17. August hatten Gebirgsjäger die Ssuchumsche Heerstraße an ihrer höchsten Stelle überschritten, und vier Tage später war von einem Stoßtrupp der 1. Gebirgsdivision auf dem 5629 Meter hohen Elbrusgipfel die Reichskriegsflagge gehißt worden. Und nun stiegen die Jäger bereits am Südhang des Gebirges hinunter, tief unter sich Baku und das Kaspische Meer.

Das mit der Flaggenhissung wußten sie bei der Neunten, viel mehr aber auch nicht. Natürlich waren ihnen auch die Vorgänge auf den anderen Kriegsschauplätzen ebenfalls, zumindest in großen Umrissen, bekannt, denn dafür sorgte schon der tägliche Wehrmachtsbericht. Dabei hatten sie beispielsweise gehört, daß die Kameraden in Afrika schon am 30. Juni den Raum von El Alamein erreicht hatten und daß dort drüben beim JG 27 einer flog, vor dem sie im stillen sozusagen alle den Hut abnahmen: Hans Joachim Marseille!

Im übrigen hatten sie andere Sorgen und außerdem das größte Kampffeld aller Fronten: den Himmel. Was sich dort in ihrem Einsatzbereich am 30. Juni und später bis zu diesem 25. August abgespielt hatte, war mit einfachen Worten in einem abgegriffenen Heft vermerkt. Vor wenigen Minuten hatte Hermann Graf es aus einem eingegrabenen Zelt geholt und nun auf seinen Knien ausgebreitet. Da stand:

»30. Juni, Tag meiner Ankunft bei der Staffel:

Heinrich Füllgrabe übernahm meinen Koffer und ihn eine Kuriermaschine für den Rückflug. Den kleinen Koffer verstaute ich hinter meinem Kopf in der Me 109. Die Lage des neuen Flugplatzes hatte man mir erklärt. Ich erreichte ihn in 3000 Meter Höhe. Über dem Platz kurvt der russische »Fernaufklärer vom Dienst«. Er ist noch 1000 Meter höher. Ich klettere und schieße aus kaum 50 Meter Entfernung. Die Maschine fällt sofort. Nach der Landung empfängt mich mein Kommandeur,

Major von Bonin. ›Mit dem Koffer hinterm Kopf kommt er an‹, meint er zu mir, ›und legt uns gleich den alten Widersacher vor die Füße!‹ Das war mein 109. Abschuß. Beim Abendeinsatz folgten der 110. und der 111.

5. Juli.

Der Vormarsch rollte, für unseren Abschnitt in Richtung Woronesh. In den Dörfern fütterten wir überglückliche russische Kinder. Aber in der Nähe lag noch ein feindliches Regiment, das einfach übersehen worden war. In der Nacht wollten sie uns überraschen. Auch ich beteiligte mich am Erdkampf und machte meinen ersten Gefangenen.

10. Juli.

Aus Deutschland waren neue Me 109 angekündigt, solche von der G-Serie. Die Herren vom Geschwaderstab wetterten über diesen Vogel. Er sei schlecht, der Motor tauge nichts, und so weiter. Meine Staffel mußte als erste dran glauben. Es ging also zurück nach Charkow zur Umrüstung. Schon beim ersten Flug war ich von der Maschine aber hellauf begeistert. Sie war bedeutend besser als die frühere ›F‹.

12. August.

Der Monat Juli ist durch die Umrüstung für uns kampflos zu Ende gegangen. Unsere Truppen sind im Südabschnitt überall im Vormarsch. Seit Tagen habe ich eine schwere Angina und kann kaum essen. Trotzdem muß ich fliegen, weil ich keinen Offizier mehr in der Staffel habe. Leutnant Reger ist weggeblieben, und auch Leutnant Brückmann war gefallen. Wir nehmen Ju 88 auf und bringen sie weit hinter die Front. Für den Abend ist ein Essen mit der 8. Staffel von Günther Rall vereinbart. Aber während des Anfluges wird das Wetter immer schlechter. Ein Gewitter zieht auf. Plötzlich ist die Hölle los. Überall russische Jäger. Toller Luftkampf zwischen den Gewitterwolken. Auf dem Rückweg wird die Sicht so übel, daß wir kurz vor dem Platz umdrehen und auf einem anderen Platz landen müssen. Die Hühnchen bei Günther Rall, denke ich noch. Aber es hilft nichts. Am nächsten Tag, als wir endlich ankamen, gab es natürlich nichts mehr von den Leckerbissen.

In der Zwischenzeit haben wir auf einen Flugplatz im Süden von Rostow verlegt...«

Im Norden zogen einige Stukas vorbei. Ihr Motorenlärm verklang allmählich in der Ferne. Schmunzelnd blickte Graf auf das Tagebuch. Die Episode, über die er soeben kurz weggelesen hatte, wäre ihm auch so in Erinnerung geblieben. Folgendes hatte sich damals am Nordzipfel des Asowschen Meeres abgespielt:

»...und an einem heißen Nachmittag erscheint plötzlich die ›Rollbahnkrähe‹ und fliegt mitten über das Rollfeld. Unsere 2-cm-Flak schießt hinterher. Da macht der Polikarpow-Doppeldecker (U 2) plötzlich kehrt und landet bei uns. Ein russischer Oberstingenieur steigt aus. Unsere Warte und auch die Männer von der Flak stehen in Badehosen da. Der Russe geht auf sie zu und beschimpft sie. Offenbar hatte er gedacht, daß es sich um einen eigenen Flugplatz handelte und die Flak aus Versehen hinter ihm hergeballert habe. Doch da kommt ein Feldwebel aus dem Zelt. Er hat seine Uniform an. Der russische Offizier erkennt jetzt seinen Irrtum und will starten. Noch vor der Maschine trifft ihn eine Kugel aus einer Pistole. Es war keine schwere Verletzung. Der Doppeldecker wird von uns vereinnahmt, der Sowjetstern wird abgekratzt und durch ein Balkenkreuz ersetzt. Dann wird der Apparat auf den Namen ›Molotow‹ getauft. Jeden Abend machen wir von nun an Rundflüge für besonders verdiente Monteure. Bei der nächsten Verlegung nimmt Heinrich Füllgrabe den Vogel mit. Die Sache hat sich inzwischen aber herumgesprochen, und der Kommandeur befiehlt, daß ›Molotow‹ vernichtet werden müsse. So treffen wir ohne unsere Beutemaschine kurz nach den Kameraden von der Infanterie in Armawir ein. Dort trenne ich mich von der Gruppe, und es geht weiter nach dem Raum von Krasnodar. Inzwischen hatte ich meinen 115. Gegner abgeschossen.

In dieser Gegend besteht die ›Luftwaffe‹ praktisch aus den zwölf Me 109 G meiner Staffel. Hinzu kommt eine Ju 52 als Funkmaschine sowie drei andere »Tanten« als Transporter. Schließlich kämpfen in unserem Abschnitt noch vier Messerschmitt 110. Damit hat es sich, vielleicht sogar für die gesamte Heeresgruppe.

Die Transportmaschinen bringen uns dorthin, wo ich es gerade für günstig halte. Dabei vermeide ich nach Möglichkeit russische Flugplätze und suche mir große Wiesen in der Nähe von Kolchosen aus.

Einmal lagen wir aber doch auf einem Platz, den die Russen uns hinterlassen hatten. Eines Morgens finden wir in einer Abstellbox ferngesteuerte Minen. Der Russe, der sie sprengen sollte, hatte vielleicht gewartet, bis noch mehr Flugzeuge nachgekommen sein würden.

20. August.

Der Kuban-Übergang hatte begonnen. Mein erfolgreichster Tag in diesem Frontgebiet war der 14. August mit 5 Abschüssen. Insgesamt sind es jetzt 120.

Am 16. wäre es um ein Haar mit mir wieder einmal zu Ende gewesen. Jenseits des Kuban eine mächtige Kurbelei. Mindestens fünfzig russische Jäger über unserer Infanterie. In geringer Höhe. Wir mit sechs Me 109. Einer wird von mir abgeschossen. Dabei bricht seine Fläche, und ein Stück knallt mir in die Maschine. An der Montagestelle steht meine Tragfläche jetzt einige Zentimeter ab. Jeden Moment kann sie wegfliegen. Also nichts wie hoch. In 2000 Meter komme ich über die eigenen Linien und könnte aussteigen. Doch da denke ich an Leutnant Brückmann, der an sein eigenes Leitwerk geschleudert worden war. Also aufs Ganze und Landung. Langsam geht es abwärts. Mir ist gar nicht wohl dabei. Wenn jetzt die Fläche bricht, gibt es nur noch ein Soldatengrab. Dann setze ich auf. Es hat geklappt. Mein unglücklicher Gegner dieses Feindfluges war eine Jak 1.

Am nächsten Tag fällt über dem Brückenkopf der 122. Abends treffe ich mit einem neuen Flugzeugführer das legendäre russische

Großflugzeug ›Maxim Gorki‹, wie wir es nennen. Ich führe den Jungen und gebe ihm Anweisungen, aber er schießt daneben. Ich helfe ein bißchen, dann stürzt die Maschine ab.

Unser nächster Platz lag an einem Waldstück. Zwei Ju 52 brachten zunächst einmal einige Fässer Benzin hin. Als wir mit den Maschinen ankamen, standen russische Soldaten neben unserem Sprit. Die Transporter landeten dann trotzdem, während wir die Rotarmisten durch Tiefangriffe in Deckung zwangen. Die acht Fässer Treibstoff wurden gerettet.

Am 17. August gelang mir über dem Waldgebiet des Kaukasus mein 125. Abschuß. In einem Fieseler Storch suchten Füllgrabe und ich später einen neuen Landestreifen. Wir gingen 'runter und sahen uns den Boden an. Als ich etwa 200 Meter von der Maschine entfernt war, kam ein schwerbewaffneter Haufen von gut 30 Kosaken auf mich zu. Abhauen hätte keinen Wert mehr gehabt. Ich sah noch, wie Füllgrabe im hohen Gras verschwand, dann waren sie da. Ein älterer Kosak, der etwas Deutsch kann, redet auf mich ein und spricht von ›gefangennehmen‹. Das Wunder war aber bereits geschehen, denn sie wollten mich nicht kassieren, sondern freiwillig zu uns kommen. So schreibe ich ihnen einen Zettel, daß sie ordnungsgemäß kapituliert hätten, und wir verschwinden wieder.

Am 18. August war mein letzter Kampftag im Raum Krasnogorsk. Mittags fallen eine R 5 und eine J 153 als meine 126. und 127. Abschüsse. Wir fliegen nach Armawir zurück. Es wird uns angeboten, mit einem Gefechtsverband im Raum Stalingrad zu kämpfen. Wir sind einverstanden. Fünf Tage sollte das Kommando dauern. Unser erster Landeplatz war Tazinskaja.

Beim Weiterflug startete ich ›querbeet‹ und verbog mir die Luftschraubenblätter an einem Steinhaufen. Mit viel Mühe kam ich noch auf den Einsatzhafen Tusow. Es war ein abgeerntetes Kornfeld mit viel Maschinen und viel Staub. Mit einer neuen Luftschraube flog ich zu unserem nächsten Einsatzacker. Major Wolf-Dietrich Wilcke vom JG 3 führte unseren Verband. Ich besuchte ihn, und er meinte, daß Richthofen (Generaloberst, Chef der Luftflotte 4) nichts dagegen hätte, wenn wir zu Einsätzen starten würden.

So flogen wir am 22. August zum erstenmal über den Don und nach Stalingrad. Noch lag die Stadt weit hinter der Front. Wir begegneten einem russischen Schlachtverband, der unsere Linien angriff. Jäger waren auch dabei. Um 13.55 und um 14.03 Uhr fielen eine IL 2 und eine Jagdmaschine als meine 128. und 129. Abschüsse. Am 23. August und gestern, am 24., wurden es 135.«

Füllgrabe und Süß kamen an. Das Tagebuch verschwand in der Knietasche. Ein Blick auf die Uhr. Die Hitze hing immer noch wie eine unsichtbare Glocke über dem Land, obwohl die Sonne schon tief über der Steppe stand. Süß blickte nachdenklich auf seine staubbedeckten Pelzstiefel. In der Nähe schlich der Jagdhund herum. Die Wärme trieb auch ihn von einem Schattenfleck zum anderen. Oberfeldwebel Süß war jetzt soweit.

»Verdammt muntere Schlitten, die neuen Vögel von den Russen, was?«

Füllgrabe fand das anscheinend auch. »Wenn sie oben geblieben wären, hätten wir sicher noch allerhand zu tun gehabt.«

Letzteres sollte in den kommenden Wochen nicht nur mit den Laggs der Fall sein.

Luftkampf mit 20 Gegnern

General Hubes Vorausabteilung der 16. Panzerdivision stand immer noch allein an der Wolga, umschwirrt von russischen Jägern und attackiert von »Stormoviks«, den gefürchteten gegnerischen IL-2-»Schlächtern«. Es sollten noch manche Tage vergehen, bis die Silhouette Stalingrads auch ohne Fernglas beobachtet werden konnte.

Die auf die 4. Panzerarmee gesetzten Hoffnungen waren bis jetzt nur zum Teil in Erfüllung gegangen. Zwar hatte das zur Unterstützung der 6. Armee von Süden her angesetzte XXXXVIII. Panzerkorps des Generals Veiel die Steppe zwischen Don und Wolga durchquert, den von der 62. Sowjetarmee des Generalleutnants Tschujkow bei Krassnoarmeisk südlich von Stalingrad gebildeten Sperriegel jedoch nicht durchbrechen können. Generaloberst Hoth drehte seine Verbände daraufhin nach Nordwesten ein, um zumindest westlich von Stalingrad die Verbindung zur 6. Armee des Generalobersten Paulus herzustellen. Am 3. September wurden nach einer erneuten Schwenkung in Richtung Osten die Wolgahöhen am Westrand der Stadt erreicht.

In diesen Tagen hatte sich die Landschaft jenseits des Don praktisch in ein einziges Flugfeld verwandelt. Generaloberst v. Richthofens 4. Luftflotte war dort konzentriert worden, um den endgültigen Sturm auf Stalingrad mit allen Mitteln zu unterstützen. Sturzkampfbomber, Kampfmaschinen, Schlachtflugzeuge, Zerstörer, Aufklärer und Jäger füllten den Himmel mit dem Lärm ihrer Motoren. Tausende von Bomben rauschten erdwärts, Tausende von Männern des fliegenden Personals erfüllten vom Morgengrauen bis zur Abenddämmerung ihre schwere Pflicht. Doch nur zwei Namen waren damals am meisten in aller Mund: der von Major Gordon M. Gollob und jener des Oberleutnants Hermann Graf.

Während Major Gollob, Kommodore des Jagdgeschwaders 77, nach seinem 150. Luftsieg am 30. August 1942 als 4. Soldat der Wehrmacht mit den Brillanten ausgezeichnet worden war, hatten auf dem Leitwerk der »gelben eins« an diesem Tag nur noch zehn Abschußstriche zu der gleichen Erfolgszahl gefehlt.

Doch für den Staffelführer der 9./JG 52 sollte jetzt erst die Zeit seiner größten jagdfliegerischen Triumphe kommen. Später sagte er einmal, daß er sich während der Schlacht um Stalingrad in der Form seines Lebens befunden habe. Und auch das: »Alle Arten von Luftkampf waren schon so oft von mir mitgemacht

Der Flieger Hermann Graf auf dem Flugplatz München/Neubiberg

Eine Messerschmitt 262, das erste einsatzfähige Düsenjagdflugzeug der Welt

*Zwei Jäger-Asse:
der spätere Oberstleutnant
Egon Mayer, erfolg-
reichster Jagdflieger im
Kampf gegen viermotorige
Bomber (rechts),
und Hermann Graf*

*Hermann Graf
nach einem
Demonstrationsflug
mit einer Me 109*

worden, daß es keine Situation mehr gab, die sich nicht irgendwie hätte meistern lassen. Nur auf meine Rottenflieger nahm ich Rücksicht. Es kostete anscheinend viel Nerven, mit mir zu fliegen. So machte ich morgens mit einem Katschmarek vielleicht zwei Einsätze, dann trat er freiwillig ab. Es folgten dann der zweite und am Nachmittag meistens der dritte...«

Mit den beiden Lagg 5 vom 25. August war seine Abschußziffer auf 137 gestiegen, am 30. August stand sie auf 140. Am 2. September gelang ihm wieder eine seiner unwahrscheinlichen Serien: Nach fünf weiteren Luftsiegen waren nun insgesamt 145 Gegner von ihm bezwungen worden.

Mehr als einmal waren diese Erfolge aber auch auf äußerst riskante Wagnisse zurückzuführen. War schon der 138. Abschuß weit jenseits der Front über einem russischen Flugplatz erzielt worden, dann glich der fünfte Einsatz am 3. September schon einer Art freiwillig gewählten Himmelfahrtskommandos. An diesem Tag tauchte die »gelbe eins« zusammen mit einer Rottenmaschine rund 100 Kilometer ostwärts der Wolga über einem großen sowjetischen Jägerflugplatz auf. Der Katschmarek (Rottenflieger) verlor unterwegs den Anschluß, und Hermann Graf kam nach einer schweren Kurbelei allein zurück. Über dem Stadtgebiet von Stalingrad machte ihn eine Heeresfunkstelle auf etwa zwanzig russische Jäger aufmerksam. Ein Haufen also, den man schon als einen kleinen Verband hätte bezeichnen können. Trotzdem entschloß sich Graf zum Kampf, und sogar noch aus einer taktisch völlig falschen Ausgangsposition heraus — von unten her nämlich.

Allein schon die Tatsache, daß er es als Einzelner wagte, in den Kreis eines vielfach überlegenen Gegners hineinzusteigen, hätte eigentlich einer Art von Selbsmordversuch gleichgesetzt werden dürfen.

Andererseits war aber gerade diese Art des Angriffs ohne vorheriges Abwägen des Risikos von ihm schon so oft in die Tat umgesetzt worden, daß ihr eine exemplarische Bedeutung beigemessen werden darf. Vielleicht war das Geheimnis seiner Erfolge auch darin zu suchen, daß er ohne Rücksicht auf sich selbst und höchstens im Vertrauen auf seine fliegerische Erfahrung keinem Treffen mit dem Feind aus dem Weg ging. Eine oftmals unvorstellbare Kaltblütigkeit, gepaart mit einer blitzschnellen Ausnützung der kleinsten Chance, seine Treffsicherheit und schließlich ein bemerkenswertes Gefühl für die Gunst des Augenblicks im schnellen Wechsel der Situationen ließen ihn selbst dort noch erfolgreich bleiben, wo allein schon der Versuch hierzu allen gültigen Prinzipien widersprochen hätte. Dennoch hatte diese Kühnheit nicht viel mit dem sogenannten Draufgängertum, schon gar nichts aber mit Überheblichkeit oder Leichtsinn gemein. Nach vielen schweren Luftkämpfen dieser Art hörte man aus seinen Äußerungen zuweilen auch Motive ganz besonderer Art heraus. Mehr als einmal pflegte er dabei zu erklären, daß er den unten zusehenden Kameraden der Infanterie es einfach nicht habe antun können, kampflos zu verschwinden und die über ihnen herumkurvenden Russen ungeschoren zu lassen. Und ohne Zweifel waren damit jene vielen Begegnungen gemeint gewesen, bei denen das gegenseitige Kräfteverhältnis etwa ebenso ausgesehen hatte wie an diesem 3. September 1942 über dem Stadtgebiet von Stalingrad.

Es dauerte selbstverständlich nicht mehr lange, bis die sowjetischen Jäger den Deutschen unter ihnen schwer am Wickel hatten, wie Jagdflieger kritische Kampflagen zu bezeichnen pflegten. Einer von ihnen scherte herab, manövrierte sich hinter die Me 109 und schoß. Die Garben strichen nur wenige Meter an der rechten Tragfläche vorbei, während der Heeresfunker verzweifelt ins Mikrophon schrie, was die MG-Kugeln schon überdeutlich veranschaulichten. Ein Abdrehen in dieser üblen Lage hätte aber sicherlich eine Treibjagd mit einem eindeutigen Ausgang im Gefolge gehabt, also gab es nur noch eine Möglichkeit: kurven und dabei Raum nach oben zu gewinnen.

Was wohl keiner der unzähligen Beobachter unten auf der Erde noch für möglich gehalten hätte, gelang — und nicht nur das. Der DB 605 schaffte zunächst die fehlende Höhendistanz.

Voraus zog plötzlich eine der überall herumflitzenden russischen Jagdmaschinen in steiler Messerkurve vorbei. Ein Zug am Knüppel. In Sekundenschnelle ruckte die Motorpartie in den Vorhalt. Die letzten zwanzig Schuß ratterten aus der Kanone. In Flammen gehüllt kippte die Jak 1 nach unten weg.

Aus den Kopfhörern klang der Jubel des Infanteriefunkers. Der Russe hinter dem Leitwerk war schon vorhin nicht mehr dagewesen. Ringsum huschten die anderen durcheinander, als ob ein Blitz bei ihnen eingeschlagen hätte. Die »Messerschmitt« stieß jetzt durch eine Lücke und verschwand nach weiten Sinkspiralen über der Steppe. Keiner der übrigen Jak-Piloten folgte ihr.

Vielleicht hatten auch sie so etwas nicht für möglich gehalten.

Der 150. Luftsieg

4. September 1942.

Die Sonne schob sich über den Horizont. Mit unrasierten Gesichtern, in Turnschuhen, abgewetzten Hosen und Polohemden krochen die Flugzeugführer aus den Zelten. Irgendwo kratzte eine Grammophonnadel und erzeugte das Lied von der Karaya aus Malaya.

Ernst Süß schnitt eine Grimasse und sah zum Gefechtsstandzelt hinüber. Es wies noch Spuren von Gewaltanwendung auf und weckte Erinnerungen an einen der wenigen jungenhaften Späße im Verlauf ihres harten Alltags. Vor einiger Zeit hatte er ein Dromedar auf den Platz gebracht und es zu der Behausung des »Alten« geführt. Das Tier war mit dem Hinterteil in den Eingang geraten und hatte heftig Luft abgelassen.

Durch das donnernde Geräusch waren Graf und Heinrich Füllgrabe aus einem tiefen Schlummer gerissen worden. Der erboste Heinrich hatte anschließend mit einer Latte auf das unschuldige Kamel eingedroschen. Daraufhin hatte sich dieses verängstigt in Trab gesetzt, das Gefechtsstandzelt angesteuert und dasselbe zum Einsturz gebracht. Das Herrlichste an der Geschichte waren jedoch die dämlichen Gesichter der vom zusammengefallenen Zelt bedeckten Schreibstubenbullen gewesen.

Im Norden dröhnte ein Stuka-Verband in Richtung Don. Hoch darüber ein einsamer Aufklärer. In großer Höhe blitzten die Silhouetten einer Ju-88-Staffel im Sonnenlicht.

Füllgrabe kam an, in ebenso gepflegter Aufmachung wie alle anderen. Sie waren daran schon so gewöhnt, daß sie sich sogar die ausgeleierte Parole ersparten, die da hieß: »Waschen und rasieren erst nach dem Endsieg.«

Schweigend stapften sie zur »gelben eins« hinüber, neben der sich Graf mit dem 1. Wart unterhielt. In seiner Nähe schnüffelten seine zwei Jagdhunde den Boden ab. Argus, sein ursprünglicher Dauerbegleiter, hatte mittlerweile Gesellschaft bekommen. Es handelte sich um einen russischen Hund gleicher Bauart, der auf den Namen »Roland II.« getauft worden war und mit dem sich Argus trotz des Nationalitätenunterschiedes dennoch prächtig verstand. Nachts, wenn sich die Kühle über das Land senkte, dienten sie ihrem Herrn neben der üblichen Zeitungswicklung übrigens als zusätzliche Fußwärmer.

Auf dem Leitwerk von Grafs Maschine waren jetzt 149 Abschußstriche zu sehen. Gestern, nach seinem halsbrecherischen Alleingang über Stalingrad, hatte er beim 7. Einsatz dieses Tages noch drei weitere Luftsiege erzielt.

Er schlenderte jetzt auf die beiden Kameraden zu, sah zu Grislawski hinüber, der gerade hinter einer Maschine auftauchte, und verkündete dann, daß sie in aller Kürze starten würden.

Zwei Me-110-Zerstörer preschten im Tiefstflug über das Rollfeld, als sie das Gas hineinschoben. Der lange Acker blieb hinter ihnen zurück. Immer höher schraubten sie sich in den wolkenlosen Himmel. Das Flußband des Don kreuzte ihnen Kurs, und von da an benötigten sie keine Karte mehr.

Fast dreitausend Meter hoch stand eine dunkle Rauchwolke über den brennenden Industrievierteln von Stalingrad. Anscheinend hatten Stukas die großen Treibstofflager in Brand geworfen. Die wabernde Rauchsäule kam näher. Minuten später bot sich ein schaurig-schönes Bild, denn auch auf der Wasseroberfläche der Wolga wurde ausgelaufenes, brennendes Benzin an den Ufern entlanggeschwemmt.

In den Kopfhörern quarrten Stimmen. Südlich der Geschützfabrik »Rote Barrikade«, gegenüber der Wolgainsel, begann die übliche Morgenunterhaltung mit den Heeresfunkstellen. Sie meldeten sich nacheinander mit ihren Decknamen. Wie sich auch bei diesem Feindflug wieder zeigte, wußten sie über die neuesten Erfolge des Oberleutnants Graf so gut Bescheid wie der Gefechtsschreiber. Minutenlang wanderten die Zwiegespräche zwischen Himmel und Erde hin und her. Dazwischen immer eine Frage: »Habicht acht an Karaya eins. Fällt heute Ihr 150.?«

Eine kurze Antwort, einige scherzhafte Worte, dann schwang eine andere, schon ziemlich vertraute Stimme durch den Äther. Der Mann, zu dem sie gehörte, mußte ein Deutscher sein, saß aber zweifellos an einem russischen Funkgerät. Er fing mit der alten Leier an:

»Karaya, geben Sie den sinnlosen Kampf auf . . . !«

Der berühmte Gruß des Götz von Berlichingen unterblieb diesmal, dafür bekam der Deutsche in sowjetischen Diensten ähnliche Liebenswürdigkeiten zu hören.

Sekunden später ein Alarmruf von den Heeresfunkern. Doch die vier russischen Jäger waren schon nicht mehr zu übersehen. Es wurde still in den Kopfhörern. Sogar der sowjetische Propagandasprecher schien darauf zu warten, was jetzt wohl geschehen würde.

Seine Geduld sollte nicht lange strapaziert werden. Grafs »Gustav« lag bereits in einer Steilkurve und zog in die Sonne hinein. Ein kurzes Steuermanöver, und die Motorspitze richtete sich auf den russischen Schwarm. Die Piloten schienen die hinter ihnen lauernde Gefahr noch nicht bemerkt zu haben.

Wahrscheinlich hielten die drei hinter der »gelben eins« in diesen Augenblicken ebenfalls den Atem an, denn Graf tat das auch. Die Jaks flogen immer noch geradeaus. Eine von ihnen pendelte bereits im Leuchtvisier der Me 109, die ihr in Sekundenschnelle den Todesstoß versetzen sollte.

Noch eine Korrektur, dann feuerten Kanone und MG. Die Garben rissen die Feindmaschine aus dem Kurs. Feuer leckte über den Motor, eine dunkle Rauchfahne quoll unter dem Leitwerk hervor. Das Kabinendach löste sich, ein bräunliches Gebilde schnellte nach hinten weg.

Während der ausgestiegene Russe am Fallschirm über die Wolga getrieben wurde, begannen Graf allmählich die Trommelfelle zu schmerzen. Dutzende von Stimmen gellten aus den Membranen der Kopfhörer, doch dem Redner am russischen Funksprechgerät schien es die Sprache verschlagen zu haben. Freudenschreie schrillten durcheinander, danach ein Hagel von ersten Glückwünschen. Hoch über den abdrehenden restlichen Sowjetjägern flog der deutsche Schwarm wieder nach Westen ab.

Als zweiter Jagdflieger – nach Gordon M. Gollob – hatte Hermann Graf 150 Luftsiege errungen.

Die gelbe Sandwüste flitzte an den Flugzeugen vorbei. Im Tiefstflug zischten sie nördlich von Kalatsch auf den Fluß zu. Wackelnd bewegten sich die Tragflächen der »gelben eins« über dem Landefeld. Auf den Liegeplätzen rissen die Mechaniker die Arme in die Höhe, unzählige Mützen flogen in die Luft.

Nach der Landung kamen Scharen von Männern, zusammen mit zwei Jagdhunden, in vollem Karacho angerannt. Die Motoren verstummten, und ein Trubel ohnegleichen nahm seinen Verlauf.

Als die erste Freude etwas abgeebbt war, beugte sich ein Waffenwart über das Kanonenmagazin der Staffelführermaschine. Staunend stellte er fest, daß in dem von ihm zuvor eingelegten Gurt nur sieben Schuß 2-cm-Munition fehlten ...

Und so hatte es begonnen

Ein Luftsieg, der lediglich mit sieben Schuß schwerkalibriger Munition erzielt worden war – wie konnte man sich das erklären? Handelte es sich um einen reinen Zufall, oder war es der Beweis für eine geradezu einmalige Treffsicherheit?

In gewissem Sinne schon, doch daran allein lag es sicherlich nicht. Denn schließlich führten Jagdflieger keine beweglichen Waffen mit sich, so daß jeder Abschuß praktisch durch Zielen mit der ganzen Maschine erreicht werden mußte. Das jedoch konnte erst dann geschehen, wenn diese in die entsprechende Schußposition manövriert worden war, in den sogenannten Vorhalt also. In jedem Falle aber war der Erfolg von einer völligen Beherrschung des Flugzeuges abhängig, gepaart mit einem blitzschnellen Erfassen der jeweiligen Situation und der Fähigkeit, die oft nur Sekundenbruchteile währende Chance im richtigen Augenblick zu nutzen.

Wo aber hatte sich der Staffelführer der Neunten jene fliegerische Fitness erworben, die ihn mittlerweile zu einem As seiner Waffe hatte werden lassen?

Damals im Münchener Luftgau, wo er nach eigenem Bekunden den »schwersten Einsatz seines Lebens« hinter sich gebracht hatte, konnte davon noch keine Rede sein. Er war zwar ein ganz passabler Flieger, mit überdurchschnittlichen Talenten ausgestattet, andererseits aber höchstens ein Pilot, der mit Doppeldeckern und ähnlichen Fluggeräten gefällige Effekte zu erzielen vermochte. Die Me 109 indessen stellte für ihn zu jener Zeit lediglich ein Wunschbild dar.

»Traumvögel« dieser Serie gab es in Bad Aibling wohl in gewisser Zahl, aber zunächst sah es gar nicht danach aus, als ob der neue Angehörige der »Gemsbockgruppe« jemals in einer modernen Jagdmaschine durch die Luft ziehen würde. Oberleutnant Mayer, der Chef der 2. Staffel des I. JG 51 – der späteren I. Gruppe des JG »Mölders« – sagte ihm das nach seiner Ankunft am 31. Mai 1939 auch mit militärischer Offenheit. Er habe nun mal keine Jagdschule hinter sich, und kein Mensch könne es verantworten, ihn in eine Me 109 zu setzen. Diese sei nämlich im Vergleich zu den »Leukoplastbombern«, die er kenne, ein ziemlich tückischer Vogel. Ein falscher Handgriff, und man sei im allgemeinen eine Leiche.

Letzteres konnte mangels Gelegenheit also nicht eintreten, dafür lief der jüngste Angehörige der »Königlichen Zwoten« – wie die zweite Staffel von ihren Piloten genannt wurde – fortan zumindest mit einer wahren Leichenbittermiene herum. Ein solcher Beweis permanenter Traurigkeit wiederum erbarmte sogar den Kommandeur schließlich, und er zeigte sich geneigt, die fliegerischen Fähigkeiten des Hermann Graf an Bord einer He 51 zu begutachten. So kam es zum Start und zu einer wilden Kurbelei, die dem Hauptmann letzten Endes die trockene Feststellung abnötigte: »Viel war es nicht, aber vielleicht lernen Sie es noch!«

Niedergeschlagen näherte sich der Flugschüler aus Engen daraufhin seinem Staffelkapitän. Dessen Bemerkung, daß das soeben verlautbarte Kommandeursurteil angesichts bisheriger Erfahrungen eines der besten sei, war auch nur ein armseliger Trost.

Einige Tage später geschah das Wunder dann aber doch noch. Anscheinend doch irgendwie von den Fertigkeiten des Neuen angetan, beorderte der Gruppenkommandeur diesen tatsächlich in eine Me 109 E. In einem Typ dieser Art war der Reservist inzwischen schon stundenlang gesessen, hatte theoretisch alle möglichen Handgriffe durchexerziert und glaubte sich nunmehr wenigstens so weit auszukennen, daß es für Start und Landung reichen würde.

Man ließ ihm allerdings noch etwas Zeit, seine Vorfreude auszukosten, denn zunächst kam einmal ein aktiver Feldwebel an die Reihe. Dessen erster Flugversuch auf dem modernsten Messerschmitt-Produkt endete allerdings mit einer Katastrophe. Er startete, brachte die »109« etwa hundert Meter hoch und zerschellte kurz darauf in einem Aufschlagbrand.

Trotzdem ließ der Kommandeur eine andere Maschine klarmachen, und sein Vertrauen wurde belohnt. Berauscht von dem Flugerlebnis mit dem herrlichen Apparat landete Graf die »109« sicher auf den Rädern und er in der Folgezeit bei einem Feldwebel namens Erdnis. Bei diesem handelte es sich um einen Piloten, der schon während des spanischen Bürgerkrieges im Verband der »Legion Condor« geflogen war und den späteren Freund allmählich in die Geheimnisse frontreifen jagdfliegerischen Benehmens einzuführen verstand.

Trotz all dieser Bemühungen hatte Graf am 21. August 1939 nach der Verlegung auf den Flugplatz Eutingen im Schwarzwald immer noch das Empfinden, in Sachen Me 109 kaum mehr Kenntnisse zu besitzen als ein Flugsäugling; angesichts der Tatsache, daß der Krieg offenbar bevorstand und die Reaktionen der Westmächte – vor allem Frankreichs – noch nicht abzusehen waren, gewiß kein erhebendes Gefühl. Zunächst erschienen glücklicherweise aber noch keine feindlichen Flugzeuge. Dafür traf der Luftflottenchef, Feldmarschall Sperrle, bei den »Gemsbockjägern« ein, um eine patriotische Rede zu halten. In deren Verlauf sprach er auch davon, daß keine feindliche Bombe auf Deutschland fallen dürfe.

Der Krieg mit Polen war inzwischen in sein Anfangsstadium getreten, und für die I. Gruppe des JG 51 begann das, was die Franzosen schon damals treffend mit den Worten »drôle de guerre« – »drolliger Krieg« – umschrieben hatten.

Funkmeßgeräte oder Ähnliches waren auf dem Flugplatz natürlich noch nicht vorhanden, und die Luftspäher hatten sich daher auf ihre Gläser und ihre guten Ohren zu verlassen. So geschah es denn auch, daß vier Flugzeugführer der Gruppe durch Alarmstart hochgehetzt wurden, weil starker Motorenlärm den Luftwarnern das Herannahen feindlicher Maschinen vorgegaukelt hatte. Es handelte sich aber lediglich um einen Lastzug, von dem Munition für den Westwall herbeigekarrt worden war. Nach diesem Reinfall wurde über dem Rhein ein französischer Aufklärer gesichtet. Niemand durfte denselben jedoch verfolgen, weil man höheren Ortes jenseits des Flusses noch keine feindseligen Handlungen wünschte.

Der deutsche Schicksalsstrom blieb auch auf dem nächsten Einsatzplatz in stetiger Nähe, zusammen mit dem Dom von Speyer. In der Nachbarschaft des ehrwürdigen Bauwerkes startete die Zwote zu weiteren Einsätzen, bei denen ebenfalls nichts Gescheites herauskam. Man übte taktische Finessen in großer Höhe, wobei einer von der Staffel namens Kloi wegen Fehlorientierung abhanden kam und bei den Franzosen in der Maginotlinie landete. Zuvor hatte ein anderer, den sie »Pavian« nannten, seine Me 109 eines ähnlichen Irrtums wegen auf einen französischen Flugplatz gelenkt und dem erfreuten Gegner somit eine völlig unbeschädigte »Messerschmitt« geliefert.

Zu jener Zeit befand sich bei der »Königlichen Zwoten« auch ein schneidiger Leutnant, der eines Tages noch ein ganz anderes Ding lieferte. Der bemerkenswerte »Feindflug« war von Mannheim-Neuostheim aus erfolgt. Begleitet von Hermann Graf, schraubte sich der hoffnungsvolle Offizier himmelwärts, wo geraume Zeit später eine Schar »109« vom Pik-As-Geschwader auftauchte. Der Leutnant indessen glaubte sich einem Haufen französischer Morane gegenüber und suchte die Tiefe auf. Sein Rottenflieger hinterher, wie es das Gesetz befahl. Letzterer hatte aber Theater mit seinem Motor und landete auf einem fremden Platz. Sein Rottenführer indessen berichtete nach der Rückkehr mit allen Anzeichen von Erschöpfung über ein Treffen mit gut dreißig französischen Jägern. Ihn selbst habe eine Morane über die deutschen Linien verfolgt. Der Feldwebel Graf sei vermutlich abgeschossen worden.

Es gab viele heitere Mienen, als der »Abgeschossene« heimkehrte. Er war es nämlich gewesen, von dem der tapfere Leutnant sich verfolgt geglaubt hatte.

Damals klappte nicht viel, auch die Beförderung des Feldwebels Graf zum Leutnant nicht. Der Kommodore vom JG 52, dem seine Staffel unterstand, wollte sich damit noch etwas Zeit lassen. Am 18. Januar 1940 schickte er ihn sogar zur Ergänzungsgruppe.

Nach 21 Frontflügen – ohne einen einzigen Schuß abgefeuert zu haben – meldete sich der Verstoßene bei der Merseburger E-Gruppe und dort bei einem verständnisvollen Kapitän, der ihn nach Herzenslust mit der Me 109 durch den Himmel toben ließ.

Und nun kam jene Zeit, in der die immer noch recht »fremde« Jagdmaschine nach und nach all ihre Geheimnisse verlor. Der frischgebackene Fluglehrer Hermann Graf war auf der »Messerschmitt« bald völlig fit geworden, und sie »gehorchte« ihm, wie er einmal sagte, »nun so gut wie früher ein Doppeldecker«. Tag für Tag kurbelte er drei bis vier Stunden durch den Himmel, und auch die Bauchlandung im Kohlenrevier konnte das neue Hochgefühl ebensowenig beeinträchtigen wie jener Flug zum Schießstand, bei dem er sich praktisch selbst abgeschossen hatte. Einige zurückspritzende Querschläger waren beim Tiefstflug über die Scheibe in den Motor gedrungen und hatten diesen an der weiteren Durchführung seiner Aufgabe die Lust verlieren lassen.

Den gleichen Eifer, den Hermann Graf mit der Me 109 an den Tag legte, bewies er in den Abendstunden auch beim Abfassen von Versetzungsgesuchen zu einer Fronteinheit. Wie sich später herausstellen sollte, sahen die vorgesetzten Dienststellen in ihm, dem 28jährigen Reservisten, jedoch schon einen »alten Mann«, der für ein solch ernstes Handwerk ihrer Ansicht nach offenbar nichts mehr taugte.

Doch da mischte sich wieder einmal das Schicksal ein und kredenzte dem Ruhelosen einen neuen Kommandeur. Dieser hatte sich 1936 im modernen Fünfkampf olympische Ehren erworben, war Major und hieß Handrick. Da der Gesucheschreiber Graf zwar nichts vom Fünfkampf, dafür aber ziemlich viel vom Fußball verstand, war schnell ein persönlicher Kontakt geschlossen – der sich bald als sehr nützlich erweisen sollte.

Und so kam schließlich der Tag, an dem Handrick die Worte sprach: »Graf, packen Sie Ihre Sachen und kommen Sie mit mir.

Ich gehe zum Einsatz an den Kanal. Nehmen Sie meine ›Taifun‹ und fliegen Sie nach Berlin, zusammen mit zwei guten Flugzeugführern aus der Reihe Ihrer Schüler.«

Letztere waren schnell gefunden. Sie hießen Leopold Steinbatz und Alfred Grislawski. Handricks Me 108, von Graf pilotiert, brachte sie nach Berlin-Schönwald. Dort setzten sie bei ihrer neuen Staffel, der 9. des Jagdgeschwaders 52, ihre Fliegersäcke ab und fanden in den nächsten Tagen genügend Zeit, den bevorstehenden Fronteinsatz am Kanal zu durchdenken. Auch der seit dem 1. Mai 1940 doch noch zum Leutnant avancierte ehemalige Fluglehrer von Merseburg tat das in jeder freien Minute.

Ihr Oberkommando hatte sich aber etwas anderes ausgedacht und erließ eines Tages den Befehl, den Verlegungsflug zum Balkan vorzubereiten. Marschziel: Bukarest. Wenn man den sofort umlaufenden Latrinenparolen glauben durfte, sollte es dort unten im Gebälk knistern. Man redete auch von einem Wettlauf zwischen den Russen und den Deutschen. Genaueres wußte eigentlich niemand, und es interessierte auch nicht sosehr. Wichtig war nur der bevorstehende Flug.

Ein junger Oberleutnant rauschte zunächst einmal mit einem Vorkommando von zehn Maschinen los, und noch konnte niemand ahnen, mit welcher Blamage für die Luftwaffe dieser Flug enden sollte. Am nächsten Tag setzte sich der Rest in Stärke von rund dreißig Me 109 in Bewegung. Die Flugroute war klar. Sie sollte über Liegnitz, Wien, Kecskemet und Balomir nach Bukarest führen. Nach einigen Orientierungsmißverständnissen hatten die Ungarn von Kecskemet als erste Gelegenheit, deutsche Jagdflugzeuge zu bestaunen und ihren Lenkern zuzujubeln. Vom Verbleib des Vorkommandos wußte allerdings niemand etwas. Erst am nächsten Tag sollte sich nach der Landung in Balomir herausstellen, in welche Pleite der Kommandoführer seinen Haufen manövriert hatte. Neun der zehn Maschinen lagen demoliert in der Gegend, von ihren Piloten nach einer verunglückten Nachtlandung hingefeuert. Einer war sogar auf einen Platzscheinwerfer gedonnert und hatte einige Männer der Bedienung getötet. Nur ein einziger, der Münchener Hans Klein, war mit dem Schrecken und einer heilen Maschine davongekommen.

Die Balkanabordnung des JG 52 besaß noch dreißig Maschinen, als die rumänische Metropole unter den Tragflächen auftauchte. Und nun begann eine Luftschau, die Stunden später eines der Bukarester Abendblätter zu der enthusiastischen Meldung veranlassen sollte: »... Hunderte von deutschen Jagdflugzeugen sind mit über 700 Stundenkilometern Geschwindigkeit über die Stadt gerast!«

Dieser trügerische Eindruck war von den kaum drei Dutzend Me 109 tatsächlich heraufbeschworen worden. Nach jedem Überflug hatten sie sich nämlich in »sicherer Entfernung« wieder neu formiert und waren so lange über Bukarest hinweggedröhnt, bis uneingeweihte Zähler wirklich der Meinung sein konnten, »Hunderte von Flugzeugen« gesehen zu haben.

Dieser gelungenen Parade à la »Reichsparteitag« mit Vorspiegelung falscher Luftmachttatsachen und der anschließenden Landung auf dem Flugplatz Bukarest-Pipera sollte eine Zeit folgen, die den Flugzeugführern des JG 52 später wie ein einziger Urlaub vorgekommen sein mochte. Ihre eigentliche Aufgabe, rumänischen Fliegern moderne taktische Gebräuche beizubringen, kostete zwar Nerven, andererseits aber nur einen Teil der vorhandenen Tatkraft. Für den Rest boten sich zahlreiche äußerst angenehme Zerstreuungen an. Im übrigen wohnten sie in feudalen Hotels, lernten Bukarest auch bei Nacht kennen und waren daher recht zufrieden. Dies änderte sich – wenn auch nur für kurze Zeit – erst an jenem Tag, als ein schweres Erdbeben die Stadt heimsuchte. Viele Menschen wurden ein Opfer der Katastrophe.

Das Naturereignis fand bei den deutschen Luftwaffengästen eine weitaus größere Beachtung als etwa die reichlich glücklosen kriegerischen Bemühungen der italienischen Bundesgenossen.

Jene hatten seit dem 28. Oktober 1940 vergeblich versucht, nach ihrem von Albanien aus erfolgten Einmarsch die Griechen das Fürchten zu lehren. Mittlerweile war von letzteren der Spieß herumgedreht worden, worauf die Soldaten des Duce sogar ins Laufen gekommen waren.

Adolf Hitler hatte diese Extratour seines Freundes Benito Mussolini nachträglich mit sehr gemischten Gefühlen sanktioniert, denn auch er war von dem mit großem Elan begonnenen italienischen Feldzug sozusagen überrascht worden. Der Eroberungsversuch war ihm nämlich sehr ungelegen gekommen, da er für seine eigenen Kriegspläne Rumäniens Öl benötigte und sich daher auf dem Balkan eigentlich eine völlige Ruhe gewünscht hätte. Inzwischen aber war der italienische Verbündete von den trefflichen Griechen schon so weit zurückgeschlagen worden, daß ein weiteres Zusehen eine komplette militärische Schlappe hätte heraufbeschwören können. Außerdem hatten die Briten mittlerweile in Südgriechenland und auf der Insel Kreta Luftbasen und Stützpunkte eingerichtet. Das aber hätte — so mochte der Führer glauben — wieder den rumänischen Ölnachschub in Gefahr bringen können. Um nun den in Verlegenheit geratenen italienischen Achsenpartnern zu helfen und andererseits den englischen Dorn aus dem kretischen und griechischen Fleisch zu ziehen, nahm Hitler die Sache jetzt selbst in die Hand.

In Jugoslawien, seit dem 25. März 1941 zum Dreimächtepakt gehörend, hatte ein Putsch zwei Tage später eine sowjetfreundliche Regierung an die Macht gebracht. Also wurden zwei Probleme auf einmal angegangen und die ursprünglich gegen Griechenland geplanten Angriffsoperationen gleich noch auf Jugoslawien ausgedehnt.

Der Doppelangriff begann am 6. April — und gelang. Am 17. April kapitulierte Jugoslawien, und am 27. April rollten deutsche Panzer durch die Straßen der griechischen Hauptstadt Athen.

Kaum einen Monat später, am 20. Mai, begann die risikoreiche Luftlandung auf der Insel Kreta. Über 21 000 tote Fallschirmjäger und Gebirgsjäger waren der Preis für die am 1. Juni siegreich beendete Schlacht.

Aber weder der Krieg gegen Griechenland noch der Kampf auf Kreta erfüllte die Hoffnungen der JG-52-Angehörigen, ihre fliegerischen Fähigkeiten auch einmal im Ernstfall unter Beweis stellen zu können. Andere Geschwader sicherten die Kampfhandlungen der Erdtruppen, und auch der Leutnant Hermann Graf hatte somit weiterhin Gelegenheit, darüber nachzudenken, daß er bis jetzt noch keine Garbe auf ein feindliches Flugzeug abgegeben hatte. Ein Überführungsflug nach Griechenland verlief ebenfalls ohne besondere Zwischenfälle.

So fand sein einziger bemerkenswerter Kampf jener Tage nicht am Himmel, sondern beim Spiel gegen eine favorisierte rumänische Fliegermannschaft in einem Fußballtor des Bukarester Stadions statt. 40 000 Zuschauer, darunter rund 5000 deutsche Soldaten, erlebten bei diesem dramatischen Match den Triumph ihrer Kameraden in Gestalt eines 3:2-Sieges über den aus Klassekickern zusammengesetzten Gegner. Der überraschende Erfolg wurde von einigen Bukarester Blättern hauptsächlich auf die Paraden des deutschen Torstehers zurückgeführt. In einem Artikel war der deutsche Luftwaffen-Keeper sogar als »der schwarze Zauberer« gefeiert worden.

Der »Zauberer« Hermann Graf hätte eigentlich schon längst auf dem Peloponnes sein sollen, wohin seine Gruppe inzwischen verlegt hatte. Doch Major Handrick wollte ihn lieber im Tor des eigenen Teams als am Himmel über Kreta sehen. Daher bestieg er erst nach gewonnenem Treffen eine Me 109, nahm Kurs auf Griechenland und überbrachte die Siegesbotschaft. Während der Einsätze, die er in den folgenden Wochen flog, fiel zwar mancher Schuß, mangels Feindberührung jedoch wieder kein gegnerisches Flugzeug.

Es kam der 22. Juni 1941 und damit der Tag des Kriegsbeginns mit der Sowjetunion. Doch erst am 3. August flogen die Maschinen des JG 52 über die Ukraine in Richtung Kiew. Der Flugplatz von Biala Zerkow nahm sie auf, wo der Aufstieg des Leutnants Graf in die Reihen der erfolgreichsten Jagdflieger des Zweiten Weltkrieges seinen Anfang nehmen sollte.

Die Brillanten

Die Nacht hatte sich über die Steppe gesenkt. Rings um die Messerschmitt-Maschinen mit den gelben Zahlen auf den Rümpfen und den gleichfarbenen Bemalungen auf den Luftschraubennaben war es ruhiger geworden. Auch das Telefon im Gefechtsstandzelt hatte endlich sein Schrillen eingestellt. Nur die Stimme des Krieges grollte auch zu dieser Stunde noch über das Land.

Sie saßen zwischen den kaum über den Boden ragenden Giebeln der Zelte, um den Mann geschart, der an diesem Tag unzählige Hände geschüttelt, viele Geschenke empfangen, stolze Worte gehört und bedeutend einfachere zurückgegeben hatte. Durch die Funker von Stalingrad und ihre Botschaft vom 150. Abschuß der »Karaya eins« waren sogar höchste Stäbe zu spontanen Aktionen veranlaßt worden. Abgesandte des Kommandierenden Generals waren dagewesen, Kisten mit köstlichen Getränken in ihren Fahrzeugen, Gratulationsadressen in den Meldetaschen. Aber auch Kameraden vom Heer hatten sich eingefunden, um ihre Glückwünsche und ihren Dank auszusprechen.

Das alles war jetzt vorbei. Morgen würde es weitergehen wie alle anderen Tage zuvor. Wie aber fühlte sich der Erfolgreiche, der heute im Mittelpunkt so vieler Ovationen gestanden hatte? Was empfand er? Eines vor allem: Müdigkeit!

Grislawski blickte zu dem Stück Erde hinüber, unter dem die herrlichen Flaschen aus den Wagen der Stabsgratulanten auf Grafs Geheiß hatten vergraben werden müssen.

Dieser hielt den Kopf gesenkt, malte Figuren in den Sand und schien schon seit geraumer Zeit den Gesprächen nicht mehr zu folgen, die ohnehin immer spärlicher wurden. Den Weg von Biala Zerkow zu seinem 150. Luftsieg über Stalingrad hatte er in Gedanken schon einige Male zurückgelegt, es mittlerweile aber aufgegeben, über all das nachzusinnen, was selbst für ihn in mancher Hinsicht auch jetzt noch unbegreiflich war.

Empfang auf dem Engener Bahnhof. Der Brillantenträger Hermann Graf ist von der Front zurückgekehrt

Die »gelbe eins« und ihr Pilot auf dem Flughafen Pitomnik bei Stalingrad

Begegnung mit Major Herbert Ihlefeld, einem der prominentesten deutschen Jagdflieger

Hermann Graf im Jahre 1942 während eines Besuches bei dem berühmten Flugzeugkonstrukteur Professor Claudius Dornier

Es gab aber auch Erinnerungen, die sich nicht mehr verdrängen ließen. Gesichter von Kameraden gewannen Gestalt, die einmal ein Teil ihres Kreises gewesen waren. Poldi Steinbatz zum Beispiel, Gerhard Köppen, Fred Emberger und alle anderen, die diesen Tag nicht mehr erleben sollten. Sie waren Kampfgefährten gewesen, ohne die es vielleicht keine »gelbe eins« und keine 150 Abschußstriche auf ihrem Leitwerk mehr geben würde. Eine der vielen MG-Garben oder Flak-Granaten, die man normalerweise als eine lästige Begleiterscheinung abtat, hatten sie ausgelöscht und unter ihre Jagd nach dem Erfolg den Schlußstrich gesetzt. Symbolisierte ihr Ende nicht die Kehrseite des Ruhms und damit auch des täglichen Spiels mit dem Tod, dessen Geduld manchmal keine Grenzen zu kennen schien?

Einer hatte ein Kofferradio eingeschaltet. Einige Takte Marschmusik, dann die Stimme des Wehrmachtsbericht-Sprechers:

»Deutsche und rumänische Truppen haben am 1. September ... die Straße von Kertsch überschritten ... Die Kämpfe mit den auf der Taman-Halbinsel haltenden feindlichen Kräften sind noch im Gange ... Deutsche Schnellboote stießen im ostwärtigen Schwarzen Meer vor und versenkten drei Schiffe ... Der Angriff auf Stalingrad konnte gestern bis an die westlichen Vorstädte vorgetragen werden ... Südwestlich Kaluga und nordwestlich Medyn wurden von starken feindlichen Kräften geführte Angriffe abgewiesen. Auch im Raum von Rschew. Südlich des Ladogasees und an der Einschließungsfront von Leningrad scheiterten ebenfalls mehrere feindliche Angriffe ... In Ägypten nur Kämpfe von örtlicher Bedeutung ... Im Laufe der gestrigen Nacht wurden über der Deutschen Bucht zwei britische Flugzeuge zum Absturz gebracht. Leichte deutsche Kampfflugzeuge erzielten gestern Volltreffer in Industrie- und Verkehrsanlagen an der englischen Südküste.

Oberleutnant Marseille, Staffelkapitän in einem Jagdgeschwader, errang am 2. September an der ägyptischen Front seinen 125. Luftsieg, nachdem er in Luftkämpfen des vorangegangenen Tages 16 britische Gegner bezwungen hatte ...«

Das Gerät wurde abgeschaltet. Keiner sagte etwas. Sie sahen sich nur an. Jeder von ihnen wußte nur zu gut, was sechzehn Abschüsse an einem Tag bedeuteten.

Hans-Joachim Marseille!

Graf sah ihn unwillkürlich vor sich, schlank, mit großen Augen, dem sympathischen Jungengesicht, die Oberfähnrich-Schulterstücke auf der Uniform. Im Frühjahr 1940 war er ihm bei der Ergänzungsgruppe in Merseburg zum erstenmal begegnet. Er als Lehrer bei der 2. Staffel, Marseille als Flugschüler in der Ersten. Schon nach wenigen Tagen war klargeworden, daß Jochen, wie sie ihn bald nannten, mit der Me 109 mehr anzufangen verstand als sein Staffelkapitän. Das mochte mit ein Grund dafür gewesen sein, daß er damals manches auszustehen hatte. Sein Temperament und sein fast einmaliges fliegerisches Können verleiteten ihn aber auch zu Kunststücken, die ihm manchen Tag Arrest und noch mehr Verweise einbrachten. So hatte er auch später allen Grund, sich als den »ältesten Oberfähnrich der Luftwaffe« zu bezeichnen. Dann aber war er in den vergangenen Monaten das As des Wüsten-Jagdgeschwaders geworden, einer der Größten in der Jagdfliegerei, der »Adler von Afrika«. Marseille! Wie würde es mit ihm weitergehen?

Die Erinnerung an ihn verlor sich, und andere Begriffe aus dem Wehrmachtsbericht wurden noch einmal gegenwärtig: Stalingrad, Kaluga, Rshew, Ladogasee, Leningrad im Nordabschnitt der Front, Ägypten, englische Südküste, britische Maschinen über der Deutschen Bucht! Städte und Länder also, die Tausende von Kilometern voneinander entfernt waren. Und überall Krieg, Fronten, Kampf eines einzigen Volkes, seiner Erdtruppen, seiner Marine und seiner Luftwaffe. Aber nicht nur in Europa und Afrika reihte sich eine Schlacht an die andere, auch auf dem Atlantik war seit dem Dezember 1941 mit Amerika ein mächtiges Land zum Feind geworden. Wie sollte das alles einmal enden?

Irgendwo im Norden schoß die Flak. Das Licht eines Leuchtfallschirms zerteilte die Dunkelheit.

Hermann Graf stand auf.

»Laßt uns schlafen gehen«, sagte er und deutete dorthin, wo die bunten Glutketten der Fla-Leuchtspuren in die Höhe flirrten. »Morgen geht es weiter.«

Es ging weiter, und zwar schon am 5. September. An diesem Tag fiel der 151. Gegner, am 6. nach drei weiteren Abschüssen der 154. und am 7. der 155. Gegen Abend des 10. September brachte ein malkundiger Wart bereits den Balken des 162. Luftsieges an.

Freiherr von Richthofen, Chef der Luftflotte 4, hatte sich am Nachmittag zu einem Besuch bei Major Wilkes Gefechtsverband eingefunden, um auch mit dem Oberleutnant Graf zu sprechen. Vor einiger Zeit war aber auf dem großen Acker mit Flugbetrieb ebenfalls ein Befehl angekommen, in dem das Halten von Hunden jeglicher Art streng untersagt worden war. Unterzeichner: Generaloberst von Richthofen. Da die beiden Jagdhunde von der Neunten trotzdem noch umhertollten, hatte man sie beim Herannahen des Flottenchefs in einem Zelt verborgen. Roland II. jedoch, der Ex-Russe, war mit dem Strick um seinen Hals und eine Zeltstange anscheinend nicht einverstanden gewesen. Und so ereignete sich wieder einer jener heiteren Zwischenfälle, die im schweren Frontalltag jener Zeit ziemlich selten geworden waren.

Es geschah, als der Generaloberst Hermann Graf die Hand drückte. Zu diesem Zeitpunkt hatte das angeseilte Tier den lästigen Strick nämlich bereits durchgebissen und befand sich auf dem Weg zu seinem geliebten Herrn. Beim letzten Sprung war ihm jedoch der Chef der Luftflotte im Wege. Daher hüpfte es diesem auf den Rücken und brachte den hohen Besucher ins Taumeln. Dem ersten Entsetzen auf seiten des Hundehalters folgte verständnisvolles Schmunzeln auf dem Gesicht des Gastes. Einige Tage später traf ein neuer Ukas ein, in dem noch einmal auf das

Verbot, Hunde bei den Einheiten zu führen, hingewiesen wurde; allerdings »mit Ausnahme der beiden Setter des Oberleutnants Graf«, wie der Generaloberst am Schluß der Anordnung hatte vermerken lassen.

Das Dasein der Braunen war somit gesichert, und einige Tage später machten sie sogar die Fahrt nach Pitomnik mit. Ihr Betreuer legte den Weg zu dem Stück Steppe im Westen von Stalingrad mit seiner Maschine zurück.

Auch dieses Mal ging der Verlegungsflug nicht ohne einen Luftkampf zu Ende. Nach einigen Kurven über den Industrievierteln an der Wolga kam ein russischer Pe-2-Verband in Sicht, der die deutschen Linien ansteuerte. Einige Messerschmitt-Jäger waren schon im Anflug, aber aus einer völlig falschen Position. Zwei von ihnen wurden auch prompt ein Opfer der sowjetischen Heckschützenkanonen. Die Situation änderte sich erst, als die »gelbe eins« seitlich an einen der Bomber heranscherte und schoß. Das Kampfflugzeug geriet in Brand, die Besatzung sprang mit dem Fallschirm ab.

Da tauchte plötzlich eine Schar von Airacobras auf. Eine saß bereits so dicht hinter Grafs Leitwerk, daß er unwillkürlich das Genick einzog. Aber auch dieses Mal kamen die Kugeln um einige Sekunden zu spät. Eine wilde Kurbelei begann, bei der die überall hingestopften persönlichen Utensilien wie Schlafanzug, Socken und ähnliches sich selbständig machten und in der Kabine umherflogen. Trotzdem schob sich die Me 109 allmählich in den Vorhalt, und die Entscheidung fiel innerhalb weniger Augenblicke.

Auf dem Steppenstreifen standen die Warte und winkten die gerade gelandete erste Rotte ein. Die Füße noch über den Kabinenrändern, hörten die beiden Flugzeugführer einen beachtlichen Knall.

Zwei von der neunten Staffel waren zusammengestoßen. Verstört kletterten die Unglücksraben aus den Trümmern und bekamen beim Anblick der Totalverluste einen Ausdruck verzweifelten Zorns in die Augen.

Dieser half indessen so wenig wie die Flüche und Verwünschungen, die anschließend noch zu hören waren.

Zwei demolierte Me 109 lagen im warmen Licht der Herbstsonne, deren Kraft bald ebenso erlahmen sollte wie die der zum Untergang verurteilten 6. Armee des späteren Generalfeldmarschalls Paulus. Hunderte von ausgebrannten und zerfetzten Flugzeuggerippen würden schon wenige Monate später den Boden von Pitomnik bedecken, der letzten Hoffnungsschleuse Zehntausender Verwundeter und – Sterbender. Bei eisiger Kälte sollten sie im Schnee liegen, auf das Dröhnen der Flugzeuge lauschend, die allein sie noch dem Leben wiedergeben konnten. Viele von ihnen würden aber für immer zurückbleiben als ein Teil jener 146 300 deutschen Soldaten, die in den Trümmerwüsten von Stalingrad oder auf dem Schlachtfeld zwischen Wolga und Don den Tod gefunden hatten.

Doch in jenen Septembertagen gab es noch nicht das geringste Anzeichen für das Herannahen der bis dahin größten Katastrophe auf den Schlachtfeldern Rußlands, im Gegenteil. Auch jene Panzerabteilungen der 62. sowjetischen Armee konnten daran nichts ändern, die in der Mitte des Monats gegen die zahlenmäßig unterlegenen deutschen Kampfgruppen im Norden Stalingrads zum Angriff vorgerollt waren. Selbst die Tatsache, daß einige T 34 von Pitomnik aus mit bloßem Auge zu sehen waren, brachte die allgemeine Zuversicht nicht ins Wanken. Dafür war man an das plötzliche Auftauchen feindlicher Verbände an irgendeinem Flugplatz schon zu sehr gewöhnt.

Es gab an diesem Krisentag lediglich keine freie Jagd, sondern vom Morgengrauen bis zum Abend einen Tiefangriff nach dem anderen. Und auch diesmal endete der Durchbruchsversuch mit einer schweren Niederlage für den angreifenden Gegner.

Eine ganze Nacht lang waren die Abschüsse der Panzerkanonen über die Steppe gehallt, die Flammen über brennenden Kampfwagen hatten den Horizont erhellt, und nach Beendigung der Schlacht waren 114 russische Panzer auf dem Gefechtsfeld als ausgeglühte Wracks zurückgeblieben. Das deutsche XIV.

Panzerkorps hatte seine Stellungen an der Wolga behauptet. Aber nicht nur das. Inzwischen war auch das LI. Armeekorps des Generals der Artillerie von Seydlitz-Kurzbach zur Verstärkung eingetroffen. Seine 71. Infanteriedivision hatte am 14. September das Stadtgebiet von Stalingrad erreicht und war noch am Abend an die Wolga vorgedrungen, gefolgt von Kampfgruppen der 295. ID.

Auf dem Flugplatz Pitomnik gab es an diesem 16. September daher auch keinen Panzeralarm mehr, dafür aber eine andere Aufregung, die ein fast ebenso großes Durcheinander heraufbeschwören sollte.

Während der ersten Morgenstunden konnte davon allerdings noch keine Rede sein. In der weiteren Umgebung der eingegrabenen Zelte gähnten einige frische Trichter, von kleinen Bomben russischer »Nähmaschinen« im Verlauf des üblichen Nachtbesuches in den Steppenboden gestanzt.

Die Warte arbeiteten an den Maschinen, von denen einige neuerdings zwei zusätzliche Flächenkanonen trugen. Vor wenigen Tagen hatte sich diese verstärkte Bewaffnung beim Angriff auf die schwer gepanzerten sowjetischen IL-2-Schlachtflugzeuge als äußerst wirkungsvoll erwiesen. Vier dieser »Schlächter« waren durch Garben aus den nunmehr drei Kanonen allein von Hermann Graf bei einem Einsatz zum Absturz gebracht worden.

Er dachte an diesem Morgen sicherlich nicht mehr daran, eher an den nächsten Feindflug, zu dem er in einer Viertelstunde starten wollte. Vor dem Leitwerk seiner Maschine stand der Oberwerkmeister. Vielleicht wunderte er sich darüber, daß darauf noch keine Ordnung herrschte, obwohl der Maler sonst immer für schnellen Vollzug war. Die Balken zum 172. Abschuß fehlten nämlich noch.

Der 172. war allerdings erst vor etwa vier Stunden erzielt worden, um 7.05 Uhr, beim zweiten Einsatz.

Grafs Blick wanderte über den Horizont. Sandwolken brodelten über der Steppe. Endlose Kolonnen bewegten sich dort nach Osten, auf Stalingrad zu. Ketten rasselten, Motoren dröhnten. Von der Wolga her hallte Geschützfeuer über das Land.

Die Müdigkeit stellte sich ein. Der Körper schmerzte, die Nerven revoltierten wieder einmal. Es wurde von Tag zu Tag schlimmer damit. Die schweren Strapazen der vergangenen Monate waren auch an ihm nicht spurlos vorübergegangen. Mehr als einmal hatte während der letzten Zeit nur der heimliche Griff in die Pervitin-Schachtel den eigentlich schon längst fälligen Kurzschluß verhindert.

Auf dem schwarzen Zifferblatt des Fliegerchronometers näherten sich die Zeiger der elften Morgenstunde. Oberfeldwebel »Jupp« Zwernemann, Hans Dammers und Füllgrabe kamen an. Es war also wieder einmal soweit. Auch dieses Mal wurden nicht viele Worte verschwendet. Es wäre auch unnötig gewesen. Jeder dieser Männer war ein As, außer Füllgrabe trugen sie schon alle das Ritterkreuz.

Sie gingen zu den Maschinen. An der »gelben eins« fehlte Grapentins vertrautes Gesicht. Er war beim Geschwader im Süden geblieben.

Das Kabinendach wurde verriegelt. Die üblichen Handzeichen zu den Warten. Der Anlasserrotor summte, schon nach kurzer Zeit der Motor. Dann der Routineblick über die Instrumente. Alles in Ordnung. Die Müdigkeit war verflogen. Am Ende des Landefeldes quirlte eine Staubfahne hinter einem PKW. Der Gashebel wanderte ein Stück nach vorn, ein kurzes Prüfen der Magneten. Es konnte losgehen. Ein Nicken zu den Kameraden in der Nähe. Die Bremsklötze wurden weggezogen, schaukelnd begann die Me 109 zu rollen.

Und dann geschah es!

Mit rudernden Armbewegungen stürzten einige Männer aus dem Gefechtsstandzelt. Der heranpreschende Personenwagen hatte den mitwandernden Staubschleier inzwischen bis zum Liegeplatz geschleppt. Die Schreibstubenbullen schienen irgendeine Alarmnachricht herumzuschreien. Zumindest deuteten ihre Aufregung und ihre aufgerissenen Münder darauf hin. Zu hören war im Lärm des Motors natürlich nichts. Auch die Mechaniker setzten sich jetzt in Galopp und hasteten auf die »gelbe eins« zu.

Hermann Graf blickte unwillkürlich zum Himmel hoch. Nahte aus dieser Richtung möglicherweise ein Unheil? Hatte die Meldung von einem bevorstehenden russischen Bombenangriff die Männer etwa so aus dem Häuschen gebracht? Dann also nichts wie den Gashebel nach vorn und möglichst schnell vom Boden weg ...

Doch da waren die ersten schon angelangt, nach Luft schnappend, mit strahlenden Gesichtern. Sie winkten und gestikulierten, und sie schienen damit nur eines ausdrücken zu wollen: Bleib stehen, wir haben dir was zu sagen!

Also tippte Graf auf die Bremsen und drückte das Kabinendach hoch. Sein 1. Wart zappelte bereits auf der Tragfläche und griff nach dem Notzug. Der Motor verstummte. Rechts tauchten andere auf. Sie warfen sich förmlich über die Gestalt mit dem bärtigen Gesicht, zerrten die Anschnallgurte auseinander und packten zu. Danach schleiften sie den Fluchenden über die linke Fläche und stellten ihn unten auf die Beine. Ihr Gebrüll war immer noch so laut, daß jede Frage sinnlos gewesen wäre. Fassungslos betrachtete Graf die herumtanzenden Figuren, und es verging noch einige Zeit, bis endlich die ersten zusammenhängenden Worte sein Ohr erreichten.

Sie hatten etwas mit den Brillanten zum Ritterkreuz zu tun!

In dem Wagen, der vorhin den Staub in die Höhe geschleudert hatte, mußte Major Wilcke gesessen haben. Er wühlte sich bereits durch die Menschenmauer und arbeitete sich zu seinem Ziel vor.

Der Stimmenlärm ebbte ab. Inmitten des dichten Kreises aus Mechanikern und Flugzeugführern standen sich die beiden Offiziere gegenüber.

»Graf«, sagte Wilcke, »ich gratuliere Ihnen. Vorhin ist ein Funkspruch angekommen, daß Ihnen anläßlich Ihres 172. Abschusses die Brillanten verliehen worden sind. Und nun bleiben Sie heute mal schön unten . . .«

Der andere nickte. Worte fehlten ihm vorläufig noch. Woran mochte er in diesen Sekunden wohl gedacht haben? Vielleicht an Biala Zerkow, an seine ersten Einsätze oder an die vielen Augenblicke, wo das Ende näher stand als der Erfolg. Keiner wußte es, und er weiß es heute auch nicht mehr.

Der Tod Hans-Joachim Marseille's — »,Karaya eins' meldet sich ab!«

»Hauptmann Hans-Joachim Marseille, Träger der höchsten deutschen Tapferkeitsauszeichnung, fand, unbesiegt vom Feind, auf dem nordafrikanischen Kriegsschauplatz den Fliegertod. Erfüllt von unbändigem Angriffsgeist, hat dieser junge Offizier in 382 Luftkämpfen 158 britische Gegner bezwungen. Die Wehrmacht betrauert den Verlust eines wahrhaft heldenhaften Kämpfers.«

Es war eine Nachricht, die auch der Major im Befehlszug des Reichsmarschalls bei Winniza nie mehr vergessen würde. Am 1. Oktober 1942 war sie im Wehrmachtsbericht verbreitet worden.

Marseille! Der Oberfähnrich von Merseburg, der brillante Flieger mit dem sympathischen Jungengesicht, das As des Wüsten-Jagdgeschwaders! Motorschaden während der Rückkehr von einem Feindflug zur El-Alamein-Front. Beizenden Rauch in der Kabine. Wenig später seine letzten Worte: »Ich muß jetzt 'raus!« Dann das Unfaßbare: Sein Fallschirm öffnete sich nicht. Vom Fahrtwind gegen das Leitwerk geschmettert, war er wahrscheinlich bewußtlos in die Tiefe gestürzt. Der Aufprall auf dem

Wüstenboden hatte den »Stern von Afrika« für immer erlöschen lassen.

Jochen Marseille! Zweiundzwanzig Jahre war er alt gewesen, jüngster Hauptmann der Luftwaffe und vierter Träger der Brillanten nach Mölders, Galland und Gollob.

Und wie würde das Schicksal des fünften Brillantenträgers verlaufen, sein eigenes – das des Majors Hermann Graf?

Major! Auch das hatte sich inzwischen ereignet. Der »Dicke«, wie sie ihren Oberbefehlshaber Hermann Göring unter sich zu nennen pflegten – manchmal auch den »Eisernen« –, war an den Blitzbeförderungen der letzten Zeit ohne Zweifel maßgeblich beteiligt gewesen. Wenn man es richtig bedachte, hatte er durch seine Order, »diesen Graf« aus der Front herauszuziehen und zu ihm ins Hauptquartier in Marsch zu setzen, unbewußt auch noch etwas anderes fertiggebracht.

Was nämlich Hunderten von sowjetischen Jägern bis dahin in vielen Luftkämpfen nicht gelungen war – die »Karaya eins« und ihren inzwischen auch bei ihnen schon ziemlich bekannt gewordenen Lenker für alle Zeiten auszumerzen –, hätte um ein Haar einer ihrer Kollegen von der »Nähmaschinen«-Abteilung geschafft. Dort, wo Graf wochenlang in einem Erdloch gehaust hatte, war am Morgen nach seinem Abflug das kleine Zelt zusammen mit den wenigen Habseligkeiten nicht mehr zu finden gewesen. Ein sowjetischer Flieger hatte während der Nacht einen Maßwurf hingelegt und dabei einen Bombentrichter erzeugt, in dem man von dem neuesten Brillantenträger der Wehrmacht sicherlich nicht mehr viel gefunden hätte.

Draußen lief Göring zusammen mit einigen Stabsoffizieren an den Waggons entlang, in ein eifriges Gespräch vertieft. Seine weiße Uniform leuchtete, sein Gesicht ebenfalls. Er schien zufrieden zu sein.

Die makellose Montur erinnerte Hermann Graf an seinen eigenen Aufzug. Welch eine Wonne, wieder einmal saubere Hemden, reine Wäsche und anderes unbeschädigtes Zeug tragen zu können. Wieder einmal richtig essen zu dürfen, nicht von Bombenexplosionen aus dem Schlaf gescheucht zu werden und ein bißchen Mensch zu sein.

Er war nun schon einige Tage lang als Gast in dem aus drei Wagen bestehenden Befehlszug des Reichsmarschalls. Bei seiner Ankunft hatte dieser ihn in voller Uniform und mit dem Marschallstab in der Hand empfangen. Nach dem ersten Händedruck, aber noch vor der Verleihung des Goldenen Flugzeugführerabzeichens mit Brillanten, war zuerst einmal Görings scherzhaftes Gepolter zu hören gewesen:

Das sei ja schrecklich, wie er aussehe! Wie ein Halbtoter! Man könnte fast meinen, er wollte sich jeden Moment zur Ewigen Armee abmelden. In diesem entsetzlichen Zustand dürfe er auf keinen Fall im Hauptquartier erscheinen. Und dann die Weisung an das schmunzelnde Gefolge: »Also diesen Graf erst einmal dabehalten und richtig aufpäppeln!«

Letzteres hatten die hierfür zuständigen Verpflegungsexperten mittlerweile in vorbildlicher Weise getan. Die bei der Meldung kaum noch 135 Pfund schwere lange Gestalt war inzwischen schon etwas ansehnlicher geworden.

Graf blickte wieder zum Fenster hinaus. Der Reichsmarschall hatte sich zurückgezogen. Ein blauer Himmel spannte sich über den Wald. Erneut machten sich die Gedanken auf eine kurze Rundreise.

War jetzt eigentlich nicht alles erreicht, was vor rund einem Jahr noch so fern gewesen zu sein schien wie das EK I? Oder war da nicht doch etwas, das sich immer wieder störend in die Gedanken schlich? Kam man sich trotz der Herzlichkeit, die einem hier überall entgegengebracht wurde, nicht wie etwas Überflüssiges vor? Fehlten einem nicht die Kameraden der Staffel, der Flugplatz, die eigene Maschine? Und dann: Wie sollte man auf die Dauer mit dem fatalen Bewußtsein fertig werden, nur einen hohen Orden spazierenzutragen, von einer Ehrung zur anderen weitergereicht und wie ein Museumsstück bestaunt zu werden?

Vorläufig war daran aber wohl nichts zu ändern. Seufzend griff Graf in einen kleinen Beutel und holte das alte Heft hervor. Noch nie hatte er dafür soviel Zeit und Ruhe gefunden wie in den letzten Tagen. Was seit dem 16. September geschehen war, las sich so:

»16. September 1942.

Ich habe die Brillanten bekommen. Unsere Sektvorräte nehmen zu, aber es gibt auch an diesem Festtag keinen Tropfen Alkohol, denn morgen geht der Kampf weiter.

18. September.

Jonescu, der Generalstabschef der rumänischen Luftwaffe, war da, um mich zu sehen. Ich glaube, er war enttäuscht. Wir sahen aus wie die Räuber.

Nachts lag ich wieder in meiner Höhle im Zelt. Da kam ein Anruf. Irgendeiner redete. Es bestand aber ein Befehl des Flottenchefs, daß sich jeder mit Namen und Dienstgrad am Telefon zu melden habe. Das sagte ich dem Mann am anderen Ende der Leitung auch. ›In Ordnung‹, antwortete er, ›daß Sie mich zusammengestaucht haben, denn der Befehl stammt schließlich von mir. Hier spricht nämlich Generaloberst von Richthofen. Ich wollte Ihnen nur mitteilen, daß Sie wegen Tapferkeit vor dem Feind Hauptmann geworden sind. Meinen Glückwunsch!‹

Gestern wäre es beinahe wieder aus gewesen. Beim Luftkampf hatte ich einen übersehen. Da schlug es auch schon in meine Kabine ein. Nach der Landung stellten meine Warte fest, daß ein Kanonentreffer eigentlich genau meinen Kopf hätte treffen müssen. Süß meinte, ich soll aufhören, sonst wäre ich in den nächsten Tagen eine Leiche.

Bisher hatte ich noch nie einen Rottenflieger beim Kampf verloren. Heute fiel mein erster, unser prächtiger Kamerad Kalb aus Nürnberg. Er hatte schon über dreißig Abschüsse. Bei einem Feindflug machte er sich selbständig und griff eine russische Maschine an. Doch da war schon ein anderer hinter ihm. Ich stürzte ihm nach, um ihm zu helfen. Doch es war schon zu spät. Auch bei mir schlug es jetzt gewaltig ein. Mit dreißig Treffern in der

Zelle kam ich gerade noch zum Platz zurück. Am 17. hatte ich meinen 177. Gegner abgeschossen. Heute waren es wieder drei, also insgesamt 180.

22. September.

Am 19. habe ich schon am Vormittag wieder einmal mächtiges Glück gehabt. Über den Ruinen von Stalingrad waren wir im Tiefflug hinter zurückfliegenden Schlachtflugzeugen her. Am jenseitigen Ufer empfing uns die russische Flak mit höllischem Feuer. Rechts von mir wurde ein Feldwebel vom Gruppenstab mit seiner Maschine förmlich auseinandergerissen. Auch ich bekam Treffer, aber der Motor lief noch. Vor mir die Brandwolke über der brennenden Stadt. Der Motor stotterte, es fehlte ihm der Sauerstoff. Dann war ich am Platz, mit einem schweren Treffer in der Fläche. Sie mußte gewechselt werden.

Am Abend kam ich wieder nur mit Mühe und Not zurück. Das Seitensteuer wurde mir halb weggeschossen.

Um 8.20 Uhr am nächsten Tag, dem 20. September, gelingt mir mit dem Abschuß eines Jägers der 181. Luftsieg. Am 21. fallen morgens der 182. und der 183. Beim nächsten Einsatz beschieße ich über den Schrebergärten der westlichen Vorstadt Stalingrads ein Il-2-Schlachtflugzeug. Eine schwarze Rauchfahne stieg auf. Der Pilot versuchte, die Maschine über ein Haus zu ziehen. Es gelang ihm nicht mehr. Schon fast bei Dunkelheit schoß ich am gleichen Tag noch den 185. ab. Heute waren es zwei Abschüsse, der 186. und der 187.

24. September 1942.

Gestern, am 23., war mein erfolgreichster Tag. Wir starteten noch während der Morgendämmerung. Heinrich Füllgrabe war dabei. In 3000 Meter Höhe schlichen wir uns über das Niemandsland, etwa hundert Kilometer hinter die Front. Die Sonne stieg über die Brandwolke von Stalingrad. Unvergeßlich dieser Morgen jenseits der Wolga, viele tausend Kilometer von der Heimat entfernt. Vor uns plötzlich zwei schnelle russische Bomber, darüber fünf Jäger. Inzwischen hatten wir wieder nach Westen eingedreht und waren noch etwa fünfzig Kilometer von der Front entfernt. Wir setzten uns hinter sie und feuerten. In rund zwanzig Sekunden waren drei von ihnen abgeschossen. Wir kurbelten mit den restlichen, dann löste ich mich und stürzte den Bombern nach. Ein Russe folgte mir, aber sein Abstand war zu groß. Oben kämpfte Heinrich weiter. Der Bomberschütze haute mir eine vor den Bug, dann fiel auch diese Maschine. Danach drehten wir ab. Sechs Feindmaschinen waren abgeschossen, vier durch mich, zwei durch Heinrich. Beim vierten Einsatz gelang mir am Nachmittag der 5., dann um 14.31 der 6. und um 14.33 Uhr der 7. Abschuß, alles Bomber. Gegen Abend flog ich mit leichter Bewaffnung (eine 2-cm-Kanone, zwei MG) in der »gelben drei«. Dabei schoß ich zwischen 16.38 und 16.55 Uhr noch einmal drei Gegner ab, so daß es an diesem Tag zehn geworden waren. Gleichzeitig war das mein 197. Luftsieg und der 836. meiner 9. Staffel vom JG 52.

In der vergangenen Nacht konnte ich keine Ruhe finden. Wieder einmal war wohl auch das Pervitin aus der Seenotpackung schuld daran gewesen.

2. Oktober 1942.

Ich mußte einen Tag aussetzen, es ging nicht mehr. Auch Heinrich, mein Rottenkamerad, hatte am Vortag nervlich schwer gelitten. Erst am 25. September starteten wir nachmittags zu einem neuen Einsatz. Über Stalingrad wurden wir von feindlichen Jägern von oben überfallen. Die Russen wollten es wohl genau wissen, aber wir waren wieder einigermaßen in Ordnung. So fiel mein 198. und der 199. Abschuß. Heinrich hatte ebenfalls einen Erfolg. Dann entschuldigte er sich. Er konnte einfach nicht mehr.

Am 26. September kam für mich das Ende meines Kampfes über Stalingrad. Es war der Tag meines 200. Luftsieges. Nachmittags um 16.42 Uhr gelangen mir noch der 201. und um 16.58 Uhr der 202.

Abends machten wir Bilanz. Nicht ganz sechs Wochen hatten wir vor Stalingrad gekämpft. Mit fünfzehn Flugzeugführern waren wir erschienen, drei erfahrene Piloten waren gefallen, zwölf aber lebten, jeder von ihnen ein As. In dieser Zeit hatte mein Kommando 264 Abschüsse erzielt, weit über die Hälfte aller Erfolge über Stalingrad im allgemeinen. Wir hatten dabei etwa dreißig Jagdmaschinen verbraucht. Ich selbst flog immer noch die Me 109, die ich nach Stalingrad mitgebracht hatte.

Dann kam der Befehl, demzufolge ich die Front von Stalingrad zu verlassen hatte. Göring hatte Front- und Feindflugverbot angeordnet.

Meine Flugzeugführer wurden mit Ju 52 zum Geschwader am Terek zurücktransportiert, ich flog mit meiner ›gelben eins‹. Der DB 605 verzeichnete über 100 Betriebsstunden. Damit war die vorgeschriebene Sicherheitsgrenze weit überschritten. Die Flugzeugzelle wies über 100 Treffer auf. Mit dieser einen Maschine hatte ich 75 Luftsiege errungen.

Noch einmal startete dann die ›gelbe eins‹ in Pitomnik. Alle Bodenfunkstellen des Heeres wurden von mir noch einmal angerufen:

›Lebt wohl, Kameraden von Stalingrad . . . ‚Karaya eins' meldet sich ab . . . auf höheren Befehl . . .‹«

Zwei Monate später, am 2. Februar 1943, zehn Uhr, meldete sich die Funkstelle des XI. Armeekorps mit dem letzten Lebenszeichen einer sterbenden Armee. Der erschütternde Funkspruch endete mit den Worten:

»Es lebe Deutschland!«

Die Schlacht um Stalingrad war mit einer katastrophalen Niederlage zu Ende gegangen. In der verschneiten Steppe zwischen Don und Wolga und in den Ruinenvierteln der Stadt hatte die eingeschlossene 6. Armee des Feldmarschalls Paulus den Widerstand eingestellt. 24 Generale, 91 000 weitere Offiziere und Soldaten traten den Weg in die Gefangenschaft an — von der es für viele keine Wiederkehr mehr geben sollte. 146 300 deutsche Soldaten waren auf dem Schlachtfeld zurückgeblieben — für immer.

Es kam der Tag, an dem der Befehlswagen des Reichsmarschalls zum letzten Mal im Wald von Winniza gestanden hatte. Die feldgrauen Divisionen waren unter dem Ansturm eines übermächtig gewordenen Feindes ins Wanken geraten, ausgelaugt, verzweifelt, um ihre Hoffnungen betrogen. Stalingrad und Kursk wurden zu Wendepunkten eines Ringens, das von nun an unter umgekehrten Vorzeichen seinen Verlauf nehmen sollte. Vorbei an Hunderttausenden von einsamen Gräbern fluteten die Armeen auf dem langen Weg zurück, den sie seit dem 22. Juni 1941 unter unvorstellbaren Opfern hinter sich gebracht hatten.

Kommodore des JG 11

Trotz ihrer verbrämten Form stellten die Meldungen des Wehrmachtsberichts in der Folgezeit eine einzige Serie von Hiobsbotschaften dar. Auch an diesem 26. März 1944 war das noch nicht anders geworden.

Der Kommodore des Jagdgeschwaders 11 schaltete das Radiogerät ab. Bilder entstanden vor seiner Erinnerung, die sich wohl nie mehr verdrängen lassen würden: Stalingrad, Pitomnik, der Befehlszug im Wald von Winniza, das zweite Zusammentreffen mit Hitler und ein angeregtes Gespräch über Schäferhunde, die Gräber am Rand der Feldflugplätze, in der Ukraine, auf der Krim, an Dnjepr, Donez, Terek, Wolga und Don! Die Gesichter so vieler Kameraden vor ihrem letzten Feindflug . . .

Hermann Graf stand auf und ging nach draußen, eine Lederjacke um die Schultern, die einmal ein amerikanischer Mustang-Pilot nach Deutschland gebracht hatte. Zwischen den Revers die Brillanten über dem Ritterkreuz.

Das Rollfeld des Flugplatzes von Rotenburg bei Bremen lag im Licht der Mittagssonne. Auf dem Liegeplatz der 1. Staffel sprangen zwei Motoren an. Eine Schar von Warten arbeitete an einigen Focke-Wulf 190, die auf dem Hallenvorfeld für einen neuen Einsatz vorbereitet wurden.

Vor einer Stunde waren auch diese Männer noch Teil einer Paradeformation, die vor dem Kommandogebäude im Karree Aufstellung genommen hatte. Der Anlaß dazu war nicht alltäglich gewesen. Hauptmann Hermichen, Kommandeur der I. Gruppe des JG 11, hatte das Ritterkreuz verliehen bekommen; von ihm, dem Kommodore, im Auftrag des Reichsmarschalls.

Göring! Die Begegnung mit ihm im Wald von Winniza sollte nicht die letzte gewesen sein. Verschiedene andere waren in der Zwischenzeit gefolgt. Darunter eine in Berchtesgaden.

Ein Fernschreiben hatte den damaligen Kommandeur der »Ergänzungsjagdgruppe Ost« aus Südfrankreich herbeibefohlen: »Major Graf sofort zum Reichsmarschall!«

Also Flug mit der Me 109 nach Deutschland, Meldung in dem kleinen Landhaus oberhalb des Plattenhofes. Zuvor ein Wiedersehen mit Major Herbert Ihlefeld, der ebenfalls zur Audienz befohlen worden war. Und dann Görings beschwörende Worte: »Da fliegt täglich eine englische Mosquito bis Wien hinunter und setzt uns durch Fliegeralarm die ganze Industrie lahm. Ihr müßt mir den verdammten Vogel 'runterholen, und zwar heil, damit wir seine geheimen Ortungsgeräte erwischen.«

Man hatte sich wieder verabschiedet und über die Sache nachgedacht. Einige Zeit später war es in 12 000 Meter Höhe über dem holländischen Groningen tatsächlich gelungen, eine der Mosquitos zu stellen — mit einer Höhenjagdmaschine vom Typ Me 109 G-10. Hermann Graf hatte sie gesteuert. Der Pilot des »hölzernen Wunders«, wie die Engländer dieses (für damalige Verhältnisse) unwahrscheinlich schnelle zweimotorige Flugzeug nannten*, wollte aber der Aufforderung zur Landung nicht nachkommen. Alle Hinweise wie Ausfahren des Fahrwerks etc.

* rund 700 Stundenkilometer

halfen nichts. So kam es zum Abschuß. Bei der nächsten Mosquito, die er über dem Bodensee verfolgt hatte, reichte es nur zu Treffern. Die angeschossene Maschine zog sich in die Schweiz zurück, wo sie dem Vernehmen nach heute noch als Kriegssouvenir stehen soll.

Vorbei! Ebenso wie die Monate beim Versuchskommando für Höhenflug in Wiesbaden, JG 50 genannt. Auch das nur eine Station auf einem Weg, der keine Richtung mehr zu haben schien. Flüge in große Höhen, jedesmal das Höllengemisch mit der Bezeichnung GM 1 an Bord*. Eines Tages sogar ein Weltrekord: 14 300 Meter, von fünf Höhenschreibern registriert. Niemand hatte sich jedoch dafür besonders interessiert. Was bedeutete das schließlich schon zu einer Zeit, in der jeden Tag eine andere deutsche Stadt von furchtbaren Luftangriffen heimgesucht wurde?

In der Liegeplatzbaracke der 1. Staffel wußten sie ebenfalls, daß es nicht mehr lange dauern würde. Der Platzlautsprecher hatte schon vor geraumer Zeit die 30-Minuten-Bereitschaft durchgeplärrt. Ein Zeichen dafür, daß die »Dicken« schon wieder unterwegs waren. 500 vielleicht oder auch mehr, amerikanische Boeing B-17-Bomber oder »Liberators«, Pulk hinter Pulk, Hunderte von Begleitjägern über sich. Szenerien dieser Art gehörten schon zu ihrem Alltag und somit zu Einsätzen, die an Härte kaum mehr zu überbieten waren.

Seit einigen Monaten waren sie ein Geschwader der »Reichsverteidigung«. Ihr Frontflugplatz lag mitten in der Heimat. Sagte das nicht schon alles? Einige von ihnen waren früher über England geflogen, in Afrika, im Mittelmeerraum, in Rußland oder sonstwo. Aber das, was hier auf sie gewartet hatte, stellte alles bisher Dagewesene in den Schatten.

Neben dem Fenster saß Josef Zwernemann, »Jupp« genannt, einstiger Oberfeldwebel in Hermann Grafs »Karaya-Staffel«,

---

* Zusatztreibstoff

jetzt Oberleutnant und Kapitän der Ersten. Er sah über den Platz zu dem Mann hinüber, den er schon so oft auf seinen waghalsigen Flügen begleitet hatte, zuletzt über Stalingrad.

In seiner Nähe ein untersetzter Oberfeldwebel, der den Namenszug »Jim« auf die FT-Muscheln seiner Kopfhaube hatte malen lassen. Keiner wußte warum, trotzdem nannten sie ihn so. Die erste »Fliegende Festung« war von ihm am 31. Dezember 1943 über dem französischen Jägerflugplatz Corme-Écluse an der Girondemündung in die Tiefe geschickt worden. In den folgenden Monaten waren noch manche gefolgt.

Einige Sonnenstrahlen huschten über sein Gesicht, das noch die Spuren kaum verheilter Brandnarben aufwies. Andenken an die Schießkünste eines amerikanischen Heckschützen, der ihn vor zwei Monaten über dem Emslandmoor an den Fallschirm gebracht hatte.

Durch eine Luftwaffenzeitschrift und ein Stück Tisch von ihm getrennt, hing Norbert Schücking über einem Sessel. Ein knorriger Holsteiner, Fahnenjunkerfeldwebel, die in Pelzstiefeln steckenden Füße weit von sich gestreckt. Seine Erfolge waren so bemerkenswert wie seine Vorliebe für freimütige Reden. Er hatte sich inzwischen damit abgefunden, sein Leben als Fahnenjunker zu beenden.

Neben dem Eingang eine hagere Gestalt, Unteroffizier Koch, ein Bauernsohn aus der Heide, der im Monat manchmal keine zwanzig Wörter redete. Auch während der Einsätze hörte man ihn nicht. Den besten Beweis für seine fliegerischen Qualitäten lieferte die Tatsache, daß er noch lebte und sich zu den »Alten« der Staffel zählen durfte.

Bei dem Oberfähnrich neben der Tür war das nicht der Fall. Ihn hatten sie in wenigen Monaten durch die Schnellausbildung gepeitscht, vom Doppeldecker auf eine Me 109 und dann auf eine FW 190 verfrachtet. Er hieß Dreizehner, war gerade zwanzig und hatte den Schreibstubenexperten des Gruppengefechtsstandes bei seiner Ankunft vor einer Woche nur ein mitleidiges Lächeln entlockt. Sie wußten schließlich Bescheid mit diesen jungen Burschen. Meistens kamen sie schon vom ersten Einsatz nicht zurück, so daß es sich nicht rentierte, aufwendige Personalakten von ihnen anzulegen. Daher notierten sie lediglich das Nötigste, wünschten viel Glück und hatten sich eine Menge Arbeit erspart, wenn ihnen einige Tage später der Tod des Neuen gemeldet wurde.

Der mit den Brandnarben betrachtete den Oberfähnrich, und er fühlte Mitleid mit ihm. Er konnte sich vorstellen, daß er noch alle Mühe hatte, diesen kraftvollen Höllenapparat von einer FW 190 überhaupt durch die Luft zu dirigieren.

Wie aber mußte ihm dann erst zumute sein, wenn die Pulks der Viermotorigen aus dem Horizont herauswuchsen, über ihnen Scharen von Feindjägern, und die ersten Geschoßgarben an seiner Kanzel vorbeiflitzten? Oder wenn sich im Trubel des Luftkampfes Himmel und Erde drehten, schrille Schreie aus den Kopfhörern gellten, Kommandos, Flüche, Warnungen, ein letztes Röcheln? Würde er dann nicht wie ein Verlorener durch die großen Höhen ziehen, abgeplatzt von seinem Rottenführer, eine leichte Beute für irgendeine amerikanische Mustang, Thunderbold oder Lightning? Es konnte nicht anders sein.

Doch andererseits: Benötigten sie nicht selbst jedesmal in diesen Hexenkesseln der Luftschlachten ebenfalls die letzte Routine? Mußten sie oft nicht auch den winzigsten Rest von Mut zusammenkratzen, um nicht vor diesem Wall aus Flugzeugleibern und Tausenden von Mündungsflammen zu kapitulieren? Durfte man nicht jeden Angriff gegen die gestaffelt fliegenden Pulks der Viermotorigen einer Art Selbstmord gleichsetzen, einem Vabanquespiel mit dem Schicksal? War es nicht meistens erst die jäh aufflammende Wut, der verzweifelte Zorn beim Einschlagen der Treffer in der eigenen Maschine, die einen durch das Abwehrfeuer trieben, das Leuchtvisier auf eine der großen Flugzeugsilhouetten richten und wenige hundert Meter vorher die sechs Bordwaffen auslösen ließen? Oder kam da noch etwas anderes hinzu, das man im Unterbewußtsein mit sich herumschleppte, von einem Einsatz zum anderen? War es vielleicht auch die Erinnerung an die verwüsteten Städte, das Wissen um die Hunderttausende von Unschuldigen, die von den amerikanischen und englischen Bomben zerfetzt wurden oder im Feuersturm der Flächenbrände ein schauriges Ende fanden?

Was es auch sein mochte, es hatte keinen Sinn, darüber nachzudenken. War es nicht tatsächlich schon soweit, wie es auf jenem englischen Flugblatt in hohnvollen Worten vermerkt worden war: »Die Festung Europa hat kein Dach mehr!«? Gab es denn noch eine Möglichkeit, diese endlosen Ströme feindlicher Bomber zu stoppen, englische in den Nächten, amerikanische während des Tages? Was nützten alle Abschüsse, wenn für eine vernichtete Maschine beim nächsten Einflug fünf andere eingesetzt werden konnten? Und unter welchen eigenen Opfern hatten diese Erfolge errungen werden müssen?

Mußte sich auf diese Weise nicht das Ende anbahnen? War es denn schon einmal gelungen, eine Stadt vor dem Bombenhagel zu bewahren? Und wie hätte das denn auch gemacht werden sollen? Mit fünfzig Maschinen gegen tausend feindliche? Manchmal sogar mit noch weniger? Und an den Fronten überall in Europa, sah es dort nicht ähnlich aus? Charkow war wieder in russischer Hand, im September waren die Alliierten in Italien gelandet, im gleichen Monat hatte Smolensk aufgegeben werden müssen, im Oktober der Kubanbrückenkopf, die Krim ...

Wo blieb denn da das vielgerühmte Feldherrngenie des Führers? Hatte er die 6. Armee in Stalingrad wirklich geopfert, wie manche behaupteten? Und hier, im sogenannten Heimatkriegsgebiet? Sah er denn nicht, wohin das führen mußte, wenn eine Stadt nach der anderen zusammen mit den großen Rüstungswerken zertrümmert und vernichtet wurden? Wo blieb denn der neue Turbinenjäger, die Me 262, von dem man sich wahre Wunderdinge erzählte? Eine Maschine, die 200 Stundenkilometer schneller sein sollte als alle Feindjäger? Warum ließ er sie nicht in Serie bauen, wo man ihm doch soviel flugtechnische Fachkenntnisse nachsagte? Und Göring, warum tat er nichts? Hing er im Geiste wirklich noch in den Doppeldeckern des Ersten Weltkriegs und sagte nur »jawohl«, wenn sein Führer ihm klarmachte, daß diese Strahlflugzeuge für Jäger einfach zu schnell seien – wie gemunkelt wurde? Machte es ihm denn nichts aus, wenn seine besten Piloten regelrecht verheizt und selbst die großen Asse von der materiell und zahlenmäßig weit überlegenen amerikanischen Begleitjagd zu Tode gescheucht wurden?

Was mochte der Major am Geschwadergefechtsstand dort drüben darüber denken? Er mit seinen über 200 Luftsiegen? Oder Galland, Lützow, Wilcke, Gollob und all die anderen? Mußte ihnen nicht das Herz bluten, wenn sie Tag für Tag Zeuge dieses Irrsinns wurden?

Der Oberfähnrich lächelte wie ein Junge, der Verlegenheit in sich hochsteigen fühlt. Er konnte nichts von dem grausigen Schicksal ahnen, das sein junges Leben schon zwei Stunden später beenden sollte – im Feuerwirbel eines Aufschlagbrandes.

Einige Flüche zerschnitten die Stille. Schücking, der Fahnenjunkerfeldwebel, war aufgewacht. Er blickte auf den Fliegerchronometer an seinem Handgelenk, schob sich hoch und trat ans Fenster.

Hermann Graf stand immer noch am jenseitigen Rollfeldrand. Hinter ihm seine Me 109, mit der er trotz des gegen ihn verhängten Startverbots Tag für Tag weitere Einsätze flog. Auf den ersten Blick glich die Maschine einer amerikanischen Mustang, so vortrefflich war die Tarnbemalung nachgeahmt. Die Balkenkreuze auf Rumpf und Flächen gingen in den grauen Farbkringeln fast völlig unter.

Etwa dreihundert Meter von ihm entfernt schüttelte Schükking den Kopf.

»Er muß bekloppt sein!«*

Zwernemann stellte seine Grübeleien ein und drehte sich um, die Zigarre im Mundwinkel.

»Wer?«

»Der dort drüben!«

---

* Originaldialog, vom Verfasser sinngemäß aus der Erinnerung eingeflochten.

»Der Kommodore?«

»Ja!«

»Und warum?«

Ein Seufzer folgte, dann die Erläuterung: »Weil ich wissen möchte, was er außer den Brillanten noch haben will? Warum, zum Henker, ißt er nicht die schöne Stabsschonkost wie so viele andere, die gerade das EK I am Bauch haben? Warum hockt er sich trotz Startverbot fast jeden Tag in seinen Kahn und fegt zwischen den Boeings und der Begleitjagd herum?«

Zwernemann zuckte die Schultern und studierte die Asche seiner Zigarre.

»Er ist eben so. Schon in Rußland hat er es immer so gehalten. Wenn die anderen flogen, mußte er das auch tun.«

Der Feldwebel sagte nichts mehr. Doch seinem Gesicht sah man an, daß ihn diese Erklärung nicht befriedigt hatte.

Wie stand es nun wirklich um den Mann, der als Brillantenträger immer noch den Tod herausforderte? War er wirklich »bekloppt«, oder sah auch er vor jedem neuen Einsatz seines Geschwaders die Ruinenfelder oder die zerstörten Städte vor sich? Oder war er gar der Erzfaschist, als welchen ihn die Russen zuweilen hingestellt hatten?

Letzteres war er ganz bestimmt nicht, dafür aber etwas anderes: ein Deutscher nämlich! Was man ihm – je nach weltanschaulichem Standort – auch heute noch verzeihen möge.

Mit dem Einflug der amerikanischen Bomber schien es doch noch eine Weile zu dauern, und so gingen sie zum Essen. Der Weg war nicht weit. Er führte an der Halle vorbei auf eine rechteckige Anlage zu. Die Grünfläche wurde vom Kasinogebäude, der Flugzeugführerunterkunft und einem Block begrenzt, der seit einiger Zeit die Bezeichnung »Frauenhaus« trug. Ein halbes Hundert Nachrichtenhelferinnen verbrachte darin seine Tage; junge, hübsche Kinder, denen ebenfalls bekannt war, wie kurz das Leben in dieser Zeit sein konnte. Manche von ihnen hatte das Bild eines Fliegers im Spind hängen, der nie mehr unter der großen Linde auf sie warten würde. Vielleicht hatten die Männer irgendeines Bergungskommandos sogar darauf verzichtet, seine spärlichen Überreste einzusammeln. So war möglicherweise wieder ein Sarg der Erde übergeben worden, in dem – der Ordnung und des Gewichtes halber – einige verbeulte Motorteile die fehlende Leiche zu ersetzen hatten.

Man kannte das, und man wußte auch, daß es keinen Sinn mehr hatte, sich auf den nächsten Abend mit einer der Helferinnen zu freuen. Dennoch erweckte der Fliegerhorst zuweilen die Illusion, fern des Krieges irgendwo in einer Region des tiefsten Friedens zu leben. Denn es gab hier nicht nur Mädchen mit warmer Haut und weichen, willigen Körpern. Auch ein Kino war vorhanden, in der Unterkunft wartete ein freundliches Zimmer, und nur die große Alarmsirene auf dem Dach deutete eigentlich darauf hin, daß Amerikaner oder Engländer auch dieser bis dahin unzerstörten Flugplatzanlage noch ihre Aufmerksamkeit widmen konnten. Vorläufig aber gab es noch das Gefühl einer trügerischen Geborgenheit, wohlschmeckende Mahlzeiten und überall Sessel, in denen man sich für den Flug in den Tod vorbereiten konnte. Und manch einer mochte sich schon Gedanken darüber gemacht haben, was nun eigentlich einfacher sei: hungernd, durchnäßt oder halb erfroren im Schützenloch die letzte Kugel zu empfangen – oder von einem weichen Fauteuil aus, frisch geduscht, gut genährt und mit dem Lächeln eines Mädchens in der Erinnerung noch eine halbe Flugstunde bis zur Schwelle ins Jenseits zurückzulegen ...

Die von der Ersten saßen schon an einem der langen Tische. Ihr Kommodore kam herein, formlos wie immer, der Runde ein freundliches Lächeln spendierend. Ein Winken zu Zwernemann.

»Tag, Jupp. Laßt euch nicht stören und eßt ein wenig schneller. Lange kann's nicht mehr dauern.«

Er setzte sich und blickte an der Reihe der Lederjacken entlang. Einige der Jungen vergaßen ihren Hunger und bestaunten ihn. Im Türrahmen kam Hauptmann Hermichens hohe Gestalt in Sicht. Ordonnanzen in weißen Jacken jonglierten Schüsseln heran. Es wurde ruhiger. Das Klappern der Bestecke füllte die Stille.

Trotzdem war kaum einer richtig bei der Sache. Jeden Augenblick konnte es im Lautsprecher krachen. Die Nerven waren gespannt, und auch der Magen machte wieder Scherereien. Vielleicht war auch der Sauerstoff schuld daran, den sie Tag für Tag während der Anflüge in sieben- oder achttausend Meter Höhe oft stundenlang in sich hineinsaugten. Manchmal genügte nach der Landung schon der Anblick eines fetten Wurststückes, um den Appetit bis zum Abend auszuschalten.

Dem Kommodore in der Mitte der hufeisenförmigen Tafel ging es nicht viel anders. Er stocherte gedankenverloren auf seinem Teller herum, den Blick auf den Oberfähnrich von der 1. Staffel gerichtet. Vor einigen Monaten waren noch andere Gesichter um ihn gewesen. Das von Grislawski beispielsweise, oder die von Füllgrabe, Süß und der anderen Asse von der »Karaya-Staffel«. Sie alle waren von ihm aus Rußland nach Wiesbaden zum JG 50 geholt worden, und es war nicht einmal schwer gewesen, denn schließlich hatte sich der Reichsmarschall das neue Versuchskommando für Höhenflug direkt unterstellt gehabt. Als dessen Chef hatte man fast unbeschränkte Vollmachten besessen, vor allem solche personeller Art. Einer war noch dabeigewesen, der auf normale Weise nie zu einem deutschen Jagdverband gekommen wäre. Schon deswegen nicht, weil er Holländer war: Jan, ein prächtiger Bursche und ein ausgezeichneter Pilot. Eines Tages war er bei einer deutschen Einheit aufgetaucht, von England aus, mit einer britischen Maschine. Zuerst hatten sie ihn zur Waffen-SS gesteckt, dann woandershin, nur nicht in ein Flugzeug. Als das dann doch geschah, stellte sich heraus, daß er besser fliegen konnte als mancher seiner Lehrer auf der AB-Schule. Ende 1943 war er dann beim Haufen aufgetaucht. Der »Eiserne« hatte Wind von der Sache bekommen und die Ansicht vertreten, daß er nicht über dem Westen fliegen dürfe, weil er sonst sicher abhaue. Es war nicht leicht gewesen, ihm das auszureden. Daraufhin war er also doch noch zum Einsatz gekommen. Schon bei den ersten Feindflügen hatte er einige Boeings abgeschossen. Bis dann der Tag nahte, an dem er in einer Me 109 G-10 sein Ende fand. Jeder, der damals über das FT (Funksprechgerät) seine verzweifelte Stimme gehört hatte, würde die erschütternden Worte wohl nie mehr vergessen. Schon bei 10 000 Meter Höhe hatte es angefangen, immer wieder: »Ich bringe die Kabine nicht weg — um Gottes willen — die Kabine ...!« Und dann, kurz vor dem Aufschlag: »Lebt wohl, Kameraden, grüßt meine Braut!«

Vieles war ihm erspart geblieben, was auch er wohl nie für möglich gehalten hätte: die schweren Rückschläge an allen Fronten, das langsame Sterben der deutschen Städte, die mit jeder weiteren Woche größer werdende Ohnmacht der deutschen Jagdwaffe.

Das Essen war bereits kalt geworden. Ringsum flackerten die ersten Gespräche auf. Manchmal ein unsicheres, gezwungenes Lachen. Und immer wieder ein Blick auf die große Uhr über dem Eingang. Wann würde es soweit sein? Wann würde wieder einer jener Flüge beginnen, bei dem die eigenen Chancen 1:1000 standen? Oder hatten die Bomberpulks vielleicht abgedreht, um irgendein anderes Ziel in Frankreich oder sonstwo anzugreifen?

Sie hatten das nicht getan. Schon wenige Minuten später vermittelte eine scheppernde Lautsprecherstimme die nötige Klarheit. Starr saßen sie vor den teilweise noch halbgefüllten Tellern und hörten die Botschaft des neuen Unheils:

»Bomberstrom in einer Länge von rund 100 Kilometern im Anflug auf das Reichsgebiet. Feindliche Vorausjagd in den Planquadraten ... Fünf-Minuten-Bereitschaft. Ich wiederhole ...«

Stühle polterten auf den Boden, Pelzstiefel scharrten zum Ausgang. Zusammen mit Hermichen hastete Hermann Graf zur Tür. Draußen wartete sein Wagen. Der Motor lief bereits.

Vor dem Block der Helferinnen standen einige Mädchen. Eine sah dem Oberfähnrich Dreizehner nach — zum letztenmal.

Luftschlacht über Deutschland

Die Bugpartien der beiden Jagdflugzeuge waren himmelwärts gerichtet. An den Seiten wölbten sich die Ansaugöffnungen der Höhenlader. Seit dem Abflug in Rotenburg stiegen sie mit Vollgas. Ihre Tarnbemalung hätte sie als amerikanische Mustang-Jäger ausweisen können, aber es waren Höhenjagdmaschinen vom Typ Me 109 G-10.

In einer saß der Kommodore des Jagdgeschwaders 11, in der zweiten ein Blondschopf namens Blaha, Unteroffizier und Offiziersanwärter. Er hatte schon einige der »heimlichen Feindflüge« seines Geschwaderchefs mitgemacht und kannte daher auch die hierfür geltenden Verhaltungsmaßregeln zur Genüge. Unter anderem auch diese: »Nur keine steilen Kurven, damit die nicht merken, daß wir keine Amis sind.« Vor diesem Start war noch etwas Neues hinzugekommen: »Wenn wir nachher oben sind, dann schnappen wir uns einen.«

So mogelten sie sich also wieder einmal von einer 1000-Meter-Grenze zur anderen und somit immer weiter ins »amerikanische Hoheitsgebiet« hinein – wie sie die Höhenlagen über zehn Meter schon seit längerem zu bezeichnen pflegten.

An den Feldwebel, der eigentlich als Nummer drei hatte mitkommen wollen, dachten sie wahrscheinlich schon gar nicht mehr. Es handelte sich bei diesem um einen Unentwegten, den die Amerikaner während der letzten Monate auf verschiedene Weise schon sechsmal abgeschossen hatten. Trotzdem war er noch von einem unvorstellbaren Tatendrang beseelt. Vor dem Start hatte er auf dem Liegeplatz verzweifelt nach einer flugklaren Maschine gesucht. Es wäre besser gewesen, er hätte keine gefunden – wie sich bald herausstellen sollte.

Etwa zehn Kilometer entfernt und fast 2000 Meter tiefer zog Hermichens I. Gruppe in geschlossener Formation südwestwärts. Hinter dem Verband, in leichter Überhöhung, kurvten als Sicherung die beiden Maschinen der »Holzaugenrotte« herum. Die

Sonne füllte den Luftraum mit einer gleißenden Helligkeit. Einige Strahlenbündel brachen sich weit voraus auf gläsernen Flächen. Sekunden später schnellte der erste Bomberpulk über den Horizont.

Auch diesmal schien es, als ob Schwärme silbriger Fische vor den Wolken dahinschwimmen würden. Die Schlange aus unzähligen Flugzeugleibern wuchs allmählich ins Endlose. Formation reihte sich an Formation, wie aus dem Nichts herausgespien, zusammengesetzt aus viermotorigen Flugzeugen vom Typ Boeing B-17. Einem fauchenden Ungetüm gleich wälzte sich der Strom der »Fliegenden Festungen« auf einem Schlauch dampfender Kondensbalken seinem Ziel entgegen. Und niemand würde mehr imstande sein, diese Phalanx einer kostspieligen Rache an ihrem Vorhaben zu hindern.

Das wußten sie alle, die zu dieser Stunde dem immer länger werdenden Lindwurm der Viermotorigen entgegenzogen. Auch Norbert Schücking, der Fahnenjunkerfeldwebel, und der zweite von der Sicherungsrotte der 1. Staffel, den sie »Jim« nannten.

Mittlerweile hatten sie zum Gruppenverband aufgeschlossen. An ihren Armaturenbrettern pendelten die Höhenmessernadeln über die 8500-Meter-Markierung, und vor ihnen gewannen die Konturen des ersten Boeing-Wings immer drohendere Dimensionen. Der Zeitpunkt war bereits gekommen, wo nicht einmal ein Gebet mehr etwas genützt hätte. Der Tod hatte seine Auswahl schon längst getroffen.

Sogar die letzten Gedankenfetzen waren inzwischen von der Angst erstickt worden, die den Körper zusammenkrampfte und den Atem stocken ließ. Aus den Bugtürmen der Viermotorigen zuckten die Flammen des Abwehrfeuers, und Tausende von Geschossen durchfurchten die eisige Luft.

Vor den Augen des Fahnenjunkerfeldwebels leuchtete der rötliche Kreis des Reflexvisiers, sein Daumen lag auf dem Auslöseknopf für die 2-cm-Kanonen. Die MG-Garbe eines amerikanischen Bordschützen steppte sich durch die linke Tragfläche, aber die Focke-Wulf zischte trotzdem weiter wie ein dicker graugrüner Pfeil.

Kaum noch 1000 Meter entfernt lag ein Mensch in der gläsernen Bugspitze der B-17, auf die das Fadenkreuz des deutschen Jagdflugzeuges gerichtet war. Vielleicht schrie er seine Angst in den Gummiwulst der Atemmaske, als er die Abschußblitze vor den sechs Bordwaffenmündungen des Deutschen aufsprühen sah – niemand wird das jemals noch erfahren können ...

Die Schlacht hatte begonnen. Feurige Girlanden wanden sich durch den Luftraum. Zwei Boeings lösten sich aus ihrer Combat-Box, in lodernde Flammen gehüllt, und kippten in die Tiefe. Fallschirme blähten sich und sprenkelten den Himmel wie weiße, vom Wind gebeutelte Blumen.

Zweitausend Meter höher flogen die beiden Mustangs, die keine waren, immer noch ihre vorsichtigen Kreise. Hermann Grafs Stimme war verstummt. Niemand benötigte noch eine Warnung oder eine Anweisung. Das Schicksal hatte die Führung übernommen.

Zwischen den Wolkentürmen kamen helle Gebilde zum Vorschein, großen Stechmücken ähnelnd, die sich in der Sonne tummelten. Es waren richtige Mustangs, amerikanische Fernjäger vom Typ P-51, in bunten Farben schillernd wie Zirkuspferde. Hintereinandergereiht, zogen sie weite Schleifen, sonst taten sie nichts. Gewiß beobachteten auch ihre Piloten das Schauspiel, das unter ihnen seinen Verlauf nahm. Im übrigen hätte es jetzt wahrscheinlich auch keinen Zweck mehr gehabt, dazwischenzufahren, denn die Deutschen in den Focke-Wulfs setzten bereits zu einer neuen Attacke an. Man war etwas zu spät gekommen, und die verdammten Krauts (Spitzname für die Deutschen) hatten die Chance wieder einmal genutzt.

Hermann Graf widmete den etwa zwanzig Feindjägern seine volle Aufmerksamkeit. Noch schienen sie ihn und den Blonden an seiner Seite für ihresgleichen zu halten, und der schon so oft angewandte Trick klappte offenbar auch diesmal wieder.

Diese trügerische Hoffnung blieb ihnen so lange, bis sich von unten her eine Me 109 zu ihnen heraufquälte, mit wunderschönen Balkenkreuzen auf den Tragflächen und einer vorschriftsmäßigen deutschen Tarnbemalung drum herum.

Erst ein entsetzt hervorgestoßener Fluch des Unteroffiziers ließ seinen Kommodore auf den dritten Mann aufmerksam werden. Es war der tatendurstige Feldwebel, der also doch noch eine Maschine gefunden hatte. Eine fabrikneue sogar, die erst vor kurzem von einem Überführungsflieger frei Liegeplatz geliefert worden war.

Oben in den Mustangs wurden sie neugierig, man merkte das an ihren Flugbewegungen. Die Me 109 hatte sich kaum an die beiden anderen gereiht, da kamen sie auch schon herunter, um nach dem Rechten zu sehen.

Für Hermann Graf hatte es jetzt keinen Sinn mehr, nur noch flache Kurven zu fliegen.

Die Prozession der Bomber war so lang, daß selbst den Crews der mittleren Wings der Tumult an der Spitze wie ein fernes Wetterleuchten hätte vorkommen können. Andererseits waren ihnen die einzelnen Erscheinungsformen des dort stattfindenden Gewitters natürlich nur zu gut bekannt, und sie wußten daher, was die Blitze am Horizont, die erdwärts ziehenden Feuerschweife, die roten Glutbälle und die weißen Punkte am Himmel zu bedeuten hatten. Für die Leute in den getroffenen Maschinen mußte es eine höllische Sache sein, von den »Knochensägen« (amerik. Bezeichnung für die deutsche 3-cm-Kanone MK 108) der Focke-Wulfs zerfetzt oder bei der Explosion einer »Fortress« auseinandergerissen zu werden. Auf die anderen, die noch mit dem Fallschirm unten ankommen würden, wartete sicherlich auch kein Empfangskomitee mit Blumen und Ehrenjungfrauen.

Man konnte sich nur zu gut vorstellen, wie es in den gebombten Städten aussehen mußte.

Solange man aber oben blieb und nicht das Pech hatte, einem Haufen Messerschmitts oder etwas Ähnlichem zu begegnen, waren die einzelnen Raids ein Job wie jeder andere. Man hatte seine Strecke zurückzulegen, an den Zielmarkierungen die Bomben rechtzeitig auszuklinken und anständige Flächenwürfe hinzulegen — damit hatte es sich. Manchmal jagte zwar auch die Flak ein paar Granaten herauf und sorgte damit für einige unruhige Minuten. Meistens passierte aber nichts oder nicht viel dabei. War es da ein Wunder, daß man sich hier über Germany schon fast wie zu Hause fühlte?

Außerdem war es irgendwie ein stolzes Gefühl, zu dieser mächtigen Flugzeugflotte zu gehören und etwas für eine gute Sache tun zu können. Denn es ging immerhin darum, die Deutschen von ihrem Tyrannen zu befreien, wobei ihnen allerdings nur gewünscht werden konnte, daß sie das noch erlebten. Wenn dieses Ziel nämlich nicht bald erreicht wurde, dann konnte es leicht möglich sein, daß sie vorher ausgerottet waren. So gesehen, hatte die Methode vielleicht etwas Eigenwilliges an sich, aber das war eine Geschichte, über die sich andere die Köpfe zerbrechen sollten.

Voraus war das Geplänkel anscheinend immer noch im Gange, aber hier in der Mitte störte das auch jetzt noch nicht. Man flog weiterhin in einer mustergültigen Formation, die bei jeder Parade zweifellos großen Beifall gefunden hätte. Auf manche der langen Rümpfe waren Namen gemalt, die auf einen bemerkenswerten Einfallsreichtum schließen ließen. »Höllenengel« zum Beispiel, »Brennan's Circus« oder »Chicago Killer«. Den Burschen in dieser »Fort« konnte man allerdings nur wünschen, daß sie nicht einmal bei den Deutschen notlanden mußten. Vermutlich hatten die keinen Sinn für diese besondere Art von Humor.

Weiter oben turnte eine stattliche Schar von Mustangs zwischen den Wolken herum, auch diesmal ein äußerst beruhigender Anblick. Einige waren feuerrot gespritzt oder trugen andere, recht kontrastreiche Anstriche. In den Cockpits saßen die Erfolgreichen, von denen einige schon fast fünfzehn oder gar noch mehr Abschüsse auf ihrem Konto hatten.

Der letzte Kampf

Der Major in der Me 109 war inzwischen schon bei 210 Luftsiegen angekommen, doch in der augenblicklichen Situation hätten ihm auch fünfhundert so wenig genutzt wie gar keiner. Dies deshalb, weil die Amerikaner bereits im Begriff waren, klare Verhältnisse zu schaffen. Zudem hatten sie es jetzt nur noch mit einer »Messerschmitt« zu tun, nachdem die beiden übrigen soeben den Rückzug in Richtung Erde angetreten hatten. Grafs Befehl, so schnell wie möglich zu verschwinden, war das letzte gewesen, was er für sie noch hatte tun können. Denn angesichts dieser gegnerischen Übermacht wäre allein der Gedanke an eine mögliche Chance schon einer Abart von Überheblichkeit gleichgekommen.

Inzwischen hatten ihn die Eskortejäger in ihre Mitte genommen und taten nun alles, um die Sache möglichst bald zu klären. Natürlich konnten sie nicht wissen, mit wem sie die Ehre hatten. Außerdem war ihnen nicht bekannt, daß dieser Deutsche zu den wenigen gehörte, die eine Me 109 mit einer fast traumwandlerischen Sicherheit beherrschten. Daher mußten sie sich auch noch etwas gedulden und sogar einige herbe Überraschungen in Kauf nehmen.

Die erste war schon nach kurzer Zeit perfekt. Eine der P-51 wurde in Sekundenschnelle aus dem Reigen der Verfolger gefegt, obwohl sie die Visierlinie der »Messerschmitt« nur für Augenblicke passiert hatte. Während sie flammensprühend in die Tiefe

Kriegsberichter W. Doelfs bei einem Interview. Seine Gesprächspartner sind Piloten der 1./JG 11

Der Verfasser vor einem neuen Feindflug auf dem Flugplatz von Rotenburg

So hatte es begonnen:
Hermann Graf
als Flugschüler

stürzte, näherte sich die Treibjagd allmählich der entscheidenden Phase.

Mit dem rechten Fuß auf dem Seitenruderpedal, versuchte Hermann Graf, in steiler Messerlage Höhe zu gewinnen. Dabei tauchte unversehens eine Feindmaschine vor ihm auf, ebenfalls auf der linken Flügelspitze herumkreisend. Plötzlich jedoch wirbelte sie nach einem rasanten Steuerwechsel in die entgegengesetzte Kurvenlage. Eine verständliche Reaktion ihres Piloten. wenn man bedachte, daß ein weiteres Verharren in der vorherigen Drehposition wahrscheinlich sein schnelles Ende im Gefolge gehabt hätte.

Die »109« machte das Manöver sofort mit. Taktisch war das zwar völlig falsch, aber darauf kam es jetzt wirklich nicht mehr an. Trotzdem zeigte es sich schon in den nächsten Sekunden, daß der Mann in der Mustang vorhin umsonst aus dem Vorhalt des Deutschen geschnellt war. Er geriet erneut in den Schußbereich der »Messerschmitt«, eine kurze Garbe, und grelle Feuerzungen leckten über die linke Rumpfflanke.

Fast im gleichen Moment aber ging die Geduld des Schicksals auch mit dem anderen in der Me 109 zu Ende. Eine der vielen P-51 hatte sich hinter ihn manövriert und schoß. Mit kreischendem Geräusch fraß sich eine Kugelserie in die Laderpartie seines Motors.

Einzelteile lösten sich und wurden vom Luftstrom fortgerissen. Eine Garbe bohrte sich durch das Kabinenglas und verschwand im Armaturenbrett, eine heillose Verheerung hinterlassend. Der Zeiger des Tourenmessers war schon vorher auf Alarm gestanden. Im Motor knirschte und klingelte es. Er machte kaum mehr tausend Umdrehungen.

Mit einer mechanischen Steuerbewegung scherte Hermann Graf aus der Gefahrenzone. Sein Oberschenkel wurde plötzlich von einem schweren Schlag getroffen. Eine Kugel hatte das Fleisch durchbohrt. Trotzdem fühlte er keinen Schmerz.

Der Amerikaner hinter ihm nahm erneut Maß. Noch einmal fing die »109« eine Ladung ein. Sie schüttelte sich und schluckte auch diese Lage. Ringsum huschten die anderen mit den weißblauen Sternen auf den Rümpfen vorbei. Ihr Interesse wäre sicher noch größer gewesen, hätten sie gewußt, welches Edelwild sie jagten.

Der Major in der qualmenden »Messerschmitt« sah durch die wehenden Rauchschwaden nach oben, wo gerade zehn oder zwanzig weitere Feindjäger heranpreschten. Seine Nerven, jahrelang zum Schweigen verurteilt, meldeten sich jetzt zu Wort. Der schon längst fällige Kurzschluß erfolgte daher auch bereits in der nächsten Sekunde. Nur noch ein Gedanke war existent: »Wenn es schon zu Ende gehen soll, dann nimmst du noch einen von ihnen mit!«

Ein Zug am Knüppel. Die Ruder funktionierten noch. An der Spitze des Mustangpulks jagte eine P-51 heran, ebenfalls in vielen Farben leuchtend, wahrscheinlich von einem Verbandsführer geflogen.* Er war von dem Deutschen in der zerschossenen »Messerschmitt« für seine letzte Revanche ausersehen worden.

Sie schossen frontal aufeinander zu, und die Distanz verringerte sich mit jeder weiteren Sekunde. Erst im letzten Augenblick schien der Offizier in der Mustang die tödliche Gefahr erkannt zu haben. Doch seine Reaktion erfolgte zu spät.

Wie ein monströses Sensenblatt knallte die linke Tragfläche der Me 109 gegen seine Kabinenhaube und rasierte sie ab. Im Knirschen des Metalls und im Donnerkrach der Geräuscheruption verdunkelte sich der Himmel vor den Augen der beiden Flieger — vor denen des Amerikaners für immer.

Noch halb bewußtlos in den Gurten hängend, feurige Schleier vor dem Blick, sah Hermann Graf am Rumpf hinunter. Die linke Fläche war weggerissen. Ihre zerborstenen Einzelteile kreiselten über der Mustang, die einen toten Piloten in die Tiefe trug.

In einer matten Aufwärtsbewegung schwang sich die Jagdmaschine himmelwärts, nur noch vom Schwung des Aufpralls

* Wie sich später herausstellte, war das wirklich der Fall.

hochgetragen. Ein Wrack, aus dem bald die letzte Kraft gewichen sein würde.

Scharen amerikanischer Jäger flitzten daran vorbei. Keiner von ihnen schoß mehr. Ließ ihr Entsetzen sie nicht einmal daran denken? Oder waren sie der Meinung, daß der Deutsche auch so schon genug haben mußte?

Letzteres war wohl der Fall, andererseits lebte er aber auch noch. Das stellte sich schon wenige Augenblicke später bei einem der dramatischsten Schauspiele heraus, das in diesen Höhen wohl je geboten worden war.

Die »Messerschmitt« lag fast in der Vertikalen, das Kabinendach war bereits gelöst. Der Pilot fiel jetzt aus dem Sitz, aber fast im gleichen Moment kippte die demolierte Maschine nach unten und stülpte sich förmlich über ihn. Es war, als ob sie den Mann wieder einfangen wollte, der sie vorhin zu seiner impulsiven Verzweiflungstat benutzt hatte.

Der Deutsche hing wieder in dem offenen Kabinenloch, vielleicht irgendwo eingeklemmt, oder von der Tonnenlast bereits erschlagen. Das Flugzeug nahm ihn mit nach unten, um seinen Leib irgendwo bis zur Unkenntlichkeit zu zerschmettern. Es war sinnlos geworden, auch nur noch einen Gedanken an ihn zu verschwenden – geschweige denn eine Kugel.

Hermann Graf hatte wirklich kein Geschoß mehr nötig, denn es konnte nicht mehr lange dauern, bis auch so alles zu Ende sein würde. Mit jeder weiteren Sekunde kam die Erde näher, aber es war ihm immer noch nicht gelungen, den zwischen Sauerstoffapparat und Funkgerät eingeklemmten Stiefel herauszuzerren. Niemand störte ihn bei seinem Kampf bis zu jenem, wahrscheinlich bald herannahenden Zeitpunkt, wo ein letzter, furchtbarer Schlag alles auslöschen mußte. Die Amerikaner kreisten hoch über ihm durch den Himmel, während er sich mit der blutbeschmierten rechten Hand immer noch vergeblich bemühte, den Fuß aus der tödlichen Fessel zu lösen. Der linke Arm, von Geschossen zerfetzt, pendelte manchmal vor ihm herum wie etwas Überflüssiges. Sein Kopf hing nach unten, und in seinen Ohren winselte das Jaulen des Luftstromes. Visionen gaukelten durch sein Hirn, von der Todesahnung heraufbeschworen, Szenen aus vielen Jahren in schneller Folge aneinanderreihend: Biala Zerkow, Charkow, Rogani, ein Zug bei Winniza, das strahlende Lächeln auf dem Gesicht des Reichsmarschalls, das kleine Städtchen im Hegau, die Eltern, der letzte Flug über die Wolga und der Gruß an die Funker von Stalingrad:

»Lebt wohl, Kameraden!«

Doch noch einmal bäumte sich der Lebenswille auf. Ein Ruck, ein Zerren mit einer Kraft, die aus rätselhaften Quellen gespeist wurde. Und dann ein Schrei, den der Wind forttrug in das weite Nichts!

Das stählerne Gefängnis wurde ferner, torkelte davon, überschlug sich und verschwand aus dem Blickfeld.

Was der Verstand noch nicht fassen wollte, war gelungen:

Die Maschine hatte ihn freigegeben!

Himmel und Erde drehten sich um den fallenden Körper wie die Wände einer riesigen Zentrifuge. Ein Blick auf die heranrasende Erdoberfläche erinnerte den Fallenden an den Fallschirm, den er auf dem Rücken trug. Doch es vergingen noch viele Sekunden, bis sich die Finger seiner rechten Hand um das Metall des Zuggriffes klammerten und der Wettlauf mit dem Tod in die nächste Phase trat.

Mit knatterndem Rauschen zischte die Fallschirmseide aus der Verpackung. Der Entfaltungsstoß traf Hermann Graf wie eine Folter. Stöhnend bäumte er sich in den Gurten. Mit geschlossenen Augen ertrug er die Qualen, und als er sie wieder öffnete, war die Erde so nahe wie nie zuvor.

Mit unheimlicher Geschwindigkeit huschte eine grünliche Fläche auf ihn zu. Sekunden noch, der Atem stockte, dann der Aufprall. Eine jähe, grausige Schmerzwelle zuckte von den Füßen ins Hirn und versank in dunklen, wallenden Nebeln...

Die beiden Focke-Wulfs stürzten auf den Sumpf zu, in den der Mann am Fallschirm soeben mit enormer Wucht hineingestoßen worden war. Sie jagten darüber hinweg, drehten ein und kamen im Tiefstflug zurück. Die an der Spitze der Rotte fliegende Maschine wurde plötzlich hochgerissen. Es geschah etwa in dem Augenblick, als die über den Wasserpflanzen zusammengesunkene Fallschirmglocke vom Wind wieder aufgebläht wurde.

Die schlammbedeckte Gestalt an den Halteseilen schien das Heulen der BMW-Triebwerke nicht zu hören. Sie hing wie eine große Puppe in den Gurten. Der davontreibende Schirm riß den abgesprungenen Piloten mit der Kraft eines Segels aus dem Moor und schleuderte ihn über Tümpel und Grasinseln.

Schücking, der Fahnenjunkerfeldwebel, drückte zum erstenmal nach dem letzten Angriff auf die Viermotorige den Mikrophonknopf. Eine Spur von Entsetzen schwang noch in seiner Stimme mit:

»Er liegt auf dem Trockenen. Komm, wir hauen ab!«

Der an seiner Seite gab keine Antwort. Schon während des Hochziehens scherte er näher heran. Am Rumpf seiner Maschine bis über die Leitwerkspartie klafften zahlreiche Einschußlöcher.

Sie hängten sich an eine Eisenbahnlinie und fanden einen Flugplatz. Auf das Anwackeln der zwei Abschüsse, die jeder von ihnen erzielt hatte, verzichteten sie. Und das nicht nur deswegen, weil ihr Sprit inzwischen zu knapp geworden war.

Fremde Warte halfen ihnen beim Aussteigen. Sie gingen aufeinander zu, mit schweißnassen Gesichtern. Keiner hatte die Kraft zu einem Lächeln. Weit im Norden zogen einige Bomberpulks nach Osten.

Schücking deutete über die Schulter in die Richtung, aus der sie gekommen waren.

»Ob das vielleicht einer von unserem Gruppenstab war?«

Der andere zuckte die Schultern. Mit zitternden Fingern führte er die Zigarette an den Mund.

Das schlammbespritzte Bündel Mensch begann sich zu regen. Lautes Geschrei und der Klang drohender Stimmen hatten ihn in die Wirklichkeit zurückgeholt. Während die Schmerzen wieder über ihn herfielen, sah er die zorngeröteten Gesichter von Bauern vor sich. Einige hielten lange Knüppel in den Händen, und sicherlich wollten sie das vollenden, was den dreißig oder vierzig Mustangs nur unvollkommen gelungen war.

Aber da beugte sich einer über die zuckende Gestalt und sagte dann etwas zu den anderen. An den harten Griffen vieler Hände merkte Hermann Graf, daß sie ihn hochhoben. Sie schafften ihn zu einem Wagen und fuhren mit ihm davon.

In der Stube eines Bauernhauses legten sie ihn auf ein Sofa. Eine Frau nahm sich seiner an und wusch den Moordreck von den stark blutenden Wunden. Einer kam heran und sagte, daß er der Ortsbauernführer sei. Sein Blick huschte dabei über die amerikanische Lederjacke, auf der Schlamm und Blut sich zu seltsamen Gebilden vereinigt hatten. Ungläubiges Erstaunen drückte sich in seinem Blick aus, nachdem er den abgehackten, mit kraftloser Stimme hervorgestoßenen Worten gelauscht hatte. Ehe sich das Dunkel wieder vor sein Bewußtsein schob, hörte Hermann Graf noch, daß der Bauer seine Bitte erfüllte. Er vernahm die Worte »Rotenburg« und »Stabsarzt Dr. Weimann«, um danach erneut in einem bodenlosen Abgrund zu versinken.

Erst das Schütteln harter Wagenfedern lieferte ihn wieder der Marter kaum mehr erträglicher Schmerzen aus. Doch auf einmal verstummte der Motor, und vom Himmel her dröhnte das Heulen stürzender Flugzeuge. Vorn klappte eine Tür, und Sekunden später prasselten die Bordwaffengeschosse einiger Jabos über das Fahrzeug.

Aber auch diesmal schafften sie es nicht...

Im Flur eines Krankenhauses umfing ihn das Elend gepeinigter Menschen, die ihr Leid mit schrillen Lauten in die karbolgeschwängerte Luft schrien. Irgendwann fühlte er den Stich einer Spritze und sah für wenige Augenblicke das Gesicht einer Schwester vor sich. Eine Woge berauschender Erleichterung trug ihn fort, für lange Zeit.

Warmer Atemhauch auf seinem Gesicht war das erste, was er wieder spürte. Die Augen eines Arztes waren auf ihn gerichtet, und aus weiter Ferne drangen die Worte zu ihm herab:

»Das ist ja einer mit dem Eichenlaub und den Schwertern!«

Wie bedeutungslos das alles schon geworden war ...

E n d e

Nachwort

Nach dem Zusammenbruch der Ostfront und dem Scheitern der Abwehrschlachten gegen die am 6. Juni 1944 in Nordfrankreich gelandeten Alliierten ging der Krieg seinem Ende entgegen – darüber konnte es im Frühjahr 1945 keinen Zweifel mehr geben. Am 25. April dieses Jahres hatten sich amerikanische und russische Truppen bei Torgau an der Elbe getroffen. In Italien schwiegen seit dem 28. April 1945 die Waffen, nachdem die »Heeresgruppe Afrika« bereits am 12. Mai 1943 in Tunesien kapituliert hatte. Die am 16. Dezember gestartete deutsche Ardennen-Offensive hatte die Hoffnungen der Obersten Führung ebensowenig erfüllt wie die zahlreichen anderen Gegenoperationen an den übrigen Kriegsschauplätzen.

Während die Kampfkraft der deutschen Armeen von Tag zu Tag geringer wurde, nahm der Luftkrieg immer dramatischere und furchtbarere Formen an. Am 1. Juli 1942 war die erste amerikanische B-17 mit dem Namen »Jarring Jenny« auf dem schottischen Flughafen Prestwick gelandet. Dieser »Fliegenden Festung« der 8. USAAF waren im Lauf der nächsten Monate und Jahre Tausende gefolgt – eine Lawine der Vernichtung, die eine deutsche Großstadt nach der anderen ins Verderben stürzte und auch der Rüstungsindustrie Schläge versetzte, von denen sie sich nicht mehr erholen sollte.

Tagsüber dröhnten die Verbände der 8. amerikanischen Luftflotte durch den Himmel über Deutschland, und in den Nächten vervollständigten die Flugzeugpulks der britischen R.A.F. die Skala des Schreckens – »rund um die Uhr«. Und was mit den 1000-Bomber-Angriffen auf Köln und Essen Ende Mai 1942 einmal begonnen hatte, fand mit den verheerenden Angriffen des 13. und 14. Januar 1945 auf Dresden einen schaurigen Höhepunkt.

Die schwer dezimierten deutschen Tagjäger standen dem Massenansturm feindlicher Kampfmaschinen schon Anfang 1944 praktisch machtlos gegenüber. Selbst durch die größten Tapferkeitstaten konnten die Bomberströme nicht mehr von ihren Zielen abgedrängt werden.

Auch der ab Herbst 1944 verbandsweise erfolgte Einsatz der Düsenjäger des »Kommandos Nowotny«, des JG 7 unter Oberstleutnant Steinhoff und des JV 44 kam trotz aufsehenerregender Einzelerfolge einem Schlag ins Leere gleich. Der Einsatz von Hitlers »Wundervögeln« war zu spät erfolgt (siehe Anhang: »Die Geschichte der Me 262«). Im gleichen Maße war die Wirkung der seit dem 13. Juni 1944 (V-1) und dem 8. September 1944 (V-2) auf London und Ziele in Südengland abgefeuerten »Vergeltungswaffen« mehr von spektakulärer als entscheidender Bedeutung gewesen.

Am 20. Juli 1944 war das Attentat auf Hitler gescheitert. Die Hoffnung der Verschwörer, durch den Tod des Diktators den Krieg beenden zu können und einen ehrenhaften Frieden zu erreichen, hatte sich nicht erfüllt.

Rund acht Monate sollten noch vergehen, bis der Führer, einstmals Begründer des Dritten Reiches, Sämann eines weltweiten Hasses gegen sein Volk, Gefreiter des Ersten Weltkrieges und später unglücklicherweise auch Feldherr, am 30. April 1945 sein Leben durch Selbstmord beendete. Zurückgeblieben waren die Millionen, die an ihn geglaubt und nun das schrecklichste Erbe anzutreten hatten, das von einem deutschen Staatschef je hinterlassen worden war.

Hitlers Tod wurde zum Symbol für den Untergang, der Krieg war verloren.

Auch Hermann Graf gab sich in dieser Beziehung keinen Illusionen mehr hin, so schmerzlich diese Erkenntnis nach all den schweren Opfern der vergangenen Jahre auch sein mochte. Von seinen Gefährten aus der einstigen »Karaya-Staffel« waren nur noch wenige bei ihm, dem nunmehrigen Oberst.

Josef Zwernemann, 141. Träger des Eichenlaubs, hatte am 8. April 1944 nach einem Luftkampf mit Mustangs bei Gardelegen den Tod gefunden.

Heinrich Füllgrabe, inzwischen zum Oberleutnant befördert, am 2. Oktober 1942 mit dem Ritterkreuz ausgezeichnet, war am 30. Januar 1945 bei Brieg in Schlesien, nach einem Tiefangriff auf sowjetische Panzer, gefallen.

Ernst Süß, Ritterkreuz seit dem 4. September 1942, ebenfalls Oberleutnant, hatte am 20. Dezember 1943 bei Wardenburg im Raum Oldenburg noch eine Lightning abgeschossen und war anschließend am Fallschirm getötet worden.

Leutnant Hans Dammers, am 23. August 1942 mit dem Ritterkreuz ausgezeichnet, hatte am 13. März 1944 an der Ostfront eine Feindmaschine gerammt und war seinen schweren Verletzungen erlegen.

Adolf Dickfeld, inzwischen zum Oberst befördert, 94. Träger des Eichenlaubs und vorheriger Kommandeur der II./JG 11, war ins Reichsluftfahrtministerium versetzt worden.

Alfred Grislawski, 446. Eichenlaubträger, führte eine Staffel in der III. Gruppe des Jagdgeschwaders 53.

Der Tag im März 1944, an dem der Rammstoß gegen die amerikanische Mustang gleichbedeutend geworden war mit Hermann Grafs letztem Einsatz als Jäger, schien schon unendlich weit zurückzuliegen. Nach dem Telefonanruf des Heidebauern war Dr. Weimann, der Geschwaderarzt, sofort im Lazarett erschienen. Seinen Bemühungen war es hauptsächlich zu danken gewesen, daß es nicht zu einer Amputation des von Geschossen schwer zugerichteten linken Arms gekommen war.

Grafs anschließender Versuch, sein Geschwader vom Krankenbett aus weiterzuführen, war durch einen Befehl von höchster Stelle bald gestoppt worden. Dem Aufenthalt in der Heimat war aber schon bald eine neue Berufung gefolgt: die Führung jenes Jagdgeschwaders 52, bei dem er als Leutnant einmal seinen ersten Abschuß erzielt hatte. Zunächst weit über die östliche Front auf deutschem Boden verteilt, kämpften die letzten Piloten des JG 52 gegen Kriegsende in Schlesien. Ihr Kommodore war nur noch so weit flugtauglich, daß es zur Lenkung leichterer Flugzeuge reichte. Bei einem dieser Flüge attackierten zahlreiche Mustangs den von ihm geflogenen Fieseler »Storch«. Doch auch dieses Mal gelang es den Amerikanern nicht, ihm das schon längst fällige Ende zu bereiten.

Von Deutsch-Brod aus begann im März 1945 die letzte Etappe im Jagdfliegerleben Hermann Grafs. Am 5. Mai 1945 flogen die restlichen Me 109 K-4 und Ta 154 des Geschwaders nach erfolgter Sprengung in die Luft. Der Donner der Explosionen glich dem Signal für den Anfang eines abenteuerlichen und gefahrvollen Marsches durch die Tschechoslowakei in Richtung deutsche Grenze.

Einige Tage später waren es nahezu 3000 Menschen, die sich unter Grafs Führung nach Süden durchschlugen, darunter viele Frauen und Kinder. Unterwegs fanden sie auf dem Marktplatz einer Stadt fünf verlassene »Königstiger«-Panzer. Ihre Besatzungen saßen als Gefangene in einem Keller.

Sie wurden befreit, die Kampfgruppe marschierte weiter, und das Wagnis gelang. Jenseits der tschechischen Grenze standen amerikanische Soldaten auf bayerischem Territorium zum Empfang bereit. Ein Lager mit rund 30 000 Gefangenen wurde für Hermann Graf und seine Männer zum vorläufigen Domizil. Er und die anderen Offiziere durften ihre Waffen behalten. Die Sieger bewiesen großmütige Fairneß und joviale Zurückhaltung.

Hatten sie es wirklich geschafft? Zunächst schien es so ...

Doch da folgte am 17. Mai für Hermann Graf und die Soldaten seines Verbandes die schwerste Enttäuschung ihres bisherigen Lebens: die Auslieferung an die Sowjets!

In seinem Wagen, den Kommodorestander auf dem Kotflügel, fuhr Hermann Graf den Russen entgegen, von einer amerikanischen Eskorte umringt. Zwei sowjetische Offiziere warteten bereits auf ihn. Was auch sie vielleicht nie mehr für möglich gehalten hätten, war nun doch noch geschehen: Der Mann, der als Jagdflieger rund zwei gegnerische Flugzeuggeschwader allein vernichtet hatte, befand sich in ihrem Gewahrsam.

Sie behielten ihn fünf Jahre lang in ihrer Obhut. Erst im Jahre 1950 betrat er wieder deutschen Boden.

Aber auch ihn hatte das Vaterland inzwischen schon längst vergessen.

Nicht vergessen hatten ihn seine vielen Freunde. Zu diesen gehörte auch ein Mann, dessen Name einige Jahre später in die Geschichte des internationalen Sports eingehen sollte: Sepp Herberger. Schon zu Kriegszeiten hatte ihm Hermann Grafs berühmte Fußballequipe der »Roten Jäger« als Reservoir für seine letzten, noch verschont gebliebenen Talente gedient. Manch einer, der später zu der Weltmeisterelf von Bern gehörte, war dank des Einflusses von Hermann Graf in die Heimat zurückversetzt worden. So wird sich auch der Ehrenspielführer der Nationalelf, Fritz Walter, sicherlich gern an den Tag erinnern, an dem er von dem Brillantenträger Graf in Deutschland willkommen geheißen und seinem späteren »Chef« Herberger anvertraut wurde.

Für den aus sowjetischer Gefangenschaft entlassenen Heimkehrer Graf begann in den Jahren nach 1950 eine Zeit, in der die persönlichen Erfolge seiner Jagdfliegerära angesichts des Kampfes um eine neue Existenz nur noch Erinnerungswert besitzen konnten. Auch ihm, der schon 1942 ins aktive Offizierskorps übernommen worden war, fiel es nicht leicht, im zivilen Leben Fuß zu fassen. Doch auch das gelang ihm schließlich.

Dabei hatten ihm der damalige Bundestrainer Sepp Herberger und somit auch der Deutsche Fußballbund wertvolle Hilfe zuteil werden lassen. Herberger war es nämlich, der Hermann Graf eines Tages einem Mann vorstellte, für dessen renommierte Firma er auch heute noch im Außendienst für Baden-Württemberg tätig ist: dem Fabrikanten Roland Endler aus München.

Heute lebt Hermann Graf in der südbadischen Stadt Rastatt.

Am 21. Juli 1970 trat er zum ersten Male wieder vor die Öffentlichkeit. An diesem Tag überreichte er dem Leiter des Wehrgeschichtlichen Museums in Rastatt, Oberstleutnant Freiherr von Brand, die Leitwerksflosse seiner ehemaligen Me 109 aus der Stalingrad-Zeit mit den darauf verzeichneten 202 Abschußstrichen.

Die ersten, die in ihrer »Wochenzeitung für Europa« darüber berichteten, waren ehemalige Gegner: die Kanadier! Sie bezeichneten Hermann Graf in dem betreffenden Artikel als eines der »Top-Asse aller Zeiten« und würdigten somit eine Leistung, der auch sie ihre Hochachtung nicht versagten. Dafür sei ihnen – vor allem aber dem Ressortleiter für die Baden-Ausgabe, Captain Don Slimman – Dank und Anerkennung gezollt.

ANHANG

Besuch des Reichsmarschalls beim JG 50 in Wiesbaden-Erbenheim

Wiedersehen mit einer Me 109 anläßlich eines Heimaturlaubs

Hermann Graf und seine Mutter

Verzeichnis der ersten 60 Abschüsse

			ABSCHÜSSE			
Eig.	9./52	III/52	Tag	Zeit	Typ	Gegend des Absturzes
1	6	81	4. 8. 41	06.20	I – 16	10 km SSO Kiew
2	12	123	5. 8. 41	06.20	I – 16	3 km S Kiew
3	11	121	11. 8. 41	14.35	MIG 3	2 km O Kanew
4	21	156	30. 8. 41	08.40	DB 3 a	60 km NO Dnjepropetrowsk
5	30	179	6. 9. 41	18.23	I – 16	25–30 km O Krementschug
6	33	191	13. 9. 41	10.46	I – 26	15 km NW Pereskop
7	35	204	24. 9. 41	12.10	DB 3 a	bei Balaklia
8	42	224	27. 9. 41	14.22	DB 3 a	50 km W Charkow
9	51	243	3. 10. 41	17.05	I – 16	am Oststadtrand Charkow
10	63	278	3. 10. 41	17.00	I – 26	10 km O Charkow
11	65	280	11. 10. 41	07.10	SB – 2	10 km O Losowja
12	66	281	11. 10. 41	07.15	I – 153	20 km O Losowja
13	73	291	14. 10. 41	16.10	I – 26	10 km N Walki
14	75	293	14. 10. 41	16.13	I – 26	15 km N Walki
15	89	338	24. 10. 41	12.50	I – 61	über Boisovka
16	90	341	24. 10. 41	12.52	I – 61	über Boisovka
17	91	352	25. 10. 41	15.21	I – 61	über Aibar
18	94	360	27. 10. 41	15.38	I – 61	10 km S Juschno
19	98	365	28. 10. 41	10.02	I – 61	SO Aibar
20	99	366	28. 10. 41	10.03	R – 5	SO Aibar
21	103	377	1. 11. 41	16.15	I – 16	N Sewastopol
22	107	383	8. 11. 41	11.58	I – 18	S Rostow
23	110	405	9. 11. 41	14.35	I – 16	10 km O Schachti
24	113	413	11. 11. 41	14.35	I – 61	N Rowenjki
25	115	422	17. 11. 41	14.38	I – 16	10 km O Rostow

Eig.	9./52	III/52	Tag	Zeit	Typ	Gegend des Absturzes
26	117	427	20. 11. 41	13.52	SU – 2	20 km NO Agrafenowka
27	120	439	23. 11. 41	13.36	IL – 2	S Rostow
28	123	460	29. 11. 41	10.21	I – 16	10 km NNO Rostow
29	125	462	29. 11. 41	10.27	DB 3	ONO Rostow
30	127	464	29. 11. 41	13.07	I – 16	S Flugplatz Bataisk
31	129	472	2. 12. 41	12.19	I – 16	20 km S Taganrog
32	137	492	6. 12. 41	12.52	IL – 2	O Lysogorskaja
33	138	496	6. 12. 41	14.25	I – 16	W Asow
34	140	499	6. 12. 41	14.32	I – 16	O Asow
35	142	511	8. 12. 41	09.43	I – 5	O Taganrog
36	143	512	8. 12. 41	09.44	I – 5	25 km O Taganrog
37	145	516	8. 12. 41	09.52	I – 16	SW Rabowką
38	148	546	27. 12. 41	12.01	I – 16	Don-Delta 30 km O Taganrog
39	150	548	27. 12. 41	12.05	I – 16	10 km O Asow
40	152	550	27. 12. 41	14.25	I – 16	NO Golodajewka
41	155	553	27. 12. 41	14.30	SB – 2	NO Golodajewka
42	160	558	28. 12. 41	13.32	I – 26	20 km SW Taganrog
43	170	568	7. 1. 42	14.50	I – 16	bei Ssansnoje
44	172	570	7. 1. 42	14.55	I – 16	Nowaja-Slobodka
45	176	574	8. 1. 42	11.25	unbek.	O Prilepy
46	179	597	25. 1. 42	15.42	I – 16	10 km SO Isjum
47	181	600	3. 2. 42	09.35	SU – 2	bei Nuwo
48	218	731	23. 3. 42	13.06	I – 26	8 km SO Gniliza
49	219	732	23. 3. 42	13.14	I – 61	3 km S Burluk
50	220	735	23. 3. 42	17.26	SU – 2	O Kotowka
51	221	739	25. 3. 42	06.25	I – 180	15 km O Star. Saltow
52	229	747	27. 3. 42	10.11	I – 26	15 km O Woltschansk
53	231	752	27. 3. 42	17.18	I – 61	10 km NO Burluk
54	232	753	28. 3. 42	05.53	I – 16	3 km W Burluk

Eig.	9./52	III/52	Tag	Zeit	Typ	Gegend des Absturzes
55	233	754	28. 3. 42	06.18	I — 26	3 km W Kotowka
56	236	759	28. 3. 42	17.08	I — 61	5 km O Saltow
57	239	762	28. 3. 42	17.41	I — 16	bei Gniliza
58	243	766	30. 3. 42	12.05	I — 61	15 km W Burluk
59	246	769	6. 4. 42	06.02	I — 16	2 km NO Star. Saltow
60	247	770	6. 4. 42	06.04	I — 16	10 km O Star. Saltow

Messerschmitt Me 262

Mit den Projektierungsarbeiten für die spätere Me 262 war bei Messerschmitt schon im Jahr 1938 begonnen worden. Im April 1941 waren drei Zellen des als »Verfolgungsjäger« entworfenen Flugzeuges fertig, allerdings noch keine Turbinentriebwerke. Aggregate dieser Art, von BMW hergestellt, erwiesen sich noch nicht als betriebssicher, so daß im Juli 1942 die Erprobung mit den Jumo-004-Turbinen begonnen wurde. Der erste Flug mit den neuen Strahltriebwerken wurde am 18. Juli 1942 von Flugkapitän Fritz Wendel – der am 26. April 1939 mit der Me 209 eine Geschwindigkeit von 755,138 km/h erreicht und damit den absoluten Weltrekord errungen hatte – auf dem Flugplatz Leipheim bei Ulm durchgeführt. Dabei zeigte sich bereits das erste, durch »allerhöchste Anweisung« heraufbeschworene Handikap in Gestalt des fehlenden Bugrads. Maßgebende Herren im Reichsluftfahrtministerium hatten gegen diese »amerikanische Erfindung« eine grundsätzliche Aversion, so daß das neue Strahlflugzeug noch »mit dem Leitwerk am Boden« und auf einem Heckrad gestartet werden mußte. Die Piste in Leipheim war aber nur 1100 Meter lang, und Fritz Wendel brachte die Testmaschine auch nach 800 Meter Rollstrecke (die restliche Distanz wurde zum Ausrollen benötigt) nicht vom Boden weg. Er selbst war es dann, der eine entsprechende Notlösung ersann und sie auch in die Tat umsetzte. Bei einem weiteren Startversuch drückte er bei etwa 180 Stundenkilometern auf die Bremsen, das Leitwerk hob sich, die Strömung legte sich an, und die Me 262 fauchte in die Luft. Zwölf Minuten lang jagte Wendel mit dem Turbo durch den Himmel, und nach der Landung sagte er u. a.: »... ich war selten bei einem Erstlingsflug mit einem Muster so begeistert wie diesmal auf der Me 262.«

Ein sensationeller Erfolg war also errungen worden, aber schon jetzt begann eigentlich die Tragödie um diesen »Wundervogel«, dessen Existenz den Chef der amerikanischen 8. Luftflotte, General Spaatz, am 1. September 1944 zu der Äußerung über die »tödliche Gefahr der deutschen Düsenjäger« veranlassen sollte.

Nach geringfügigen Änderungen hätte der Strahljäger jetzt eigentlich in Serie gehen können. Dies geschah aber nicht, und das Flugzeug kam erst zur Luftwaffenerprobungsstelle Rechlin, wo es nachgeflogen werden sollte. Einige Zeit später, am 22. Mai 1942, stieg der damals prominenteste deutsche Jagdflieger, Generalmajor Galland, auf dem Lechfelder Flugplatz in einen der neuen Turbinenjäger. Professor Messerschmitt, der den hohen Gast empfing, hatte vor dem Start sicherlich einige Erläuterungen zu seiner bemerkenswertesten Flugzeugkonstruktion von sich gegeben. Dabei hätte er u. a. folgende technische Daten der Me 262 anführen können:

Rüstgewicht: 3794 kg;
Zuladung: 2416 kg;
Fluggewicht: 6210 kg;
Startstrecke: 1000 m;
Landegeschwindigkeit: 174 km/h;
Steigzeit auf 6800 m: 6,8 min.;
Dienstgipfelhöhe: 11 450 m;
Reichweite in 9000 m: 1050 km;
Geschwindigkeit: 870 km/h;
Vorgesehene Bewaffnung: 4 MK 108, Kaliber 30 mm.

Allein die letzten beiden Werte hätten genügen müssen, um den Generalinspekteur der Jagdflieger in Begeisterung zu versetzen. Diese aber sprach sofort aus seinen Worten, als er nach dem Flug mit der neuen Maschine später die berühmt gewordene enthusiastische Meinung äußerte: »Es ist, als wenn ein Engel schiebt.« Schließlich hatte er es selbst feststellen können, daß dieses revolutionäre Flugzeug um gut 200 Stundenkilometer schneller war als alle damals auf der Feindseite eingesetzten Jagdmaschinen.

Den Berichten des Generals an das RLM folgte eine zunächst positive Reaktion, der sich auch Göring, der Reichsmarschall, anschloß. Er setzte spontan alle Hebel in Bewegung, um das neue Flugzeugmuster so schnell wie möglich in die Serienproduktion zu bringen, aber Hitler quittierte alle diesbezüglichen Angebote nur mit Skepsis und Mißtrauen. Die Zeit verging, und an den Fronten zeigten sich die ersten Schatten der drohenden Katastrophe. Die Me 262 wurde nicht in Serie produziert, und das in einer Zeit, wo die alliierten Bomberflotten sich in immer größerer Zahl auf den englischen Flugplätzen massierten.

Es war im Juli 1943, als Göring endlich die Messerschmitt-Werke besuchte und sich die Me 262 vorführen ließ. Auch er entflammte nun in Begeisterung und erreichte anschließend, daß das Strahlflugzeug im Spätjahr 1943 auf dem ostpreußischen Flugplatz Insterburg Hitler vorgeflogen wurde. Der Führer war von den imposanten Flugeigenschaften des »Turbo« natürlich ebenfalls angetan, schien sich aber bereits mit besonderen Plänen zu beschäftigen. Er stellte Göring nämlich jene Frage, die praktisch schon zu diesem Zeitpunkt das Todesurteil über den Einsatz der Me 262 als Jäger darstellte: »Kann dieses Flugzeug Bomben tragen?«

Der Reichsmarschall überließ die Antwort dem Schöpfer des Strahlflugzeuges, dem ebenfalls anwesenden Professor Messerschmitt, mit dem er über eine solche Verwendungsmöglichkeit bereits einmal gesprochen hatte. So lautete Messerschmitts Erwiderung: »Jawohl – im Prinzip ja. Belastungsmäßig werden 500 kg sicher, vielleicht sogar 1000 kg zu verkraften sein.«

Von diesem Augenblick an war die Me 262 für Hitler *der* »Blitzbomber«. Göring hatte nichts mehr einzuwenden, als sein Führer erklärte: »In diesem Flugzeug, das Sie mir als Jagdflugzeug präsentieren, erblicke ich den Blitzbomber, mit dem ich die« – von ihm zu diesem Zeitpunkt erwartete – »Invasion in ihrer ersten und schwächsten Phase abschlagen werde. – Das ist endlich der Blitzbomber!«

Auf Galland und die anderen Fachleute, die diese Ansicht zur Kenntnis nahmen, muß die Führer-Meinung über die Me 262 wie ein Keulenschlag gewirkt haben. Die Jagdflieger der Reichsverteidigung standen zu diesem Zeitpunkt bereits in schweren Kämpfen mit den alliierten Bomberverbänden und flogen mit Maschinen, die denen der alliierten Begleitjäger nicht immer ebenbürtig waren; von der zahlenmäßigen Übermacht des Gegners ganz zu schweigen. Aber weder Galland, als Verantwortlicher für die Tagjagd, noch das RLM und offenbar nicht einmal Göring nahmen den »Führerwunsch« ernst. Praktisch unter der Hand wurde die Me 262 weiterentwickelt und — als Jäger — geflogen. Ein Erprobungskommando der Luftwaffe bei Messerschmitt (Hauptmann Thierfelder) verscheuchte innerhalb kurzer Zeit die bis dahin für deutsche Propellerjäger unerreichbaren britischen Mosquito-Aufklärer. In einer Verlautbarung der Messerschmitt-Werke heißt es hierzu: »Monatelang blieb der Raum über Lechfeld frei von Aufklärern und frei von Bombenangriffen.«

Die Zeit rann weiter dahin, und in Deutschland sank eine Stadt nach der anderen in Schutt und Asche. Verzweifelt stemmten sich deutsche Jäger mit Me-109- und FW-190-Maschinen gegen die um ein Vielfaches überlegenen alliierten Bomberflotten. Die besten Verbandsführer fielen im Luftkampf, und die Verluste der Tagjagd stiegen mit jedem weiteren Einsatz. Trotzdem blieb die Me 262 offiziell immer noch in den Hangars.

Der April 1944 kam, jener Zeitabschnitt also, zu dem sich die alliierte Luftoffensive allmählich ihrem Höhepunkt näherte. In diesen Tagen sagte Galland — wie er in seinem Buch »Die Ersten und die Letzten« schrieb — bei einer Rüstungsbesprechung u. a.:

»Das Zahlenverhältnis, unter dem am Tage gekämpft wird, liegt ungefähr bei 1 : 6 bis 1 : 8. Die Tagjagd hat in den letzten vier Monaten weit über tausend Mann fliegendes Personal verloren. Ich stehe auf dem Standpunkt, daß wir schon mit einer geringen Zahl technisch ganz hochwertiger Flugzeuge wie der Me 262 enorm viel erreichen können. Um beispielsweise einen Wert zu nennen: Mir ist im Augenblick eine Me 262 lieber als fünf Me 109.«

Die Rüstungsfachleute verstanden das nur zu gut, die Produktion von monatlich 1000 Me 262 wurde vorgesehen, aber Hitler lehnte ab.

Bei der Besprechung des Notprogramms, ebenfalls im April 1944, wurde dann sozusagen die Hinrichtung der Me 262 als Jäger deklariert. Hitler erfuhr bei diesem Anlaß, daß noch keine Turbinenmaschine als »Blitzbomber« umgerüstet worden sei, und er schäumte vor Zorn (Galland).

Den Verbandsführern der Reichsverteidigung erging es ähnlich, als sie von des Führers neuestem Befehl hörten, die gesamte Serie Me 262 ausschließlich als Bomber umzurüsten. Seine starrköpfige Haltung gipfelte sodann in der von ihm herausgegebenen Weisung mit dem Wortlaut: »Mit sofortiger Wirkung verbiete ich, mit mir über das Düsenflugzeug Me 262 in einem anderen Zusammenhang oder einer anderen Zweckbestimmung zu sprechen denn als Schnellst- oder Blitzbomber.« Da fiel auch Göring um und schloß sich dem Führer-Ukas mit dem Befehl an: »Jedes Gespräch über das Thema, ob Me 262 ein Jagdflugzeug ist oder nicht, verbiete ich.«

Zu diesem neuen Schritt hatte sich Hitler nach einer Unterhaltung mit dem Fliegeras Steinhoff (heutiger Luftwaffeninspekteur) nach dessen 150. Luftsieg und dem damaligen Kommodore des JG »Richthofen«, Bühligen, veranlaßt gesehen. Während des recht einseitigen Gedankenaustausches hatte Bühligen auf eine entsprechende Frage Hitlers wahrheitsgemäß geantwortet, daß die Jagdflugzeuge der Alliierten um rund 70 Kilometer schneller seien als die deutschen. Daraufhin war Hitler, nachdem von Steinhoff die Me 262 erwähnt worden war, die bemerkenswerte Äußerung entschlüpft: »Düsenjäger — der spukt Ihnen in den Köpfen herum —, das ist kein Jagdflugzeug, und Sie werden damit nicht jagen können. Mein Arzt hat mir gesagt, daß in den engen Kurven, die Sie ja im Luftkampf fliegen müssen, Teile des Gehirns einfach aussetzen. Dieses Flugzeug ist noch nicht reif, und wenn es soweit ist, dann bekommen es die Jäger nicht. Reden Sie mir nicht mehr von dem Düsenjäger, es ist sinnlos . . .«

Es war und blieb sinnlos. Anfang Mai 1944 wurde das KG 51 (Major Schenk) auf Me 262 umgerüstet. Der Einsatz erfolgte erst zu einem Zeitpunkt, als die inzwischen vollzogene Invasion der Alliierten in Nordfrankreich bereits eine unabänderliche Tatsache darstellte. Die Erfolge der »Blitzbomber« mußten schon vielfältiger technischer Hemmnisse wegen Stückwerk bleiben.

Erst im Oktober 1944, als alliierte Jäger bereits die deutschen Flugplätze kontrollierten, erteilte Göring in Übereinstimmung mit dem Reichsführer SS, Heinrich Himmler, den Befehl, einen Me-262-Jägerverband aufzustellen. Dies geschah in Lechfeld und Rechlin, und einige Zeit später wurde unter der Führung des Brillantenträgers Major Walter Nowotny (damals 250 Abschüsse) in Achmer bei Osnabrück der erste »wirklich genehmigte« Turbo-Verband zum Einsatz gebracht. Die ersten Erfolge stellten sich recht bald ein, aber auch Mängel, die auf technische Defekte oder Bedienungsfehler der mit der Me 262 noch nicht allzusehr vertrauten Piloten zurückzuführen waren. Amerikanische Mustangs und Thunderbolts waren fast bei jedem Start der »Turbos« ungeladene Gäste, was zur Folge hatte, daß die bei Start und Landung verständlicherweise langsameren Strahlflugzeuge durch Propellerjäger geschützt werden mußten. Ein Opfer der stetigen Bedrohung durch die am Platz herumschwirrenden amerikanischen Jagdflugzeuge wurde auch Major Walter Nowotny, der am 8. November 1944 nach einem Feindflug mit einer defekt gewordenen Me 262 von Feindjägern abgeschossen wurde und den Tod fand.

Inzwischen standen Hitlers »Blitzbomber« im Mittelpunkt eines mehr technischen als personellen Dramas. Wie Fachleute erwartet hatten, waren die schnellen Maschinen für Bombereinsätze infolge mangelnder diesbezüglicher Erprobung und Ausrüstung praktisch ungeeignet. Vor allem war es mit den damals vorhandenen Jägervisieren nicht möglich, Punktziele anzugreifen. Daher mußten vor der Verlegung von Major Schenks Einsatzkommando nach Juvincourt bei Reims (August 1944 – also zwei Monate nach Beginn der Invasion) an den Turbinenflugzeugen noch zahlreiche technische Umrüstungen vorgenommen werden. Fahrwerk und Reifen mußten verstärkt und eine Bombenaufhängung erprobt werden. Außerdem bekam die Me 262 nach Einbau von Zusatzbehältern zur Vergrößerung der Reichweite Stabilitätsschwierigkeiten, wie Messerschmitt-Testpilot Fritz Wendel in einer Expertise vom 5. Juni 1945 vermerkte. Als die Änderungen durchgeführt waren, nahmen Major Schenks Turbo-Bomber einen Führerbefehl mit auf den Weg, in dem es u. a. hieß, daß die Me 262 nicht über 750 km/h geflogen werden, nicht gestürzt werden und über Feindgebiet eine Höhe von 4000 Metern nicht unterschreiten dürfe. Doch trotz aller Schwierigkeiten führten die Piloten des KG 51 über 400 Einsätze durch, ohne allerdings — schon der unzulänglichen Visiereinrichtungen wegen — besondere Erfolge zu erzielen.

Im November 1944 zerrann Hitlers Blitzbomber-Traum endgültig. Fünf Minuten vor zwölf sozusagen, ließ er über die Me 262 mit sich auch wieder als Jäger reden. Er genehmigte sogar die Aufstellung des ersten Düsenjagdgeschwaders, das nun aus Nowotnys Gruppe hervorging. Es war das JG 7 unter Steinhoff. Während Tag und Nacht Tausende von Tonnen Bomben auf die deutschen Städte herabfielen und ein Chaos ohnegleichen heraufbeschworen wurde, tauchten die ersten Düsenjäger nun in kleineren Verbänden am Himmel über dem Reichsgebiet auf. Für die alliierten Jägerpiloten bedeuteten diese superschnellen Flugzeuge eine böse Überraschung. Einer von ihnen, der erfolgreiche amerikanische Thunderbolt-Pilot John W. Keeler, damals Oberleutnant in der 56. Fighter Group der 63. Fighter Squadron, erklärte in einem Brief an den Autor:

»Die erste Me 262 sah ich bei einer Begleitschutzmission im Raum von München im November 1944. Ich lag in leichtem Sturzflug, und die Thunderbolt war außerordentlich gut im Sturz. Die Me 262 war unter mir und im Steigflug begriffen. Es schien aber, als ob sie schneller steigen würde, als ich nach unten stürzte. Mein Rottenflieger machte über Funk eine geradezu klassische Bemerkung, als er den ›Jet‹ sah. Er sagte: ›Dort fliegt eine Messerschmitt 110 ohne Propeller.‹ Keiner von uns hatte Gelegenheit, auf die Maschine zu feuern.«

Es erübrigt sich, die Erfolge im einzelnen aufzuzählen, die von den Me 262 gegen Ende des Krieges noch errungen wurden. Soviel sei aber gesagt: Sie waren ein Schock für den Gegner.

Aus dem JG 7 wurde schließlich der JV (Jagdverband) 44, in dem viele deutsche Fliegerasse wie Galland, Steinhoff, Lützow, Barkhorn (über 300 Luftsiege), Hohagen, Schnell, Krupinski etc. mit dem Strahljäger ihre letzten Erfolge errangen.

Im Frühjahr 1945 wurden erstmalig die R-4-M-Raketen vom Kaliber 5 cm eingesetzt. Sie hingen in Rosten zu je 12 Stück unter den Tragflächen der Me 262, und eines dieser Geschosse (520 Gramm Sprengstoff) genügte, um eine »Fliegende Festung« zum Absturz zu bringen. Mit diesen Projektilen schoß beispielsweise die III. Gruppe des JG 7 mit einem Bestand von 40 Maschinen in einer Woche 45 viermotorige Bomber und 15 Feindjäger ab. Bei anderen Einsätzen waren die Erfolge noch imposanter.

Zu dieser Zeit war aber jeder Start und jede Landung mit der Me 262 auf den von Feindjägern umschwärmten Flugplätzen (z. B. München-Riem, wo Steinhoff am 18. April 1945 nach einem Absturz mit einer Me 262 seine schweren Verbrennungen erlitt) ein reines Vabanque-Spiel.

Die Tragödie um den ersten einsatzfähigen Düsenjäger der Welt ging auf dem Flugplatz von Salzburg zu Ende. 60 »Turbos« des JV 44 standen dort am 3. Mai 1945 in Reih und Glied wie zu einer letzten Parade. Über dem Flugplatz zogen alliierte Jäger ihre Kreise, ohne einen Schuß abzugeben oder eine Bombe zu werfen.

Sie kamen nicht mehr dazu, ihre gefährlichen Gegner zu besichtigen, denn sie sahen später nur noch verkohlte Trümmerhaufen. Als die amerikanischen Panzer auf den Platz zuwalzten, gingen die letzten Turbinenflugzeuge — denen der berühmte französische Jäger Pierre Klostermann den Ehrennamen »Königin der Luft« gegeben hatte — in Flammen auf.

Die Brillantenträger der Tagjagd

(In der Reihenfolge der Verleihung)

Oberst Werner Mölders

Am 18. 3. 1913 in Gelsenkirchen geboren, erhielt Werner Mölders das Ritterkreuz am 29. 5. 1940, als 2. (Soldat der Wehrmacht) das Eichenlaub am 21. 9. 1940, als 2. die Schwerter am 22. 6. 1941 und als 1. die Brillanten am 16. 7. 1941 nach 101 Luftsiegen. Am 22. 11. 1941 wurde er bei Breslau-Gandau das Opfer eines Unglücksfalles in einer He 111. Werner Mölders errang insgesamt 115 Luftsiege bei rund 300 Feindflügen.

Generalleutnant Adolf Galland

Geboren am 19. 3. 1912, wurde Adolf Galland am 1. 8. 1940 mit dem Ritterkreuz ausgezeichnet. Er erhielt das Eichenlaub als 3. am 25. 9. 1940, die Schwerter als 1. am 21. 6. 1941 und die Brillanten als 2. am 28. 1. 1942 nach 94 Luftsiegen. Adolf Galland hatte auf rund 425 Feindflügen insgesamt 104 Gegner abgeschossen.

Oberst Gordon M. Gollob

Am 16. 6. 1912 in Wien geboren, wurde Gollob am 18. 9. 1941 mit dem Ritterkreuz ausgezeichnet. Das Eichenlaub erhielt er am 26. 10. 1941 als 38., die Schwerter als 13. am 24. 6. 1942 und die Brillanten am 30. 8. 1942 nach 150 Luftsiegen. Gordon M. Gollob hatte auf 340 Feindflügen 150 Abschüsse erzielt.

Hauptmann Hans-Joachim Marseille

Geboren am 13. 12. 1919 in Berlin-Charlottenburg, erhielt Marseille das Ritterkreuz am 22. 2. 1942, das Eichenlaub als 97. am 6. 6. 1942, die Schwerter als 12. am 18. 6. 1942 und die Brillanten als 4. am 2. 9. 1942. Marseille fand am 30. 9. 1942 den Tod, nachdem sich beim Rückflug vom Einsatz – er mußte die Maschine wegen Motorschadens verlassen – sein Fallschirm nicht geöffnet hatte. Auf 382 Feindflügen hatte der »Adler von Afrika« 158 Luftsiege erzielt.

Oberst Hermann Graf

Geboren am 24. 10. 1912 in Engen, erhielt Graf das Ritterkreuz am 24. 1. 1942, das Eichenlaub als 93. am 17. 5. 1942, die Schwerter als 11. am 19. 5. 1942 und die Brillanten als 5. am 16. 9. 1942. Auf rund 830 Feindflügen errang er 212 bestätigte Luftsiege (insgesamt 252).

Major Walter Nowotny

Am 7. 12. 1920 in Gmünd/Österreich geboren, wurde Nowotny am 4. 9. 1942 mit dem Ritterkreuz ausgezeichnet. Das Eichenlaub erhielt er als 293. am 4. 9. 1943, die Schwerter als 37. am 22. 9. 1943 und die Brillanten als 8. am 19. 10. 1943. Nach 258 Luftsiegen fand er am 8. 11. 1944 beim Absturz mit einer Me 262 den Tod.

Hauptmann Erich Hartmann

Geboren am 19. 4. 1922 in Weißach/Württemberg, erhielt Hartmann am 29. 10. 1943 das Ritterkreuz, das Eichenlaub als 420. am 2. 3. 1944, die Schwerter als 75. am 4. 7. 1944 und die

Brillanten am 25. 8. 1944. Erich Hartmann errang insgesamt 352 Luftsiege auf rund 800 Feindflügen und wurde damit der erfolgreichste Jagdflieger des Zweiten Weltkrieges.

Deutsche Tagjäger mit über 200 Luftsiegen

352 Hauptmann Erich Hartmann
301 Major Gerhard Barkhorn
275 Major Günther Rall
267 Oberleutnant Otto Kittel
258 Major Walter Nowotny
237 Major Wilhelm Batz
222 Major Erich Rudorffer
220 Oberstleutnant Heinz Bär
212 (252) Oberst Hermann Graf
204 Major Heinrich Ehrler
(möglicherweise auch 220)
208 Major Theodor Weißenberger
206 Oberstleutnant Walter Schuck
206 Oberstleutnant Hans Philipp
204 Oberleutnant Anton Hafner
203 Hauptmann Helmut Lipfert

Deutsche Tagjäger mit über 100 Abschüssen

197 Major Walter Krupinski
192 Major Anton Hackl
189 Hauptmann Joachim Brendel
189 Hauptmann Max Stotz

189 Hauptmann Joachim Kirschner
180 Major Kurt Brände
178 Oberleutnant Günther Josten
176 Oberst Johannes Steinhoff
174 Hauptmann Günther Schade
174 Oberleutnant Ernst-Wilhelm Reinert
173 Hauptmann Heinz Schmidt
173 Hauptmann Emil Lang
166 Major Horst Ademeit
162 Oberst Wolf-Dietrich Wilcke
157 Hauptmann Heinrich Sturm
157 Oberleutnant Gerhard Thyben
152 Oberleutnant Hans Beißwenger
146 Leutnant Fritz Tegtmeier
144 Oberleutnant Albin Wolf
143 Leutnant Kurt Tanzer
140 Oberstleutnant Friedrich-Karl Müller
138 Major Heinrich Setz
138 Hauptmann Rudolf Trenkel
138 Leutnant Karl Gratz
137 Oberleutnant Walter Wolfrum
137 Hauptmann Franz Schall (möglicherweise mehr)
136 Oberst Adolf Dickfeld
136 Hauptmann Karl-Heinz Weber
136 Oberleutnant Otto Fönnekold
135 Major Joachim Müncheberg
134 Oberleutnant Hans Waldmann
133 Major Johannes Wiese
132 Major Erwin Clausen
132 Major Adolf Borchers
131 Hauptmann Wilhelm Lemke
130 Oberst Herbert Ihlefeld
130 Oberleutnant Heinrich Sterr
129 Major Franz Eisenach
128 Oberst Walther Dahl

128 Hauptmann Franz Dörr
126 Oberleutnant Josef Zwernemann
125 Oberst Dietrich Hrabak
125 Oberst Walter Oesau
125 Leutnant Gerhard Hoffmann
124 Oberleutnant Wolf Ettel
122 Hauptmann Wolfgang Tonne
121 Hauptmann Robert Weiß
121 Oberfeldwebel Heinz Marquardt
120 Leutnant Friedrich Wachowiak (möglicherweise auch 140)
120 Oberleutnant Friedrich Obleser
118 Oberstleutnant Erich Leie
117 Leutnant Franz-Josef Beerenbrock
117 Leutnant Heinz Wernicke
117 Leutnant Hans-Joachim Birkner
117 Leutnant Jakob Norz
116 Oberleutnant August Lambert
114 Major Werner Schroer
114 Hauptmann Alfred Grislawski
114 Leutnant Wilhelm Crinius
113 Leutnant Berthold Korts
113 Leutnant Hans Dammers
112 Oberstleutnant Kurt Bühligen
110 Oberleutnant Franz Woidich
110 Major Kurt Ubben
109 Major Reinhard Seiler
108 Oberst Günther Lützow
108 Major Hans Hahn
108 Hauptmann Emil Bitsch
108 Oberleutnant Bernhard Vechtel
106 Oberst Viktor Bauer
106 Hauptmann Werner Lucas
104 Leutnant Heinz Sachsenberg
103 Major Hartmann Grasser

102 Oberstleutnant Egon Mayer
102 Hauptmann Friedrich Geißhardt
102 Major Siegfried Freytag
102 Oberleutnant Max-Hellmuth Ostermann
102 Oberleutnant Herbert Rollwage
102 Major Josef Wurmheller
101 Oberst Josef Priller
101 Hauptmann Rudolf Miethig
101 Leutnant Ulrich Wernitz

Quellenverzeichnis

Tagebuch von Oberst Graf;
v. Tippelskirch: »Geschichte des 2. Weltkrieges«, Athenäum-Verlag, Bonn;
Werner Girbig: »1000 Tage über Deutschland«, J. F. Lehmanns Verlag, München;
Ernst Obermaier: »Die Ritterkreuzträger der Luftwaffe«, Verlag Dieter Hoffmann, Mainz;
Ploetz: »Geschichte des Zweiten Weltkrieges«, A. G. Ploetz, Würzburg;
Gerhard v. Seemen: »Die Ritterkreuzträger 1939–1945«, Podzun-Verlag, Bad Nauheim;
Heinz J. Nowarra: »Die sowjetischen Flugzeuge 1941–1966«, J. F. Lehmanns Verlag, München;
Josef Priller: »Geschichte eines Jagdgeschwaders«,
Kurt Vowinckel Verlag, Neckargemünd.

Die bekanntesten Einsatzflugzeuge des 2. Weltkrieges

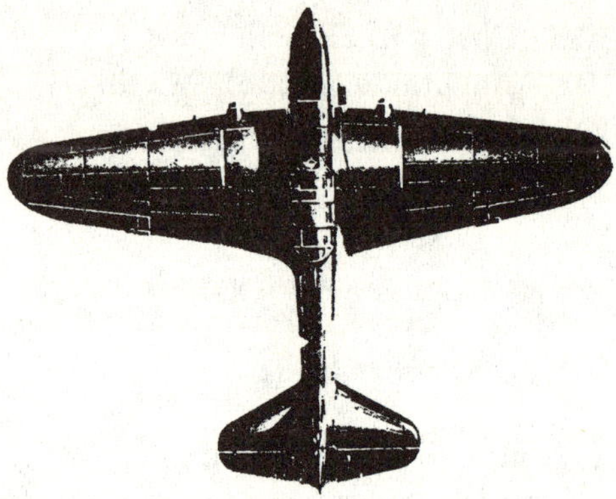

Ilyushin IL 2

Spannweite: 14,60 m; Länge: 11,60 m; Höhe: 3,04 m; Fluggewicht: 5340 kg; Bewaffnung: zwei 7,62-mm-MG, zwei 20-mm-Kanonen, vier Raketen oder 400-kg-Bomben; Motor: 1700 PS; Besatzung: zwei Mann; Panzerung: 13 mm an Sitzen der Besatzung, Kühler 80 mm, Scheiben 55–65 mm; Gewicht der gesamten Panzerung: 700 kg.

Die IL 2, von den Russen »Ilyusha« und von den deutschen Soldaten »Schwarzer Tod« genannt, war einfach und billig in ihrer Herstellung. Trotzdem war die IL 2 das beste und erfolgreichste Schlachtflugzeug des 2. Weltkrieges. Ihre günstigste Operationshöhe lag bei 600 Metern, aber auch im Tiefstflug war die Maschine ein gefürchteter Gegner. Die russischen Soldaten nannten das Flugzeug »Fliegender Tank« oder »Fliegender Infanterist«. Vor dem deutschen Angriff auf die Sowjetunion waren schon 249 einsitzige Maschinen dieses Typs an die Frontverbände geliefert worden. Von August 1942 an kam die zweisitzige Ausführung an die Front, die eine Höchstgeschwindigkeit von 404 km/h erreichte. 1943 wurden in die Maschine 3,7-cm-Kanonen eingebaut. Zuweilen wurde die IL 2 auch von Männern und Frauen gemeinsam geflogen. Eine ihrer berühmtesten Pilotinnen war Anna Yegorova, die den Rang eines Oberleutnants bekleidete.

Ju 87 D-1 »Stuka«

Spannweite: 13,80 m; Länge: 10,82 m; Höhe: 3,84 m; Triebwerk: Jumo 211 J, 1300 PS, Zwölfzylinder; Besatzung: Pilot und Bordfunker; Fluggewicht: 5720 kg; Geschwindigkeit: 408 km/h in 4200 m; Reichweite: 1000 km; Gipfelhöhe: 7320 m; Bewaffnung: zwei MG 17, 7,9 mm, starr in den Flügelknicks, ein Zwillings-MG 81 Z, 7,9 mm, an der Kabinenrückseite; Bombenlast: 1800 kg.

Die Ju 87, »Stuka« genannt, war das legendärste Flugzeug des Zweiten Weltkrieges. Es wurde von Dipl.-Ing. Pohlmann konstruiert. Das Entsetzen, das allein drei Ju 87 während des spanischen Bürgerkrieges bei ihren Gegnern hervorriefen, sollte in den Kriegen gegen Polen und Frankreich fortdauern. Maßgeblich hierfür war neben der Treffsicherheit dieses Flugzeuges die im Motor eingebaute Sirene, »Jericho-Trompete« genannt. Nach Dünkirchen und der Schlacht um England war allerdings klargeworden, daß die verhältnismäßig langsamen und schwach bewaffneten Ju 87, von denen zwischen 1939 und 1945 rund 4900 Stück gebaut wurden, gegen moderne Feindjäger nur wenig Chancen hatten. Dennoch sollte die Zeit ihrer größten Erfolge erst noch kommen: in Rußland. »Stukas« waren an allen Schwerpunkten

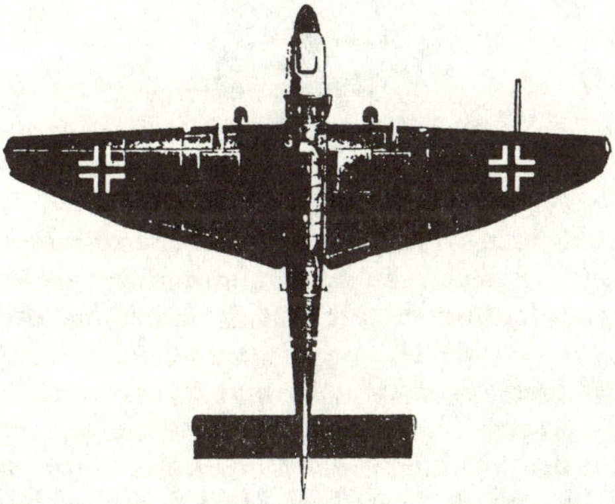

der Schlachten eingesetzt, wurden die »Feuerwehr der Luft«. Aus dem Stuka-Geschwader 2 hervorgegangen, wurde einer ihrer Piloten der am höchsten ausgezeichnete deutsche Soldat des Zweiten Weltkrieges: Oberst Hans-Ullrich Rudel, der mit seinem »Kanonenvogel« allein über 500 russische Panzer abschoß und als einziger Angehöriger der Wehrmacht mit dem Goldenen Eichenlaub zum Ritterkreuz ausgezeichnet wurde.

Messerschmitt (Bf) Me 110 F-2

Verwendungszweck: Zerstörer, Nachtjäger; Triebwerke: DB 601 F mit je 1350 PS; Spannweite: 16,20 m; Länge: 12,30 m; Höhe: 4,12 m; Gewicht: 6750 kg; Geschwindigkeit: 510 km/h in 5000 m; Reichweite: 1300 km; Gipfelhöhe: 10 000 m; Bewaffnung (bei einzelnen Versionen verschieden): zwei MG FF, 20 mm, vier MG 17, 7,9 mm und ein MG 15, 7,9 mm.

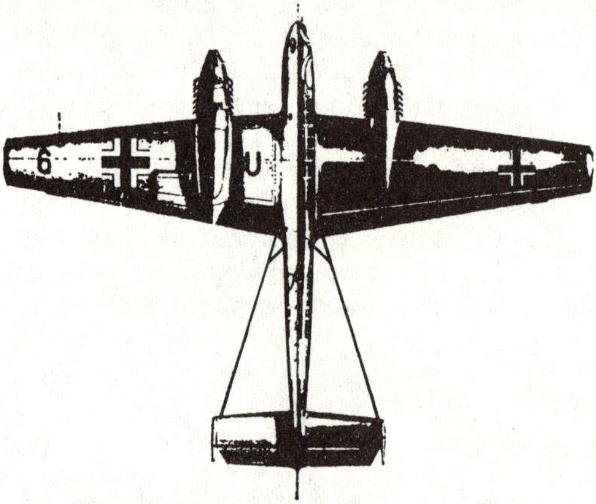

Die Me 110, mit deren Konstruktion bei Messerschmitt schon 1934 begonnen worden war, wurde zu Beginn des Krieges als »Zerstörer« eingesetzt. Während der Luftschlacht über der Deutschen Bucht am 18. Dezember 1939 konnten Me 110 gegen die damals eingeflogenen 22 Wellington-Bomber noch respektable Erfolge erringen, auch ein Jahr später bei der Besetzung Norwegens. Doch schon bei der Schlacht um Frankreich und den anschließenden Luftkämpfen über England zeigte es sich sehr bald, daß der Zerstörer Me 110 die in ihn gesetzten Erwartungen nicht zu erfüllen vermochte. Ohne Jägereskorte waren die Maschinen praktisch hilflos. Ihre große Zeit kam eigentlich erst mit ihrer Verwendung als Nachtjäger. Mit Funkmeß-Suchgeräten an Bord, erzielten Nachtjäger triumphale Erfolge, wobei es manchen Besatzungen sogar gelang, in einer Nacht fünf und mehr Feindbomber zu vernichten. Von der Me 110 wurden insgesamt 5762 Maschinen der verschiedensten Serien gebaut.

Fieseler Fi 156 C-1 »Storch«

Verwendungszweck: Mehrzweckflugzeug; Besatzung: ein Pilot, zwei Passagiere; Triebwerk: Argus As 10 C mit 240 PS; Spannweite: 14,25 m; Länge: 9,90 m; Höhe: 3,05 m; Gewicht: 1320 kg; Geschwindigkeit: 175 km/h; Landegeschwindigkeit: 51 km/h; Reichweite: 385 km; Gipfelhöhe: 5090 m; Bewaffnung: ein MG 15, 7,9 mm.

Der »Storch« war eines der bekanntesten Flugzeuge des 2. Weltkrieges, unzählige Male Retter in höchster Not und ein beliebter »fliegender Gefechtsstand« für Heerführer. Die nach einem Entwurf von

Prof. Dr. Ing. Hermann Winter konstruierte Maschine wurde angesichts ihrer technischen Raffinessen (Kombination von Vorflügel, Rollflügel und Querruder) – wenn es nötig war – zum langsamsten Kriegsflugzeug der Welt. 1936 zum erstenmal geflogen, sollte die Fi 156 als Reise- oder Polizeiflugzeug etc. verwendet werden. Ihre »Zeitlupen«-Flugeigenschaften jedoch erweckten verständlicherweise das Interesse der Militärs, und der »Storch« kam an die Front. Dort startete er auf 50 Meter langen Erdflächen und verwirrte Erdbeobachter durch seine Fähigkeit, mit 50 km/h Geschwindigkeit in der Luft sozusagen stehenzubleiben. Als Auslaufstrecke genügte den »Störchen« eine Distanz von 15 Metern. In Nordafrika setzten die Flugzeugführer der »Wüstennotstaffel« ihre »Störche« zwischen die Dünen, um notgelandeten englischen oder deutschen Fliegern die Rückkehr zu ermöglichen. Vom Muster »Storch« wurden zwischen 1939 und 1945 insgesamt 1549 Stück gebaut.

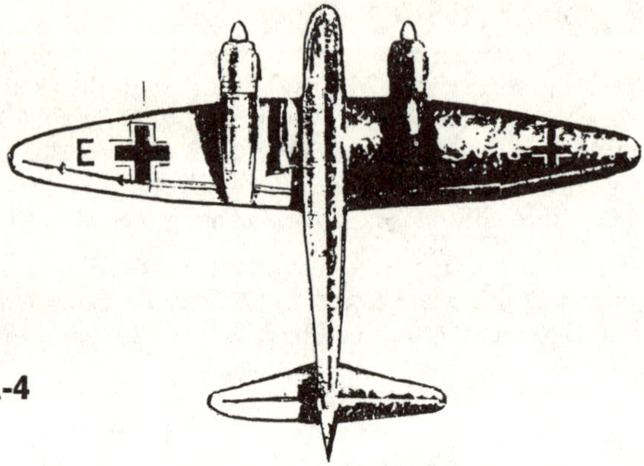

Junkers Ju 88 A-4

Verwendungszweck: Mittelstreckenbomber; Besatzung: vier Mann; Triebwerke: zwei Jumo 211 B-1 mit je 1200 PS; Spannweite: 18,37 m; Länge: 14,36 m; Höhe: 4,80 m; Gefechtsgewicht: 12 122 kg; Geschwindigkeit: 472 km/h in 5300 m; Reichweite: 2730 km; Gipfelhöhe: 8235 m; Bewaffnung: ein MG 131, 13 mm, drei MG 81, 7,9 mm, ein MG 81 (Zwilling); Bombenlast: 1800 kg.

Die Ju 88, von der es über 50 Versionen gab, war ein »großer Wurf« auf dem Sektor der Mittelstreckenbomber. Der Erstflug des Prototyps erfolgte bereits am 21. Dezember 1936, und schon das fünfte Versuchsmodell errang am 19. März und am 30. Juni 1939 mit 517,004 km/h über 1000 km und mit 500,786 km/h über 2000 km (mit 2000 Kilo Nutzlast) aufsehenerregende Rekorde. Die Maschine, zunächst als unbewaffneter Schnellbomber mit hoher Geschwindigkeit projektiert, wurde später doch bewaffnet und außerdem sturzfähig gemacht. Später, von 1940 ab, als die Ju 88 bei den Frontverbänden geflogen wurde, zeigte es sich, daß man mit dieser Maschine praktisch alles machen konnte. So war sie zu verwenden als: Sturzbomber, Horizontalbomber, Tag- und Nachtjäger, Tiefangriffsflugzeug, Torpedobomber, Aufklärer und einiges mehr. Ihr Einsatzdebüt lieferte die Ju 88 während der Schlacht um England und beim Luftkrieg gegen Seeziele rings um die britischen Inseln. Im übrigen waren Ju-88-Maschinen praktisch an allen Fronten eingesetzt: im hohen Norden, in Rußland, Afrika, im Mittelmeer usw. Insgesamt wurden von 1939–1945 rund 15 000 Ju 88 gebaut, wobei an den einzelnen Serien 3000 Änderungen vorgenommen worden waren.

Heinkel He 111 H-6

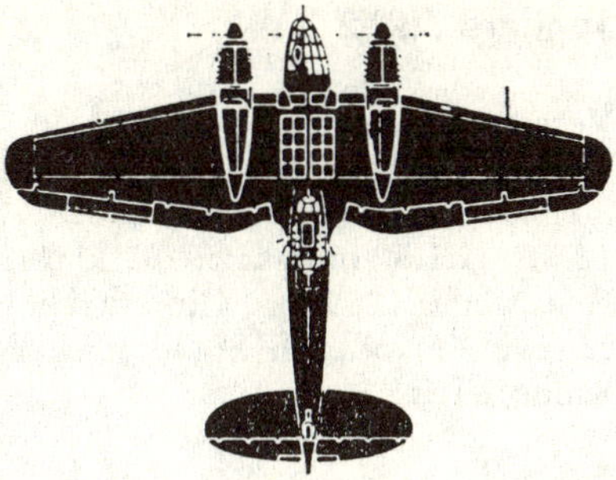

Spannweite: 22,60 m; Länge: 16,60 m; Höhe: 4,20 m; Fluggewicht: 12 030 kg; Geschwindigkeit: 465 km/h in 5200 m; Triebwerke: zwei Jumo 211 F mit je 1340 PS; Landegeschwindigkeit: 130 km/h; Besatzung: fünf Mann; Reichweite: 2800 km; Gipfelhöhe: 8400 m; Bewaffnung: ein MG FF, 20 mm, sechs MG 15, 7,9 mm; Bombenlast: 2000 Kilo.

Die He 111 war der Standardbomber der Luftwaffe und ein »Ackerpferd« unter den Kampfflugzeugen. Die Maschine wurde in vielen Varianten gebaut und an fast allen Fronten des 2. Weltkrieges in Europa eingesetzt. Von 1939 bis 1945 wurden von diesem Typ rund 5700 Flugzeuge gebaut. Die He 111 war zunächst als Verkehrsflugzeug projektiert und wurde am 10. Januar 1936 von dem Einflieger Nitschke unter der Bezeichnung »Dresden« in Berlin-Tempelhof der Presse vorgeführt. Standard-Version der Luftwaffe war die He 111 H-6, wobei interessant sein mag, daß von dieser H-Serie insgesamt 23 Varianten hergestellt wurden. Erste Erfolge errangen He-111-Besatzungen im Spanischen Bürgerkrieg im Verband der »Legion Condor«. Doch schon in der »Schlacht um England« wurde offenbar, wie anfällig die relativ langsamen Kampfmaschinen mit ihrer schwachen Bewaffnung gegen Jägerangriffe waren. Dennoch blieb die He 111 *der* Horizontalbomber der Luftwaffe. Auch in Afrika und Rußland dröhnten die He 111 über die Fronten. Maschinen des KG 55 von Oberst Kühl waren für die Luftversorgung der 6. Armee in Stalingrad eingesetzt, und im Juni 1944 errangen He 111 der Kampfgeschwader 4, 27, 53 und 55 den letzten großen Erfolg der Luftwaffe, als sie in einem Nachtangriff gegen amerikanische »Fliegende Festungen« auf dem sowjetischen Flugplatz Poltawa rund siebzig Feindmaschinen am Boden zerstörten.

Junkers Ju 52 3 m

Verwendungszweck: Transportflugzeug; Besatzung: drei Mann plus 15 bis 17 Passagiere; Triebwerk: drei BMW 132-A mit je 660 PS; Spannweite: 29,25 m; Länge: 18,90 m; Höhe: 6,10 m; Gewicht: 10,5 t; Geschwindigkeit: 290 km/h; Landegeschwindigkeit: 106 km/h; Reichweite: 1280 km; Gipfelhöhe: 6300 m; Bewaffnung: ein MG 131, 13 mm, im offenen Stand über dem Rumpf, zwei 7,9-mm-MG an Rumpfseiten.

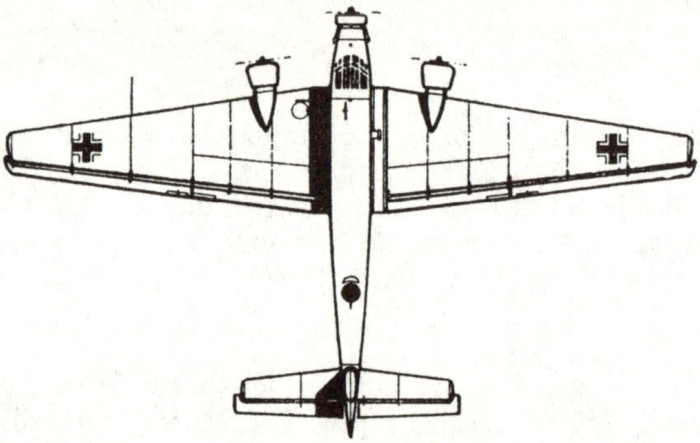

Die Ju 52, auch »Tante Ju« genannt, war ein Flugzeug, das selbst der letzte Landser kannte, schätzte und – manchmal herbeisehnte. Tausende von deutschen Soldaten wären heute wohl nicht mehr am Leben, hätte eine »Ju« sie nicht aus einem Kessel ausgeflogen, in ein Heimatlazarett gebracht oder sonstwie einem eindeutigen Schicksal entrissen. Dieses vielleicht »gutmütigste« aller Flugzeuge war eine Nachfolgerin der W 33, zuerst einmotorig und ab 1932 dreimotorig gebaut. Während des Internationalen Alpenfluges im Jahre 1932 wurde die Ju 52 sogar Siegerin im Wettbewerb der Verkehrsflugzeuge. Dann wurde sie zunächst als Behelfsbomber in Spanien verwendet. Im Kriege brachte die Ju 52 Verpflegung, Sanitätsmaterial und Munition zu eingeschlossenen Verbänden, so z. B. in den Kessel von Demjansk, vor allem aber in die Ruinenwüste von Stalingrad. Die »alte Ju«, die noch mit schwersten Beschußschäden und einem Motor fliegen konnte, war praktisch auf jedem Acker zu landen und zu starten. Die Ju 52 brummt auch heute noch über viele Länder der Welt. Von 1939 bis 1944 wurden von dem Muster Ju 52 3 m und den folgenden Varianten 2804 Maschinen gebaut.

Focke-Wulf A-8

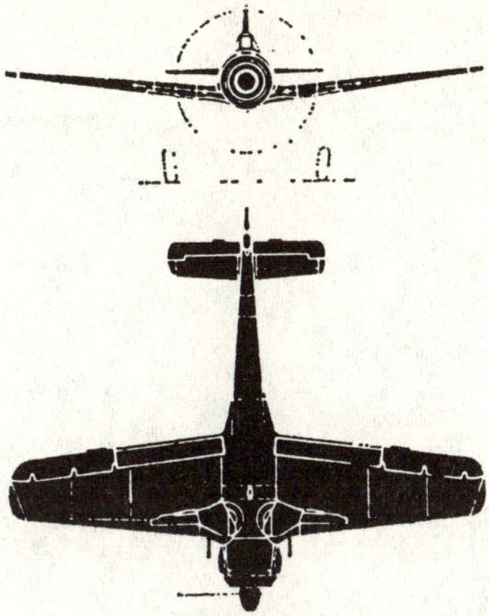

Spannweite: 10,50 m; Länge: 8,84 m; Höhe: 3,96 m; Gewicht: 4430 kg; Geschwindigkeit: 643 km/h in 5500 m; Landegeschwindigkeit: 120 km/h; Triebwerk: ein BMW 801 D–2 mit 1700 PS; Besatzung: ein Pilot; Reichweite: 1520 km; Gipfelhöhe: 10 300 m; Bewaffnung: zwei 13-mm-MG über Motor, durch Luftschraubenkreis schießend; in den Tragflächen je zwei MG 151, 20 mm Kaliber, oder je eine MK 108, Kaliber 30 mm.

Die Focke-Wulf 190 war – neben der Me 109 – eines der meistgebauten Jagdflugzeuge der Luftwaffe. Die Maschine besaß in Höhen bis zu 8000 Metern hervorragende Flugeigenschaften, war robust, voll sturzflugfähig und – in der Hand erfahrener Piloten – ein den alliierten Jägern ebenbürtiger und daher entsprechend gefürchteter Gegner. Die FW 190 wurde von einer Konstruktionsgemeinschaft unter Leitung von Dipl.-Ing. Prof. Kurt Tank entwickelt. Am 1. Juni 1939 flog Chefpilot Sander den ersten Prototyp. Zwischen 1942 und 1945 wurden rund 20 000 FW 190 gebaut, davon allein im Jahre 1944 7488 Maschinen, die als Jäger, und 4279 weitere, die als Schlachtflugzeuge Verwendung fanden. Der erste Luftwaffenverband, der im Spätsommer 1942 mit der FW 190 A-1 ausgerüstet wurde, war die II. Gruppe des Jagdgeschwaders 26. Einer der berühmtesten Jäger auf der FW 190 war Major Nowotny, der nach über 250 Abschüssen – mit den Brillanten zum Ritterkreuz ausgezeichnet – im Jahre 1944 in einem Me-262-Düsenjäger den Tod fand.

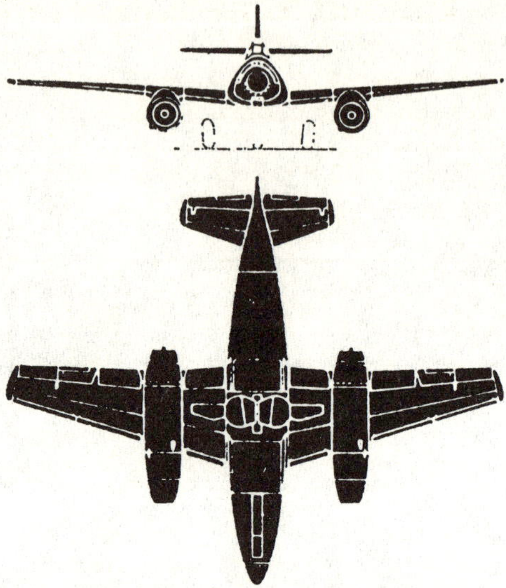

Me 262 A-1

Spannweite: 12,51 m; Länge: 10,60 m; Höhe: 3,85 m; Höchstgewicht: 6925 kg; Besatzung: ein Pilot; Triebwerke: zwei Jumo 004-B-2-Turbinen mit je 900 kgp; Höchstgeschwindigkeit: 870 km/h in 6000 m; Landegeschwindigkeit: 175 km/h; Reichweite: 1050 km; Gipfelhöhe: 11 450 m; Bewaffnung: vier MK 108, 30 mm, oder R-4-M-Raketen, Kaliber 5 cm.

Die Me 262, als »Königin der Luft« bezeichnet, von Hitler verkannt und als Schnellbomber mißbraucht, war das erste einsatzfähige Düsenjagdflugzeug der Welt. Schon bei den ersten Probeflügen waren damalige deutsche Fliegerasse von diesem revolutionären Flugzeug begeistert. Es ist müßig, nachträglich zu überlegen, ob durch den Einsatz der Me 262 der Luftkrieg über Deutschland eine andere Wendung genommen hätte. Fest steht jedoch, daß der damalige Oberkommandierende der 8. amerikanischen Luftflotte, General Spaatz, von der »tödlichen Gefahr der deutschen Düsenjäger« sprach, nachdem durch den doch noch erfolgten Jägereinsatz der Me 262 (Jagdkommando Nowotny, Oberst Steinhoffs JG 7 und JV 44) im Kampf gegen »Fliegende Festungen« imposante Erfolge erzielt worden waren. Diese genialste Schöpfung des Flugzeugkonstrukteurs Willy Messerschmitt wurde nach dem Kriege eine Augenweide für alliierte Flieger und blieb ein »posthumer« Alptraum. Von der Me 262 wurden rund 1500 Maschinen gebaut.

Republic P 47 D »Thunderbolt« (25 RE)

Spannweite: 12,42 m; Länge: 11 m; Höhe: 4,32 m; Bewaffnung: sechs oder acht 12,7-mm-Browning-MG, 1125 kg Bomben oder zehn 12,7-cm-Raketengeschosse; Motor: Ein Pratt & Whitney R – 2800-21, 18 Zylinder, 2000 PS; Reichweite: 1520 km ohne und 3080 km mit Zusatztanks; Gipfelhöhe: 12 200 m; Höchstgeschwindigkeit: 690 km/h; Besatzung: ein Pilot.

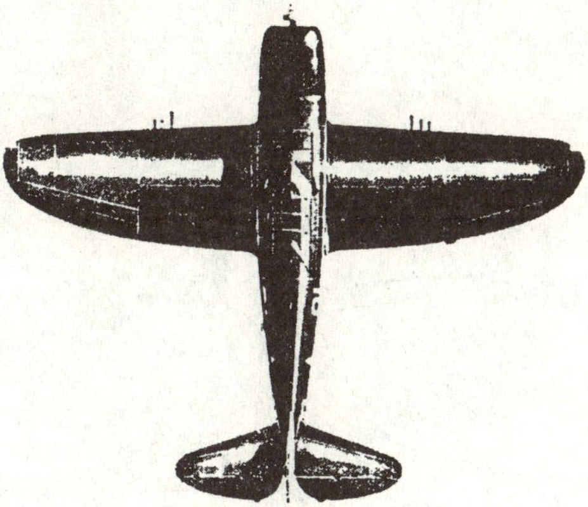

Die P 47 »Thunderbolt«, von der während des Krieges 12 602 Maschinen gebaut wurden, war neben der »Mustang« der am meisten über Deutschland eingesetzte Jäger und Jagdbomber. »Thunderbolts« begleiteten die amerikanischen B-17-Verbände bei ihren Angriffen auf deutsche Städte und gehörten als Begleitjäger zu den dauernden Gegnern der deutschen Tagjagd. Durch ihr Gewicht von 6,8 t waren sie verhältnismäßig schwer und daher im Luftkampf mit erfahrenen Focke-Wulf- oder M-109-Piloten nicht immer im Vorteil. Ihr Konstrukteur war Alexander Kartveli. »Thunderbolts« kamen zum erstenmal Anfang 1944 über Deutschland zum Einsatz. Der amerikanische Oberstleutnant Gabreski errang auf diesem Typ 31 Luftsiege, Captain R. S. Johnson 28. Im weiteren Verlauf des Krieges wurden »Thunderbolts« zumeist als Jabos eingesetzt. Beim Luftkampf in geringen Höhen hatten ihre Piloten allerdings beträchtliche Schwierigkeiten zu überbrücken. »Thunderbolts« wurden an viele Staaten geliefert, so u. a. an Brasilien, China, Chile, an die »Frei-Französische Luftwaffe« und schließlich auch an die Sowjetunion, die im Rahmen des Pacht- und Leihabkommens rund 200 Maschinen dieses Musters erhielt.

North American P 51 D »Mustang«

Spannweite: 11,28 m; Länge: 9,83 m; Höhe: 4,16 m; Triebwerk: ein Pacard-Merlin/V-1650-7, Zwölfzylinder, 1490 PS; Gewicht: 5254 kg; Bewaffnung: sechs bis acht 12,7-mm-Browning-MG, zwei 450-kg-Bomben oder zehn 12,7-cm-Raketengeschosse; Besatzung: ein Pilot; Reichweite: 2080 km ohne und 3300 km mit Zusatztanks; Gipfelhöhe: 12 200 m; Geschwindigkeit: rund 700 km/h.

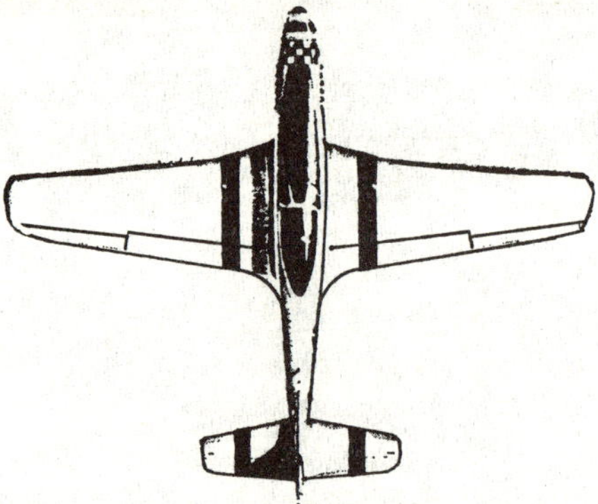

Auch die »Mustang« gehörte seit Februar 1944 zu jenen alliierten Jagdflugzeugen, die als Begleitjäger oder als Tiefflieger fast täglich über Deutschland und den westlichen besetzten Gebieten zu sehen waren. Von den deutschen Jägern waren sie ob ihrer Wendigkeit gefürchteter als die »Thunderbolts«. In niedrigen Höhen war die »Focke-Wulf 190« diesem Muster überlegen. Die »Mustang«, von der 7956 Maschinen gebaut wurden, soll in hundert Tagen konstruiert und entwickelt worden sein. Ihr Schöpfer: James H. Kindelberger. Dieses Flugzeugmuster erschien auch als erstes bei Luftkämpfen über Japan, und später, am 16. April 1945, trafen »Mustang«-Piloten erstmals mit russischen Jägern über Berlin zusammen. Während der schweren Luftschlachten über Deutschland war die »Mustang« der Hauptgegner der an Zahl immer geringer werdenden deutschen Tagjäger, die den P 51 mehr als einmal verzweifelte Kämpfe lieferten und trotz ihrer hoffnungslosen Unterlegenheit noch zu Erfolgen kamen. Auch bei den Kämpfen an der Invasionsfront waren die »Mustangs« zu Hunderten am Himmel.

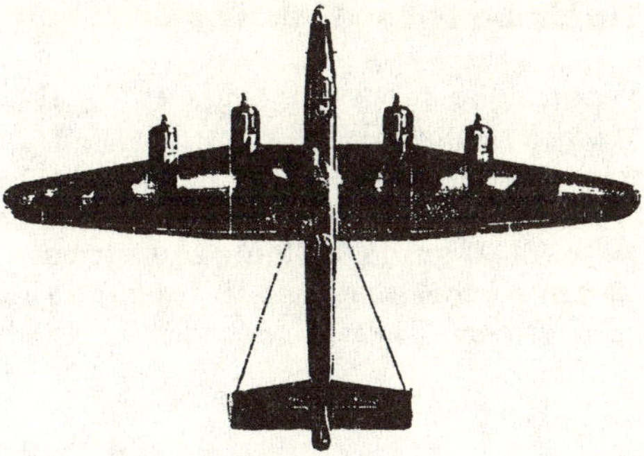

Handley Page
»Halifax« B. MK-III

Spannweite: 31,74 m; Länge: 21,35 m; Höhe: 6,32 m; Triebwerke: vier Bristol-Hercules XVI, 14-Zylinder-Motoren, luftgekühlt mit je 1615 PS Startleistung bei 2900 U/min.; Bewaffnung: ein bewegliches Browning-MG, 7,69 mm, im Bug, vier 7,69-mm-Browning-MG im oberen Rumpfturm und vier MG des gleichen Kalibers im Heckstand; höchste Bombenlast: 5889 kg; Höchstgewicht: 29 444 kg; Höchstgeschwindigkeit: (bei Normalgewicht) 474 km/h in 1829 m Höhe; Reichweite: (mit 5889 kg Bomben) 1657 km; Gipfelhöhe: (bei Normalladung) 7300 m.

Der »Halifax«-Bomber der Royal Air Force wurde in verschiedenen Versionen gebaut und zum Einsatz gebracht. Das nach Lord Halifax benannte Kampfflugzeug wurde am 11./12. März 1941 im Verband der 35. Squadron der 4. Group zum erstenmal gegen die Docks von Le Havre, Frankreich, verwendet. Da die »Halifax« in mittleren Höhen fliegen mußte, wurde sie eine verhältnismäßig leichte Beute der deutschen Nachtjäger. Erst im Februar 1944, als der Bomber mit den stärkeren Bristol-Mercury-Motoren ausgerüstet wurde, konnte die Verlustquote reduziert werden. »Halifax«-Maschinen flogen unter anderen den Angriff auf Nürnberg am 30./31. März 1944 und gegen V-1-Abschußbasen in Nordfrankreich. Am 27. August 1944 führten »Halifax«-Bomber den ersten größeren Tagesangriff gegen Ölraffinerien im Ruhrgebiet durch. Anfang 1945 wurden die Städte Hannover, Magdeburg, Köln, Münster, Osnabrück etc. von »Halifax«-Verbänden bombardiert. Aus Maschinen obigen Typs wurden während des Krieges bei 82 000 Einsätzen über eine Viertelmillion Tonnen an Bomben abgeworfen. 1833 »Halifax«-Bomber gingen während der Kriegszeit verloren. Von den 10 018 Bombern der britischen Luftwaffe, die zwischen 1940 und Mitte 1944 gebaut wurden, waren 4046 vom Typ »Halifax«.

Lockheed P-38 »Lightning«

Verwendungszweck: Begleitjäger, Aufklärer, Jabo; Besatzung: ein Mann; Spannweite: 15,54 m; Länge: 11,52 m; Höhe: 3,90 m; Triebwerke: zwei Allison-Motoren mit je 1425 PS; Gewicht: 7930 kg; Geschwindigkeit: 579 km/h in 500 m; Gipfelhöhe: 12 000 m; Reichweite: 3600 km in 9000 m; Landestrecke: 1000 m; Bewaffnung: eine 20-mm-Kanone und vier 12,7-mm-MG in der Rumpfnase, außerdem zehn 12,7-cm-Raketen unter den Tragflächen.

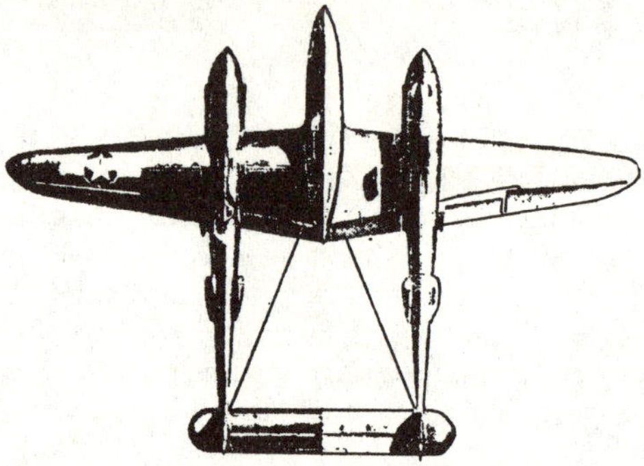

Die »Lightning« – von deutschen Landsern auch »Gabelschwanzteufel« genannt – war der einzige zweimotorige Einsitzer unter den Flugzeugen der US-Luftwaffe. Diese Maschine, von der bis August 1945 insgesamt 9923 Stück gebaut wurden, trat wohl auch in der Luftschlacht über Deutschland in Erscheinung, errang ihre größten Triumphe aber auf dem pazifischen Kriegsschauplatz. Die beiden bedeutendsten US-Jagdflieger, Major Richard Bong, 40 Luftsiege, und MacGuire, 48 Abschüsse, hatten ihre Erfolge auf »Lightnings« errungen. Zu einem Husarenstreich mit entscheidenden Konsequenzen für den japanischen Gegner wurde der Flug von sechzehn »Lightnings« der 339. Jäger-Squadron im April 1943. Die P-38 waren von Guadalcanal aus zu einem Flug über 550 Meilen gestartet, Spezial-Zusatztanks unter den Tragflächen. Auf die Minute genau erreichten sie den japanischen Inselstützpunkt, dem der japanische Oberbefehlshaber, Großadmiral Yamamoto, einen Besuch abstatten wollte. Trotz der vorhandenen Zero-Jäger-Eskorte gelang es dem »Lightning«-Piloten Leutnant Thomas G. Lanphier, die K-21-Maschine abzuschießen, in der Yamamoto saß. Der japanische Oberbefehlshaber fand beim Absturz den Tod.

Consolidated B-24 »Liberator«

Verwendungszweck: viermotoriger Langstreckenbomber; Spannweite: 33,53 m; Länge: 20,47 m; Höhe: 5,46 m; Triebwerke: vier Pratt & Whitney R-1830-65, 14 Zylinder mit je 1200 PS; Besatzung: zehn bis zwölf Mann; Bewaffnung: zehn 12,7-mm-MG; Bombenlast (normale): 2250 kg; Gewicht: 32 t; Gipfelhöhe: 8500 m; Geschwindigkeit: 480 km/h; Reichweite: 2735 km.

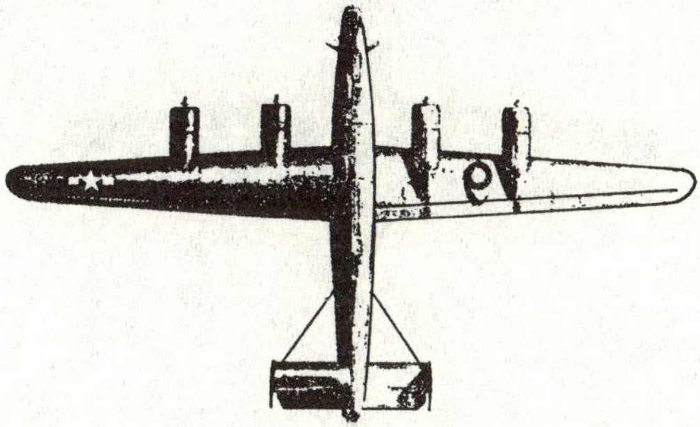

Die »Liberator« war neben der »Fliegenden Festung« (B-17) ein Bomber, der den Bewohnern im Krieg zerstörter deutscher Städte noch heute in unangenehmer Erinnerung sein dürfte. Das Muster »Liberator« wurde während des Krieges in höheren Stückzahlen produziert als alle anderen amerikanischen Flugzeuge. »Liberators« waren praktisch überall in der Welt zu finden. Mit Radar-Suchgeräten ausgerüstet, wurden die »Liberators« der amerikanischen und englischen Küstenkommandos zu Todfeinden deutscher U-Boote. Nach ihrem Auftauchen über Rommels Kriegsschauplatz in Nordafrika, über Griechenland, dem Mittelmeer und den Balkanländern erschienen »Liberators« am 9. Oktober 1942 über Lille. Im September 1944 besaß die amerikanische Luftwaffe 6043 »Liberator«-Bomber. Am 1. August 1943 starteten 177 »Liberators« von Flugfeldern bei Benghasi in Nordafrika zu ihrer zweiten Attacke gegen die rumänischen Ölfelder von Ploesti. Deutsche Flak und Jäger bereiteten ihnen einen folgenschweren Empfang. Nach amerikanischen Quellen gingen bei diesem Raid 57 Bomber verloren.

Focke-Wulf 190 D-9 – Ta 152

Verwendungszweck: Jagdflugzeug; Besatzung: ein Pilot; Triebwerk: Jumo 213 A-1, 1750 PS; Spannweite: 10,50 m; Länge: 10,24 m; Höhe: 3,96 m; Gewicht: 4430 kg; Geschwindigkeit: 704 km/h; Reichweite: 850 km; Gipfelhöhe: 11 290 m; Bewaffnung: zwei 13-mm-MG 131, zwei 20-mm-MG 151.

Die Focke-Wulf 190 »Dora-9«, auch »Langnase« genannt, war eine Weiterentwicklung der FW-190-Serien mit dem flüssigkeitsgekühlten Jumo 213. Im Gegensatz zu ihrer Vorgängerin war die D-9 – ab Herbst 1943 nach dem ersten Namensbuchstaben ihres Konstrukteurs, Prof. Kurt Tank, mit der Bezeichnung Ta 152 bedacht – das damals schnellste Propellerflugzeug der deutschen Jagdfliegerei. Es konnte auch in großen Höhen mit imposanten Flugeigenschaften aufwarten. Die »longnose« (Langnase) – wie sie die Amerikaner nannten – wurde im September 1944 erstmals von der III./JG 54 »Grünherz« unter Hauptmann Robert »Bazi« Weiss im Einsatz geflogen. Von Hesepe und Achmer aus sicherten die »Doras« vor allem Start und Landung der Me-262-Düsenjäger des »Kommandos Nowotny« und nahmen am 1. Januar 1945 schließlich am Unternehmen »Bodenplatte«, dem Großeinsatz gegen alliierte Flugplätze im belgischen und holländischen Raum, teil. Aber auch mit diesen hervorragenden Flugzeugen, die bis zur D-13-Serie variiert wurden, konnte die enorme Luftüberlegenheit der Alliierten nicht mehr gefährdet werden.

Short »Stirling« MK-I

Verwendungszweck: viermotoriger Bomber; Besatzung: durchschnittlich sieben Mann; Spannweite: 30,19 m; Länge: 26,28 m; Höhe: 6,92 m; Bewaffnung: fünf 7,68-mm-MG; Bombenlast: 6,3 t; Triebwerke: vier Bristol Hercules XI, 14 Zylinder, luftgekühlt, je 1590 PS bei 2900 U/min.; Höchstgewicht: 31 t; Geschwindigkeit: 404 km über Null; Gipfelhöhe: 6100 m; höchste Reichweite: 3750 km.

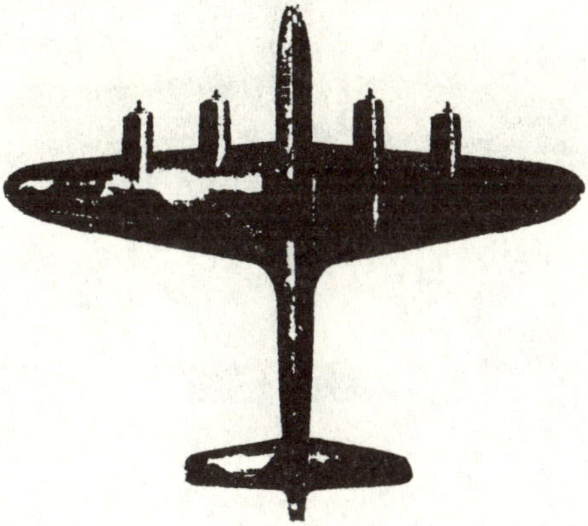

Die »Stirling« war das erste britische Flugzeug, das von vornherein als viermotoriger Bomber konstruiert worden war. Trotz ihrer geringen Gipfelhöhe wurde dieses Flugzeugmuster im Verlauf des nächtlichen Bombenkrieges gegen Deutschland eines der gefährlichsten Einsatzwerkzeuge des britischen Bomberkommandos. Die Besatzungen der 7. Bomber-Squadron, die als erste auf den neuen Viermot-Typ umgerüstet wurden, beklagten noch einen weiteren Nachteil dieses Flugzeuggiganten: die fehlende Möglichkeit, große Bomben unterzubringen. Aber auch mit Bomben kleineren Kalibers war die erzielte Wirkung noch furchtbar genug, was sich schon beim ersten »Stirling«-Raid am 10. Februar 1941 auf Öltankziele in der Nähe von Rotterdam herausstellen sollte. Tagesangriffe mit »Stirling«-Bombern wurden angesichts der damit verbundenen Gefahren bald eingestellt. Am 17. April 1941 erschienen sie zum erstenmal über der schwergeprüften Reichshauptstadt Berlin.

Vickers »Wellington« B MK-X

Verwendungszweck: Mittelstreckenbomber; Spannweite: 22,26 m; Länge: 19,67 m; Höhe: 5,53 m; Triebwerke: zwei Bristol Hercules VI, 14 Zylinder mit je 1585 PS; Bewaffnung: zwei MG 7,69 mm vorn und vier im Heck; Bombenlast: 2,7 t; Höchstgewicht: 16 534 kg; Geschwindigkeit: 402 km/h; Gipfelhöhe: 7200 m; Reichweite: rund 3000 Kilometer.

Die Vickers »Wellington« war einer der berühmtesten Bomber Englands. Mit diesen Maschinen wurde die nächtliche Bombenoffensive gegen Deutschland eröffnet. Ihre Abwehrbewaffnung war beachtlich und von Nachtjägern entsprechend gefürchtet. Die erste Serienmaschine verließ am 23. Dezember 1937 die Werkshalle. Am 18. Dezember 1939 erschienen 24 »Wellingtons« am hellen Tag über der Bucht von Wilhelmshaven. Die »Luftschlacht über der Deutschen Bucht« endete mit einem Debakel für die britische Luftwaffe. Mehr als zwei Drittel der eingeflogenen Maschinen wurden von Me-110-Zerstörern und Me-109-Jägern abgeschossen. Am 1. April 1941 wurde aus einer »Wellington« die erste 1,8-Tonnen-Luftmine, »block-buster« genannt, über Emden abgeworfen. Bis zum Oktober 1945 wurden von den britischen Flugzeugwerken 11 461 »Wellington«-Bomber gebaut.

Boeing B-17 G »Flying Fortress«

Verwendungszweck: schwerer viermotoriger Bomber; Besatzung: zehn Mann; Spannweite: 31,62 m; Länge: 22,46 m; Höhe: 6,04 m; Triebwerke: vier Wright-»Cyclone«-R-1820-97; Neunzylinder, Sternmotoren mit je 1200 PS; Gewicht: rund 30 t; Geschwindigkeit: 480 km/h; Gipfelhöhe: 11 000 m; Reichweite: 3000 km; Bewaffnung: dreizehn 12,7-mm-Browning-MG; Bombenlast: 5,4 t.

Die Boeing B-17 – in den Varianten E, F und G auf dem europäischen Kriegsschauplatz eingesetzt – war jenes Flugzeug, aus dem sich die amerikanischen Bomberströme bei ihren Angriffen auf deutsche Städte hauptsächlich zusammensetzten. Die Auslieferung an die US-Luftwaffe erfolgte im Februar 1942. Mit der »Fliegenden Festung« erschienen die ersten Einheiten der 8. US-Luftflotte am 12. Mai 1942 auf englischem Boden, und der erste Tageinsatz erfolgte – von der 97. Bombergruppe geflogen – am 17. August gegen die französische Stadt Rouen. Nahezu 1000 Tage lang flogen amerikanische Bomberpiloten in den B-17-Bombern ihre Angriffe auf dem europäischen Kriegsschauplatz. Allein von der G-Serie, deren technische Daten oben erläutert wurden, sind 8680 Maschinen gebaut worden.

De Havilland »Mosquito« B. MK-XVI
Schnellbomber (1944)

Besatzung: zwei Mann; Spannweite: 16,53 m; Länge: 12,35 m; Höhe: 3,81 m; Höchstgewicht: 10 442 kg; Bombenlast: 1800 kg; Triebwerke: zwei Rolls Royce Merlin (gegenläufig) mit je 1290 PS (1710 in Volldruckhöhe); Höchstgeschwindigkeit: 654 km/h in 7900 m; Gipfelhöhe: 11 250 m; Reichweite (mit 1800 kg Bomben): 2200 km.

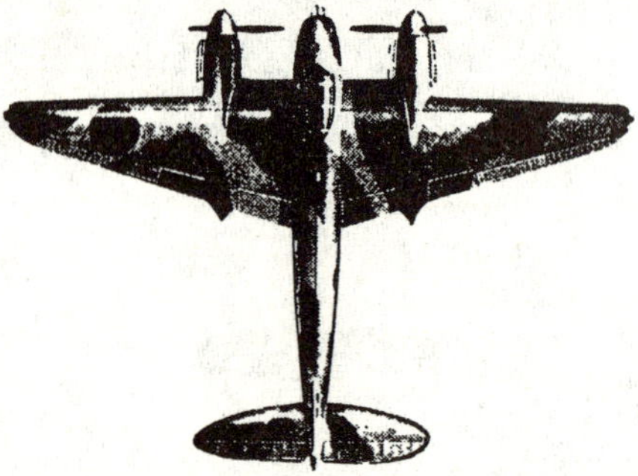

Die »Mosquito« war eine Schöpfung des britischen Konstrukteurs Geoffrey de Havilland. Diese Maschine wurde später das »hölzerne Wunder« genannt. Deutsche Jäger wurden von den »Stechmücken« beliebig »abgehängt«, und im Januar 1943 unterbrachen »Mosquito«-Piloten in Berlin eine von Göring abgehaltene Parade. Später spielten die »Mosquitos« als Jäger, Aufklärer, Schnellbomber und Nachtjäger eine wichtige Rolle. Erstmalig erschienen sie im Jahre 1941 über Brest, Bordeaux usw., wobei Me-109-Piloten vergeblich versuchten, auf Schußposition heranzukommen. 1942 folgten die ersten aufsehenerregenden Husarenstreiche der »Mosquito«-Besatzungen. Die 105. Squadron flog einen Tiefangriff auf das Gestapo-Hauptquartier in Oslo, wobei ein einzelner, im voraus als Ziel bestimmter Block, getroffen wurde. Andere Einsätze dieser Art folgten. Erst im Jahre 1944, als die deutschen Düsenjäger (Me 262) am Himmel auftauchten, ging ihre »Alleinherrschaft« im deutschen Luftraum zu Ende.

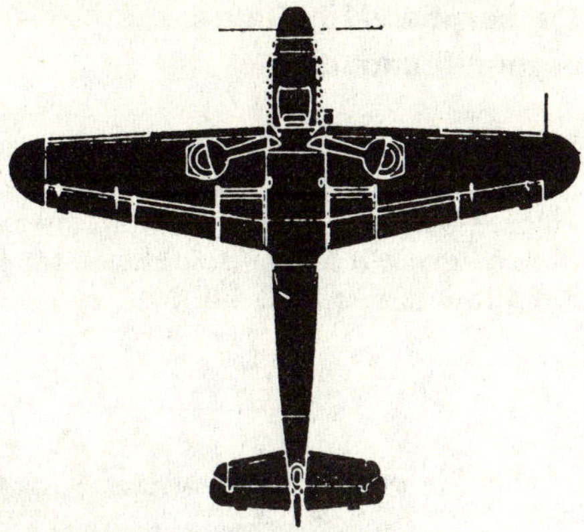

Me 109 G-1

Spannweite: 9,90 m; Länge: 8,92 m; Höhe: 3,40 m; Triebwerk: DB (Daimler-Benz) 605-D mit 1450 PS; Höchstgewicht: 3496 kg; Höchstgeschwindigkeit: 685 km/h in 7400 m; Reichweite: 560 km; Gipfelhöhe: 12 600 m; Bewaffnung: zwei MG 131, 13 mm, ein MK 108, 30 mm; Besatzung: ein Pilot.

War die Me 262 die genialste Schöpfung Professor Messerschmitts, so war die Me 109 seine berühmteste. Von diesem Jagdflugzeug, mit dessen Konstruktion schon 1934 begonnen worden war, wurden im Verlauf der späteren Jahre in rund vierzig Variationen insgesamt 31 887 Stück gebaut. Bei Beginn des Krieges war die Me 109 der Standard-Jäger der Luftwaffe, und berühmte Fliegerasse erzielten mit diesem Flugzeugmuster beachtliche Erfolge. Im weiteren Verlauf des Luftkrieges wurde die Me 109 von der Serie »Emil« bis zur Version »T« (für Flugzeugträger bestimmt) variiert, verbessert, motormäßig verstärkt usw. Im Einsatz war das Flugzeug, in der Hand guter Piloten, den meisten feindlichen Jägern ebenbürtig, wenn nicht gar überlegen. Berühmtester Me-109-Pilot war Hans-Joachim Marseille, »Stern von Afrika« genannt, der nach 158 Luftsiegen, vom Feind unbesiegt, nach dem Fallschirmabsprung aus einer Me 109 (wegen Kühlertreffern) tödlich verunglückte.

Polikarpow I-16 »Rata«
(Typen 6 und 10)

Verwendungszweck: Jagdeinsitzer; Spannweite: 8,88 m; Länge: 6,00 Meter; Höhe: 2,41 m; Flächeninhalt: 14,87 qm; Leergewicht: 1266 kg; Fluggewicht: 1680 kg; Höchstgeschwindigkeit: 455 km/h; Landegeschwindigkeit: 130 km/h; Reichweite: 650 km; Gipfelhöhe: 9000 m; Bewaffnung: vier 7,62-mm-MG.

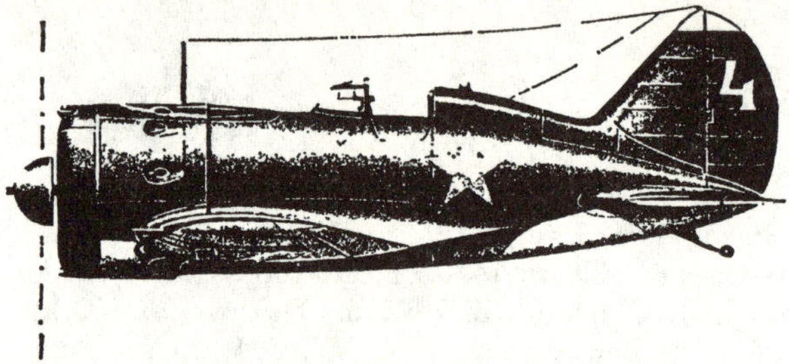

Die I-16 war das bekannteste russische Jagdflugzeug aus der Zeit des 2. Weltkrieges. Die Maschine wurde schon während des Spanischen Bürgerkrieges ab 1936 eingesetzt. Von den Republikanern »Mosca« genannt, erhielt sie von den Truppen des Generals Franco den Beinamen »Rata« (»Ratte«). Von fachmännischer Seite wurde behauptet, daß das Flugzeug von seinem Konstrukteur Polikarpow amerikanischen Mustern nachempfunden worden sei. Der erste Start des I–16-Prototyps fand im Dezember 1933 statt. Im Verlauf der nächsten Jahre folgten zahlreiche Versionen mit stärkeren Motoren und verstärkter Bewaffnung. 1940 besaßen die Typen 18 und 24 einen 1000-PS-Motor und auch (Type 24) zwei 20-mm-Kanonen. Bei der »Rata« handelte es sich um ein sehr wendiges Flugzeug. Das Muster aus dem Spanischen Bürgerkrieg war nicht viel langsamer als die Me 109 E, wurde von den deutschen Piloten der »Legion Condor« aber dennoch als kein schwerer Gegner empfunden. So gelang es beispielsweise dem damaligen Leutnant und späteren Eichenlaubträger Wilhelm Balthasar, während eines Luftkampfes in sechs Minuten vier »Ratas« abzuschießen.